企业营销生态化
绩效评价与实践路径研究

祝海波 郑贵军 著

西南财经大学出版社
Southwestern University of Finance & Economics Press
中国·成都

图书在版编目（CIP）数据

企业营销生态化绩效评价与实践路径研究 / 祝海波,郑贵军
著.—成都:西南财经大学出版社,2023.11
ISBN 978-7-5504-5969-4

Ⅰ.①企⋯ Ⅱ.①祝⋯②郑⋯ Ⅲ.①企业管理—市场营销—
研究 Ⅳ.①F274

中国国家版本馆 CIP 数据核字（2023）第 209991 号

企业营销生态化绩效评价与实践路径研究

QIYE YINGXIAO SHENGTAIHUA JIXIAO PINGJIA YU SHIJIAN LUJING YANJIU

祝海波 郑贵军 著

责任编辑:李晓嵩
责任校对:王甜甜
封面设计:何东琳设计工作室
责任印制:朱曼丽

出版发行	西南财经大学出版社(四川省成都市光华村街55号)
网　　址	http://cbs.swufe.edu.cn
电子邮件	bookcj@swufe.edu.cn
邮政编码	610074
电　　话	028-87353785
照　　排	四川胜翔数码印务设计有限公司
印　　刷	四川煤田地质制图印务有限责任公司
成品尺寸	170mm×240mm
印　　张	15.75
字　　数	282 千字
版　　次	2023 年 11 月第 1 版
印　　次	2023 年 11 月第 1 次印刷
书　　号	ISBN 978-7-5504-5969-4
定　　价	98.00 元

序

随着社会的发展，人类干预自然和改造自然的能力空前提高，城市化、工业化进程像一把"双刃剑"，一边是经济和社会的繁荣，另一边是严重的资源短缺和环境破坏。气候变暖、臭氧层不断被破坏、水土流失、生态失衡……人类的生存环境不断恶化，成为困扰当今经济和社会发展的"环境魔咒"。本书回应了21世纪人类必须走生态文明之路才能摆脱"人类危机"的呼声，把营销学与生态学结合起来，提出营造现代营销学的新境界。

自然界的真正价值在于给了人类商业活动的启迪。自然界蕴藏着广泛适用的原理，人类可以利用自然界的原理来创造盈利能力更强、效益更佳的企业。重视环境问题已成为今天企业生存的基本法则。

传统营销理论认为，"消费者需要什么，我们就满足他"。在这种思想的指导下，企业尽可能去满足消费者的需求，进而获得经济效益和社会效益。但随着环境污染、资源耗竭，人类赖以生存的环境被无情地破坏，环境危机成为当今最大的危机。原本致力于满足消费者需求的企业不得不重新考虑其营销策略。一方面，企业赖以生产和再生产的资源越来越少，生产成本越来越高；另一方面，随着环境日趋恶化和资源不断减少，消费者生态消费、绿色消费的意识不断增强，企业不得不生产生态型产品来满足消费者的需求。从企业实践来看，企业营销较之以前有了巨大的进步，其视野已扩展到生态系统领域。这种巨大的营销变化源于科技进步、全球化、自由经济与民营组织发展。这种发展是以协同进化为主要标志的。企业营销生态化将企业内部营销和外部营销较好地结合起来，规范企业的所有行为。生态化成为营销实践高层次、常态化的竞争基础和前提。

企业营销绩效评价一直以来都是企业界和管理学界充满活力的研究领域。进入 21 世纪以来，环境污染、自然资源紧缺等问题越来越受到社会更多的关注。在企业营销实践中，如何处理好企业、顾客和自然环境三者的关系尤其重要。现代营销学对企业营销绩效的研究由以往重点关注利润、市场、职能和行为等转向可持续发展。那些过于追求经济业绩指标而忽视社会公正、福利以及环境保护和资源节约的营销方式已面临窘境，难以进一步助力企业营销绩效提升。因此，企业急需新的营销绩效评价思维、方法和手段来引导企业形成持续竞争优势。

本书采取生物演化隐喻的研究方法，将企业视为类生物物种，类比其原理与方法，对企业营销生态化问题进行了较为系统的研究。本书深刻反思和系统总结了企业营销反生态化的教训，梳理了企业营销绩效评价的各种方法，结合经济学、金融学、法学、管理学等多学科理论，剖析了生态系统绩效评价指标和因素，阐述了企业营销生态化绩效评价机制组成的内容及相关原理，特别是结合生态学关键因子、生态位、适者生存、生物演化等理论，描绘了一个相对完整的营销生态化概念及绩效评价与分析框架，构建了企业营销生态化绩效评价指标体系。

本书对企业营销生态化绩效评价维度进行分析，提出企业营销生态化包括三个维度：企业、顾客和自然环境。这三个维度代表企业盈利能力、顾客满意度和自然环境满意度，三者既有独立性，又相互影响。三者构成企业营销生态化绩效评价系统，同时也受到外界环境或系统外的影响，并由于常处于不均衡状况，从而产生振荡。为了达到企业营销生态化的最终目标——和谐，企业必须采取协调性控制的方法和手段，使得企业营销生态化实现从不均衡向均衡的转变，最终达到系统和谐的目的。本书由此得出三个基本评价模型：贡献度评价模型、协调度评价模型以及健康性评价模型。贡献度评价模型主要是评价企业营销生态化过程中的各项指标对其绩效的影响程度与贡献程度，从而为企业营销生态化实现路径提供切实的参考；协调度评价模型则是对企业营销生态化绩效评价三个维度——自然环境、企业和顾客进行静态协调、动态协调和综合协调评价，最终呈现的状态就是稳定、均衡与和谐；健康性评价模型是对企业营销生态系统健康性问题的评价，基于企业生态化实现路径，有助于对营销生态系统进行检验和验证。

本书结合企业营销生态化绩效评价体系，确定了影响企业营销生态化的主导因素，分析了企业营销生态化绩效的实现机理（主要体现在环境教化、行业影响以及内化三种机制上）。本书通过生态营销理念、生态营销战略、生态营销组合和生态营销管理（4M 基础理论模型），为寻找企业营销生态化实现途径提供了思维框架与操作方法，为实现企业营销生态化提供了切实可行的路径。

本书的创新之处主要有以下几点：第一，本书运用生物演化隐喻的方法构建新的营销学分析范式，以仿生、遗传、选择为研究方法，从崭新的视角来剖析营销实践，构建了企业营销生态化贡献度、协调度和健康性三大评价体系，为实现企业、顾客和自然环境（社会公众）三者满意提供了营销支持工具。第二，本书探索了企业营销生态化实现路径，较好地区分了企业营销效率、长期盈利和获取顾客忠诚度三者之间的关系，将梳理生态营销理念、采取营销生态化战略、采用营销生态化策略以及实施营销生态化管理四大环节整合提升为 4M 基础理论模型。它为企业提供了提高营销绩效的思考方向以及实践路径。第三，本书提出了营销生态化成本内化的观点。具有稀缺性的生态环境资源是一项生产要素，生态成本连接企业、顾客和自然环境三者资源再次分配。这种分配更多是基于经济、环境、社会可持续发展的迫切要求。

由于笔者水平有限，营销生态学属于新兴研究领域，书中疏漏和观点不当之处敬请专家和广大读者不吝赐教。

祝海波

2022 年 12 月于长沙

目录

1 绪论 / 001

  1.1 研究背景及意义 / 001

    1.1.1 研究背景 / 001

    1.1.2 研究意义 / 004

  1.2 国内外研究现状 / 005

    1.2.1 生态营销相关研究 / 005

    1.2.2 营销生态化理论研究 / 008

    1.2.3 营销生态化绩效评价研究 / 009

    1.2.4 营销生态化实现路径研究 / 012

    1.2.5 文献综合评述 / 016

  1.3 研究思路、技术线路与研究方法 / 017

    1.3.1 研究思路与技术线路 / 017

    1.3.2 研究方法 / 019

  1.4 研究内容和本书结构 / 020

    1.4.1 研究内容 / 020

    1.4.2 本书结构 / 020

2 企业营销生态化理论分析 / 023

2.1 相关概念界定 / 023

2.1.1 生态需求 / 023

2.1.2 生态营销 / 025

2.1.3 营销生态系统 / 026

2.1.4 营销生态化 / 027

2.1.5 营销生态化绩效 / 029

2.1.6 营销生态化实现路径 / 030

2.2 生态营销、绿色营销与营销生态化的异同点 / 031

2.2.1 共性 / 031

2.2.2 差异性 / 032

2.3 企业营销生态化实现机理 / 034

2.3.1 实现过程 / 034

2.3.2 动态演化机理 / 037

2.3.3 演化模型 / 041

3 企业营销生态化绩效评价机理 / 047

3.1 企业营销生态化绩效影响因素 / 047

3.1.1 顾客生态需求 / 047

3.1.2 营销资源与能力 / 049

3.1.3 产品生态性 / 051

3.1.4 产品盈利能力 / 052

3.1.5 营销战略市场驱动性 / 054

3.1.6 营销管理质量 / 055

3.2 企业营销生态化绩效评价基本原则 / 056

　　3.2.1 系统原则 / 056

　　3.2.2 外部性原则 / 057

　　3.2.3 协同性原则 / 057

　　3.2.4 有效性原则 / 058

3.3 企业营销生态化绩效评价基本维度 / 060

　　3.3.1 顾客满意 / 060

　　3.3.2 企业盈利 / 063

　　3.3.3 环境满意 / 065

3.4 企业营销生态化绩效评价基本模型 / 067

　　3.4.1 金字塔模型 / 067

　　3.4.2 顾客绩效维度 / 068

　　3.4.3 企业绩效维度 / 070

　　3.4.4 环境绩效维度 / 074

3.5 企业营销生态化绩效评价内在机理分析 / 082

　　3.5.1 利益方非均衡博弈 / 082

　　3.5.2 绩效评价维度空间矢量振荡 / 086

　　3.5.3 绩效评价维度协调机制 / 087

4 企业营销生态化绩效评价指标体系 / 093

4.1 绩效评价方法与数据有效性检验 / 093

　　4.1.1 评价方法的比较 / 093

　　4.1.2 评价方法的内涵及适用性分析 / 095

　　4.1.3 评价方法的选择 / 097

　　4.1.4 评价指标的选择 / 098

　　4.1.5 评价数据的有效性检验 / 099

4.2 贡献度绩效评价体系 / 102

4.2.1 贡献度评价模型 / 102

4.2.2 评价指标描述 / 103

4.2.3 评价指标体系 / 113

4.2.4 评价过程 / 114

4.3 协调度评价体系 / 118

4.3.1 静态平衡度的评价 / 118

4.3.2 动态协调度的评价 / 121

4.3.3 综合协调度的评价 / 124

4.4 健康性评价体系 / 125

4.4.1 健康性评价模型 / 125

4.4.2 健康性评价体系构建 / 130

4.4.3 评价指标描述 / 131

4.4.3 评价方式及过程 / 137

5 企业营销生态化绩效评价实证研究 / 145

5.1 实证企业简介及绩效评价维度分析 / 145

5.1.1 实证企业简介 / 145

5.1.2 绩效评价基本维度 / 145

5.2 贡献度评价 / 148

5.2.1 数据处理 / 148

5.2.2 计算白化权函数值 / 149

5.2.3 计算综合聚类系数 / 150

5.3 协调性评价实证研究 / 151

5.3.1 计算静态协调性 / 151

5.3.2 计算动态协调性 / 152

5.3.3 计算综合协调性 / 152

5.4　健康性评价实证研究 / 155

　　5.4.1　计算指标值 / 155

　　5.4.2　建立优等系统 / 156

　　5.4.3　计算贴近度 / 157

5.5　生态化滞涨影响实证研究 / 157

　　5.5.1　概念模型构建 / 157

　　5.5.2　研究假设 / 158

　　5.5.3　测量程序与假设检验 / 160

　　5.5.4　研究结果 / 164

6　企业营销生态化实现路径 / 166

6.1　实现路径基本范式 / 166

6.2　影响机制 / 167

　　6.2.1　环境教化机制 / 167

　　6.2.2　行业影响机制 / 168

　　6.2.3　内化机制 / 169

6.3　实现主体 / 170

　　6.3.1　外部主体 / 170

　　6.3.2　内部主体 / 171

6.4　4M 理论模型 / 172

　　6.4.1　生态营销理念 / 172

　　6.4.2　生态营销战略 / 174

　　6.4.3　生态营销（组合）策略 / 175

　　6.4.4　生态营销管理 / 177

7　企业营销生态化绩效实现路径 / 182

7.1　主导路径 1：营销绩效持续改善 / 182

7.1.1　构建 PIMM 模型 / 182

7.1.2　绩效改善流程 / 185

7.1.3　绩效改善路径 / 185

7.2　主导路径 2：营销过程生态化 / 193

7.2.1　适应外部环境的路径选择 / 194

7.2.2　优化内部环境的路径选择 / 196

7.3　实证研究 / 198

7.3.1　文献回顾与研究假设 / 198

7.3.2　实证分析 / 202

7.3.4　实证结果与讨论 / 204

7.3.5　主要结论 / 211

7.4　案例研究 / 212

7.4.1　茶油知名品牌营销生态化实施过程 / 212

7.4.2　茶油知名品牌营销生态化绩效实现路径 / 213

7.4.3　茶油知名品牌营销生态化绩效 / 214

8　研究结论与展望 / 215

8.1　研究结论 / 215

8.2　创新点 / 217

8.3　待研究方向 / 217

8.4　展望 / 218

参考文献 / 219

附录　企业绩效评价指标计算公式 / 236

1 绪论

1.1 研究背景及意义

1.1.1 研究背景

随着社会的发展，人类干预自然和改造自然的能力空前提高，城市化、工业化进程像一把"双刃剑"，一边是经济和社会的繁荣，另一边是严重的资源短缺和环境破坏。气候变暖、臭氧层不断被破坏、水土流失、生态失衡……人类的生存环境不断恶化，成为困扰当今经济发展和社会发展的"环境魔咒"（James F Moore，1993）[①]。1992 年 6 月在巴西里约热内卢召开的联合国环境与发展大会把可持续发展确定为今后全球的发展主题，178 个国家和地区的 1.5 万名代表与会，其中 118 个国家的国家元首和政府首脑参加了大会。会议通过了《里约环境与发展宣言》[②]《21 世纪行动议程》《气候变化框架公约》和《保护生物多样性公约》等一系列重要文件，确立了要为子孙后代造福、走人与大自然协调发展的道路，并提出了可持续发展战略，确立了国际社会关于环境与发展的多项原则。

面对全球性的生态危机，中国政府把可持续发展战略纳入中国经济和社会发展的长远规划，率先制定了《中国 21 世纪议程——中国 21 世纪人

---

① JAMES F MOORE. Predators and prey: a new ecology of competition [J]. Harvard Business Review, 1993 (5-6): 75-86.

② 又称《地球宪章》。

口、环境与发展白皮书》。2007 年，党的十七大首次把"生态文明"写进了党代会报告中。党的十八大把生态文明建设摆在了与经济建设、政治建设、文化建设、社会建设同等重要的地位。习近平总书记在党的十九大报告中强调："生态文明建设功在当代，利在千秋。"在党的二十大报告中，习近平总书记指出："大力推进生态文明建设。"

2015 年 5 月，中共中央、国务院印发了《中共中央 国务院关于加快推进生态文明建设的意见》，明确提出了建设生态文明的目标：到 2020 年，资源节约型和环境友好型社会建设取得重大进展，主体功能区布局基本形成，经济发展质量和效益显著提高，生态文明主流价值观在全社会得到推行，生态文明建设水平与全面建成小康社会目标相适应。党的十八大以来，我们把生态文明建设作为关系中华民族永续发展的根本大计，坚持"绿水青山就是金山银山"的理念，开展了一系列根本性、开创性、长远性的工作，美丽中国建设迈出重要步伐，推动我国生态环境保护发生历史性、转折性、全局性变化。

自然界的真正价值在于给予了人类商业活动的启迪。自然界蕴藏着广泛适用的原理，人类可以利用自然界的原理来创造机会，成就许许多多盈利能力更强、效益更佳的企业。重视环境问题已成为今天企业生存的基本法则。在过去，人们认为企业是依靠征服自然、改造自然，用机器将自然资源转化为可以交易的商品来获得利益。这种做法在工业时代给人们带来了巨大的财富。但遗憾的是，企业赖以生存的自然环境资源正在悄无声息地逐渐从地球上消失。更多的企业在按照生态学的规律改变着它原来的运行规则——重视可持续发展。

越来越多的消费者也认识到了环境的重要性，他们的生态危机意识、环境保护意识和资源利用意识得到增强。消费者更青睐具有生态性的商品和服务，消费具有生态性的商品和服务已成为全世界新的消费浪潮。根据联合国统计委员会的数据，84%的荷兰人、89%的美国人、90%的德国人在购买商品时都会考虑到产品的环保性①。一项针对中国人开展的关于生态观念及消费者行为专题调查显示，71.38%的人认为发展环保产业和生态产品对改善环境大有裨益，52.8%的人乐意购买生态产品，37.9%的人已经购买过诸如生态食品、生态服装、生态家电、生态建材等生态产品②。这种大趋势要求企业把生态问题摆在战略高度，必须充分考虑环保、生态与商业"无缝"对接。企业只有在创建这种复杂的生态系统时，其效益才能达到最大化［木内多知（Tachi Kiuchi）和比尔·舍尔曼（Bill Shireman），2003］③。

市场营销理论自20世纪40年代于美国诞生以来，历经多年发展和变化，逐步形成较为成熟的理论体系，并对企业营销实践产生了巨大的指导作用。传统营销理论认为，"消费者需要什么，我们就满足他"。在这种思想的指导下，企业尽可能去满足消费者的需求，进而获得经济效益和社会效益。但随着环境污染、资源耗竭，人类赖以生存的环境被无情的破坏，环境危机成为当今最大的危机。原本致力于满足消费者需求的企业不得不重新考虑其营销策略。一方面，企业赖以生产和再生产的资源越来越少，生产成本越来越高；另一方面，随着环境日趋恶化和资源不断减少，消费者生态消费、绿色消费的意识不断增强，企业不得不生产生态型产品来满足消费者需求。"企业有责任满足和引导生态消费者的需求，否则将失去顾客，失去利润的来源"（James F Moore，1996）④。

从企业实践来看，随着商业生态系统的理念被企业广泛接受和采用，企业营销较之以前有了巨大的进步。按照菲利普·科特勒的说法，这种巨大的营销变化源于科技进步、全球化、自由经济与民营组织发展。这种发

---

① 潘岳. 环境问题考验中国前景（上）［J］. 招商周刊，2005（31）：30-31.

② 佚名. 上海商业绿色营销市场环境分析［R］. 上海市商业经济研究中心，2002：124-131.

③ 木内多知，比尔·舍尔曼. 企业的自然课：从雨林中寻找持续盈利的商业法则［M］. 潘海燕，李莹，译. 北京：机械工业出版社，2003：36-51.

④ JAMES F MOORE. The death of competition：leadership and strategy in the age of business eco-systems［M］. New York：Harper Collins，1996：112-119.

展是以协同进化为主要标志的。企业营销生态化将企业内部和外部营销良好地结合起来，规范企业的所有行为。生态化成为营销实践高层次、常态化的竞争基础和前提。

1.1.2 研究意义

企业推行营销生态化受到社会的广泛认可，大大提升了企业在广大消费者心目中的形象和地位，无论是经济效益还是社会效益都获得了巨大的回报，这也进一步推动了企业的营销实践。但颇为遗憾的是，目前，大多数研究者都把营销生态化等同于"绿色营销"和"环境营销"，企业营销生态化理论处于萌芽状态，尚未成形，完善的理论支撑体系有待研究。虽然近年来也有研究者提出"生态营销"的理念，但未能在理论上寻求突破，在实践中也因为缺乏操作工具而遭人诟病。这已严重制约了营销生态化理论的发展和应用。

要解决这个问题就必须具备两个前提：一是企业营销生态化的效果是可以评价的，即绩效可以进行评估，这样才能证明企业实行营销生态化战略的有效性；二是企业营销生态化有约束范围和边界，可以操作，并可以通过一定的方法和途径来实现。

本书试图采取巴斯卡（Bhaskar）对企业营销生态化的三重分析［实在（reality），即营销生态化机制；真实（actuality），即营销事件（营销活动动态变化）；事实（facluality），即实证经验（营销实证分析）］①，并在此基础上构建科学的营销生态化绩效评价体系，对企业营销行为及营销效果做出客观、准确的判断，从而找到协调各方利益的方法。

高效运行和全面发挥作用的营销生态化绩效评价体系，正是反映一个企业营销水平和质量的重要标志，并能更好地指导企业营销实践。因此，我们可以根据企业营销生态化绩效评价寻找到企业营销生态化的实现路

---

① 庄贵军. 基于中国本土企业营销实践的案例分析与理论创新：以郎酒的移动互联营销为例[J]. 商业经济与管理，2019（2）：41-50.

径，以此解决未来我国企业可持续发展的路径问题，促成企业、环境与社会的和谐发展。

1.2 国内外研究现状

1.2.1 生态营销相关研究

1976年，"生态营销"的概念被明确提出，即服务于保护环境的各种活动和服务于提供治疗药物的各种活动，都是与市场营销活动相关联的活动，营销是致力于在非再生能源的枯竭和非能源资源的消耗中市场营销活动积极面与消极面的研究。20世纪70年代中后期，一些学者（G Fisk，1973；N Kangun，1974；D W Cravens，1974；D L Perry，1976；S J Shapiro，1978）对生态学的营销理论研究做出了重要的贡献。菲斯克（Fisk）撰文提出"营销者应该了解迫在眉睫的生态危机"，主张在营销实践中充分考虑到环境因素，使企业营销活动生态化。他认为，营销创新的前提是经营者和消费者都具备实现环境友好行为的强烈的内在道德动机[①]。当营销者了解到了生态危机的严重性之后，他们改变营销实践的意愿将更为明显。但是，上述学者却忽视了信息不完全问题，也不知道如使所有的环境成本内部化的路径是什么，而这恰恰是现实中必须解决的问题。显然，他们并没有提供实际有效的解决方案。

菲斯克和海尼昂（Fisk & Henion）是早期研究生态营销的代表人物。菲斯克和海尼昂（Fisk & Henion）提出，市场的供求力量将对环境施加影响，并由此提出反对政府干预的政策主张，主张建立在生产者和消费者内在道德动机基础上的市场机制，以此来自动地解决环境问题。这也就意味着营销具有自我约束力。

20世纪80~90年代，生态营销并没有引起主流营销理论研究者们的重

---

① 李昆. 企业群落生态化的复杂动力机制研究［M］. 北京：经济科学出版社，2010：132-140.

视，甚至饱受非议，因为在此期间主流营销理论仍然没有对生产、交换和消费过程的环境影响给予应有的关注（Kotler，1994）。但是，营销生态化的实践却引起了人们的关注。20 世纪 90 年代，美国企业界普遍倡导环保促进式营销（enviropreneurial marketing）方式，这一全新的营销战略通过采取有助于环境保护的营销活动来满足企业经济目标和社会责任目标，最终达到企业、自然的双赢（Ajay Menon & Anil Menon，1994）①。

尽管早期的市场营销学研究者在生态学领域进行了探索，但大多数研究脱离不了"绿色营销"和"环境营销"。一些人甚至肤浅地将传统营销理论加上"生态"两个字后冠以"生态营销"之名。

很多学者认为，市场本身可以调节环境的不平衡性，加之科学具有不确定性和责任划分不明确性，这在很大程度上影响了学者研究生态营销的积极性。直到 20 世纪末，一些学者（P Kotler，1988；W Coddington，1990；P R Varadaiajan，1992）对生态营销进行了较为系统的研究②。布特勒和富勒（D D Butler & D A Fuller，1994）、迈尔斯和马尼拉（M Miles & L S Manilla，1995）明确提出了"生态营销"（eco-marketing）的概念。他们认为，市场营销本身并不能彻底解决生态环境问题，从表面上看市场营销通过产品或服务满足消费者的需求和欲望，并不直接涉及环境，但市场营销过程需要消耗或使用各种资源。也就是说，市场营销会间接给人类的生命和地球生物圈带来重要的影响③。因此，企业市场营销活动在关注和解决环境问题——不破坏生态环境、保持环境友好的前提下取得竞争优势和获得发展，是可持续性的企业行为。迈尔斯和马尼拉（M Miles & L S Manilla，1995）进一步指出，未来的企业将会以生态营销观念为其经营哲学，从经典战略、传统优势项、基本目标、对竞争的反应、重点内容、心

① AJAY MENON, ANIL MENON. Enviropreneurial marketing strategy: the emergence of corporate environmentalism as market strategy [J]. Journal of Marketing, 1998, 61 (11): 51-67.

② W CODDINGTON. Marketing: positive shategies for reaching the green [M]. NewYork: McGtaw-Hill, 1993.

③ 盛光华，张洪平. 西方环境营销理论评介 [J]. 经济学动态, 2003 (8): 71-72.

理态度六个方面将生态营销观念和诸如生产观念、销售观念、市场营销观念等传统观念等进行对比，从而得到生态营销观念在企业开展营销活动中所具有的独特优势的结论①。

目前，国外对生态营销的研究也仅仅停留在定性和感性阶段，对营销生态化的具体操作方法和实现路径的研究仍然是空白。

从国内的研究成果看，从生态学的视角研究市场营销的很少。近年来，王玉臣（2001）等学者提出了"共生营销"的概念。相对而言，该概念比较符合生态营销的要求与特点②。但总体来说，他们的研究基本上是将"共生营销"等同于"合作营销"，而非生态营销。从公开发表的文献看，真正涉及生态营销的非常少。较早对生态营销概念进行介绍的是常记智，他在1983年对美国专家阐述的生态营销观点进行了介绍③。甘碧群等（2002）在对美国生态营销历史演变研究中提出了对我国企业营销的一些启示④。傅璇（2004年）指出，营销生态化是一个系统，其实质是生态圈中成员个体通过共栖、杂交、寄生、繁殖四种方式来达到系统一致⑤。邓阳（2007）重点研究了营销"生态位"的营造机制问题⑥。陈国铁沿用英国威尔士大学肯毕提（Ken Peattie）教授提出的生态营销的定义，分析了我国实施企业生态营销存在的问题及解决问题的途径⑦。廖波（2013）通过探索生态营销理论本源，提出企业生态营销的基本模式，并分析了企业

① M MILES, L S MUNILLA. The eco-marketing orientation: an emerging business philosophy [J]. Journal of Marking Theory and Practices, 1995, 1 (2): 43-51.

② 王玉臣. 加入WTO与企业共生营销的现实选择: 博弈论中企业营销战略的演变 [J]. 中国市场, 2001 (5): 26-28.

③ 常记智. 生态营销: 一种营销理论创新 [J]. 外贸教学与研究 (上海对外贸易学院学报), 1983 (3): 33-36.

④ 甘碧群, 邬金涛. 美国企业生态营销演变历程及对我国的启示 [J]. 经济评论, 2002 (5): 126-127.

⑤ 傅璇. 高技术企业营销模式的生态化创新 [J]. 科技进步与对策, 1999 (6): 26-28.

⑥ 邓阳. 蓝色营销的"生态位"营造机制 [J]. 南华大学学报 (社会科学版), 2007 (5): 65-71.

⑦ 陈国铁. 我国企业生态化建设研究 [D]. 福州: 福建师范大学, 2009: 100-102.

生态营销的程序以及如何应对生态营销问题①。李本辉、章怀云、邓德胜，等（2009）在《生态营销》一书中对生态营销的源起、内涵、外延、基本内容以及操作工具进行了较为全面的介绍②。

1.2.2　营销生态化理论研究

目前，关于营销生态化的研究比较少，较为系统的研究是以邓德胜、祝海波为代表的研究团队的研究。该团队对营销生态化的概念、特征、机理进行了初步的探索和研究。

祝海波、郑贵军等（2018）将营销视为生态系统，并对其子系统——企业营销生态化结构、演化与运行机制进行了全面、系统的研究。他们认为，营销生态化特征具备外在和内在两种表现。生态化表现为外在表现，即环境保护、资源利用；内在表现为均衡和协同进化③。

黄江泉、邓德胜、杨丽华认为，现代企业开展营销活动时要主动加强生态伦理建设，基于生态资源与环境约束条件实现内涵式突破，在公众面前树立起良好的生态伦理形象。这会大大增强企业的市场竞争力④。要做到这一点，企业必须结合生态的脆弱性、生态的政策约束性趋紧、消费者的生态消费意识渐浓、生态产品与生态技术的价值凸显等时代背景，结合以往相关的研究成果，采取"行动、优先级和时间"（AHP）法，构建一个基于企业营销生态化伦理的竞争优势指标体系。该体系包括 5 个一级指标、21 个二级指标、34 个三级指标、5 个四级指标⑤。

张亚连和邓德胜（2011）从产品定价机制的生态成本缺失出发，认为

---

① 廖波. 生态营销理论本原探索及拓展 [J]. 商业时代，2013（25）：36-37.

② 李本辉，章怀云，邓德胜，等. 生态营销理念 [M]. 北京：中国经济出版社，2009：21，100.

③ 祝海波，郑贵军，陈德良，等. 渠道生态系统结构、演化与运行机制 [M]. 北京：经济科学出版社，2018：36.

④ 黄江泉，邓德胜，杨丽华. 生态伦理：企业营销优势凸显的内在机理剖析 [J]. 江苏商论，2012：69-72.

⑤ 黄江泉，邓德胜. 基于企业营销生态化伦理的竞争优势构建 [J]. 企业活力，2012，7（11）：16-19.

构建反映生态成本的产品定价机制迫在眉睫，并在此基础上提出构建反映生态成本的产品定价机制的思路①。

邓德胜和尉明霞（2011）从生态学视角思考营销渠道问题，认为企业营销渠道生态化关系企业可持续发展的实现与生态文明建设的推进，对企业更好地降低成本、保护环境、维护生态和谐、实现综合效益、履行企业社会责任、形成市场竞争力具有重要的意义。他们还针对渠道生态化提出制定营销渠道生态管理战略、构建生态渠道信息系统和生态价值网、选择合适的生态营销渠道成员、增强渠道生态成本管理意识以及建立企业生态联盟五种对策②。

1.2.3　营销生态化绩效评价研究

"生态效益"的概念最早是巴塞尔大学的研究员沙尔泰格（Schaltegger）和斯特姆（Sturm）在1990年提出的。此后，很多专家学者从不同的角度对生态效益进行了研究。专家学者研究生态化绩效更多是从宏观的角度，从整个社会、自然环境的角度来审视和考虑各种人类的行为。世界可持续发展企业委员会（WBCSD）在2000年8月提出了全球第一套主要用于企业的环境绩效评价的生态效益评价标准，以供企业管理者制定目标、改善管理。这也成为企业与其利益相关者进行沟通的重要工具。

在WBCSD的定义中，生态效益被视为通过提供具有竞争性定价后的产品和服务来满足人类的需求并提高其生活质量，同时逐步在产品生命周期中将对生态的影响和对资源的耗费控制在预计的地球承载限度以内的水平。在WBSCD的定义中，生态效益指标主要源于两个方面的比较：一是产品或服务价值，二是产品或服务产生的环境负荷。其公式可以表示为：

生态效益=产品或服务的价值/产品或服务产生的环境负荷

---

① 张亚连，邓德胜. 构建反映生态成本的企业产品定价机制 [J]. 价格理论与实践，2011 (4)：32-33.

② 邓德胜，尉明霞. 企业营销渠道生态管理研究 [J]. 中国流通经济，2011 (3)：74-78.

其中，产品或服务的价值主要通过产品或服务的数量、金额和功能来计量，具体可以用产量、营业额、收益率等来表示。环境负荷包括两个方面：一是创造产品或服务的过程对环境的影响，二是使用产品或服务的过程对环境的影响。创造产品或服务的过程对环境的影响主要通过能源消耗、材料消耗等来计量；而使用产品或服务的过程对环境的影响则主要通过产品的特性、产生的包装废物、使用量或废弃物的排放量等①来计量。

关于企业营销生态化绩效问题的研究，西方的一些经济学家、管理学家以及生态伦理学家进行了一些有益的探索，但得出的结论却大相径庭。以米尔顿·弗里德曼（Miiton Friedman）为代表的传统经济理论家认为，企业营销生态化会阻碍企业营销绩效的提升，获取经济绩效是企业的唯一任务和目的。产权学说和契约联系理论也支持这种观点，主要代表有威廉·鲍莫尔（William Bomol）和弗里德里希·哈耶克（Friedrich Hayek）。一些学者则持相反的观点，认为企业行为和企业伦理是一种正相关关系，即企业的行为如果符合生态伦理规范的要求，那么企业将能获得更多的利润。这种观点也对弗里德曼产生了直接影响，他于 20 世纪 80 年代末修正了以前的观点，提出生态伦理是盈利的一种重要手段②的观点。另外，英国管理大师查尔斯·汉迪（Charles Handy）则根据亚当·斯密"同情=追求文明"和"市场=财富与效率"的定义，提出"需要用同情平衡市场"的重要观点，而这一论断得到了不少学者的极大赞同。这些学者一致认为，那些遵循生态伦理的企业在不同程度上都可以获得一定的利益。因此，他们主张企业把生态伦理建设视为提升营销绩效的基础工具③。

在国内，少数学者对营销生态化绩效进行了研究。田铭和刘凌霄（2013）在参照魏明侠（2004）绿色营销绩效评价体系的基础上对企业生

①　苏晓民. 企业环境绩效评价指标体系研究 [D]. 荆州：长江大学，2013：20-23.

②　KONDRATOWICZ POZORAKA，JOLANTA. Modern marketing tools traditional ecological farms，economic science for rural development [J]. Conrerence Proceeding，2009（20）：89-92.

③　GERARD PRENDERGAST，PIERRE BERTHON. Insights from ecology：an ecotone perspective of marketing [J]. European Management Journal，2000，18（2）：223-232.

态营销绩效评价体系进行了较为详细的阐述，并运用层次分析法（AHP）构建了三层指标体系，将生态营销绩效评价覆盖企业、生态环境和社会三个维度①。其研究的重点是"生态营销"而非"营销生态化"，三个维度之间是如何作用和联系的、内在机理是什么，没有很好地说明，并且忽视了生态营销绩效的动态进化的最终结果是和谐、均衡。

曹旭（2014）运用我国原创研究成果——可拓学（原始物元）理论对生态营销的效果如何评价进行了探索性研究，认为企业生态营销效果包含核心产品及研发生态性、延伸产品及渠道生态性、回收生态性、生态营销辅助系统生态性四个方面，并利用模糊物元综合评价方法选择一个企业进行了实证研究②。该研究从营销系统内部功能实现角度对评价因素和评价指标进行了初步的探讨，各个指标之间的贡献度尚未得到企业实践的有效验证。

祝海波和邓德胜等（2014）从顾客忠诚度、财务绩效、社会支持和生态绩效四个方面构建了企业营销生态化绩效评价体系（见表1-1），每个方面又选择了2~4个子指标来完整构建评价指标体系，并选取了国内一家民营企业作为固定样本，结合灰色系统理论进行了实证研究③。

---

① 田铭，刘凌霄. 企业生态营销指标体系的构建及评估 [J]. 南阳理工学院学报，2013（5）：69-75.

② 曹旭. 企业生态营销效果评价的指标体系及方法 [D]. 大庆：东北石油大学，2014：19-20.

③ 祝海波，邓德胜，韩庆兰，等. 企业营销生态化的绩效评价 [J]. 统计与决策，2014（12）：183-186.

表1-1　企业营销生态化绩效评价指标体系

目标层	准则层	指标层
企业营销生态化优度	顾客忠诚度（X_1）	购买/光顾比率（X_{11}）
		商品转移比率（X_{12}）
		商品转荐比率（X_{13}）
		预算比率（X_{14}）
	财务绩效（X_2）	销售额（X_{21}）
		利润报酬率（X_{22}）
		生态成本（X_{23}）
	社会支持（X_3）	媒介关注度（X_{31}）
		公益活动率（X_{32}）
	生态绩效（X_4）	生产过程生态度（X_{41}）
		物流过程生态度（X_{42}）
		产品促销生态度（X_{43}）
		终端销售生态度（X_{44}）

1.2.4　营销生态化实现路径研究

营销实现路径是企业营销实践的操作方法，企业营销实现路径与企业理念是息息相关的。纵观企业营销实现路径，与营销诞生的理念相关，总结起来主要有四种：一是 P 路径，即经典 4P 策略组合［产品（product）、价格（price）、推广（promotion）、渠道（place）］；二是 C 路径，即以顾客为导向的 4C 策略组合［顾客（customer）、成本（cost）、便利（convenience）、沟通（communication）］；三是 R 路径，即兼顾企业、顾客和社会三者利益的 4R 策略组合［关联（relevancy/relevance）、反应（reaction）、关系（relationship/relation）、报酬（reward/retribution）］；四是 V 路径，即强调差异化的 4V［差异化（variation）、功能化（versatility）、附加价值（value）、共鸣（vibration）］。

关于营销战略与理念的实现路径最为经典的理论就是 4Ps 理论。该理论最早是由杰瑞·麦卡迪（Jerry McCarthy）于 1960 年在其《营销学》一书中提出的，因为简单、实用、好记、可操作性强而成为企业营销的实践工具。该理论一经提出就得到广泛接受，影响极为深远（祝海波，2013）①。随着市场经济的不断变化与发展，再加上 4Ps 理论在营销实践中遇到一些新问题，以美国管理营销学派为主的西方营销学者不断改进与扩充了以 4P 理论为核心的营销组合实施路径，形成 6P 理论、7P 理论、10P 理论（见图 1-1）等路径（菲利普·科特勒，1986；Booms & Bitner，1981）②。

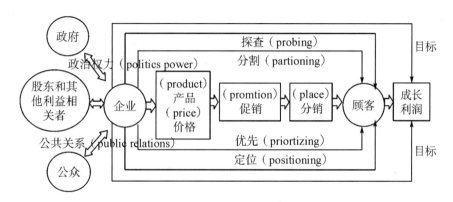

图 1-1 菲利普·科特勒 10P 理论示意图

从本质上讲，4P 理论思考的基点是企业，因此其生产的产品、期望的利润以及产品的定价，还有产品的传播与促销以及销售路径都是从企业出发来考虑。这往往忽略了顾客的真正需要和利益特征。这样以顾客为导向的 4C 理论应运而生，4C 理论的核心是顾客战略，强调以顾客为中心开展企业营销活动，从满足顾客需求（consumer's needs）到综合权衡顾客购买所愿意支付的成本（cost），从顾客双向交流与沟通（communication）到考虑顾客购买的便利性（convenience）。奉行顾客战略的许多企业获得了前

---

① 祝海波.其实营销也简单［M］.北京：经济科学出版社，2014：72-78.
② 菲利普·科特勒.营销革命3.0：从产品到顾客，再到人文精神［M］.毕崇毅，译.北京：机械工业出版社，2011：163-170.

所未有的成功，进而证明了 4C 理论的成功。4C 理论主要停留在理论层面上，其提供的实现路径在企业实践层面鲜有作为，其操作性受到质疑。4R 理论、4V 理论等从营销带给顾客价值和顾客定位差异化的角度进行了诠释，但其影响远不及 4P 理论和 4C 理论。

随着时代的发展，很多顾客的需求与社会原则会发生冲突。例如，不少房地产企业建豪华别墅来满足部分客户的奢侈需求，这与现在提倡的建设资源节约和环境友好的城市发展战略格格不入。为了既能满足顾客需求又能兼顾环境利益，在顾客需求和社会道德之间寻求平衡与发展，美国学者唐·E. 舒尔茨（Don E Schultz）于 2001 年提出了"侧重于在企业和客户之间采取更有效的方式建立起有别于传统的新型关系"的"4R 新说"，即关联（relevancy）、节省（retrenchment）、关系（relationship）和报酬（rewards）。该理论认为，现代市场中，企业与顾客是一个命运共同体——关联（relevance），企业应该站在顾客的角度并及时地倾听和高度回应顾客需求——反应（reaction），通过与顾客建立长期而稳固的关系（relationship）获得市场，从而得到合理回报——报酬（reward）。4R 理论中与顾客建立关联、关系，需要实力基础或某些特殊条件，这些并不是所有企业都可以轻易做到的①。但是，4R 理论为营销实践提供了很好的思考方向。

关于营销生态化实现路径，目前主要有以下三种路径表达方式：

一是从营销组合角度出发的路径。其中，4P 理论是最主要的方式。例如，有学者（Hans B Therelli, 1993）认为，实现营销生态化需要协调工作，开展营销工作实际上就是在做协调工作，即协调企业的各种资源、目标、经营范围与环境机会。其中，环境机会是不可控的，而企业、营销目标、营销策略则属于可控因素。因此，营销生态化的主要实现路径可以简

---

① 于永新. 浅论市场营销的发展历程 [J]. 商业经济, 2008（4）：19-21.

单描述为："营销组合（marketing mix）+协调（synergy）"（常记智，1983）[①]。陈国铁（2009）提出，企业营销生态化路径是要建立从生态理念到物流渠道、从企业与消费者互动双赢到生态营销组合个性化的一个完整的营销体系[②]。

二是基于生态学视角提出的路径。例如，傅璇（1999）在研究高新技术企业营销模式创新时，提出企业营销生态化是高新技术企业营销的必然归宿。企业营销生态化过程是生态圈成员个体职能分化、渗透和融合的过程，企业营销生态化可以采取共栖、杂交、寄生、繁殖四种方式或途径来实现，以此达到系统的一致性[③]。

三是基于营销管理流程视角提出的路径。例如，廖波（2013）提出，企业营销生态化模式应该分为售前、售中、售后三个阶段，针对三个阶段的营销行为采取生态简化方式，以生态共栖为基本原则，以网络化、精准化为基本方法，以制度化为路径，确保企业营销活动的高效、有序进行[④]。

祝海波、邓德胜（2014）提出，在营销实践活动中只有能兼顾消费者、社会和自然环境三者利益的企业才能够在竞争中胜出。也就是说，只有拥有营销生态化理念的企业才能实现可持续发展。他们界定了营销生态化的概念，并在分析企业营销生态化的产生背景的基础上，总结归纳出实现企业营销生态化可以依赖的主体路径、营销组合路径、机制路径三种路径，得出近似自然生态系统的企业必将在竞争中胜出的基本结论[⑤]。占鸣春和邓德胜（2012）从道德与法律平衡角度研究营销生态化实现路径，认为企业营销理念与营销道德是一种互动关系，这种互动对企业营销道德提出了更高的要求。因此，他们得出"企业营销行为理应受营销道德和法律

① 常记智. 生态营销：一种营销理论创新 [J]. 外贸教学与研究（上海对外贸易学院学报），1983（3）：33-36.
② 陈国铁. 我国企业生态化建设研究 [D]. 福州：福建师范大学，2009：100-102.
③ 傅璇. 高技术企业营销模式的生态化创新 [J]. 科技进步与对策，1999（6）：26-28.
④ 廖波. 生态营销理论本原探索及拓展 [J]. 商业时代，2013（25）：36-37.
⑤ 祝海波，邓德胜. 企业营销生态化实现路径研究 [J]. 社会科学家，2014（11）：126-132.

的约束，营销生态化的实现必须依赖企业营销道德与法律的均衡"的结论①。

1.2.5 文献综合评述

综上所述，经过长期不断的研究和探索，生态营销理论在世界各地进行了诸多的实践，生态营销理论也不断得到完善和发展。但是，颇为遗憾的是，生态营销理论尚未形成独立的理论体系，大多数研究者都把它等同于"绿色营销"和"环境营销"。

现代企业的绩效评价系统侧重于对结果的评价，是一种以财务报表为核心的业绩评价体系，其财务数据具有滞后性和片面性，容易导致企业采取短期投资行为。这与营销生态化的理念是格格不入的。

营销生态化绩效评价中的财务指标主要为了体现营销利润状况，非财务指标则着眼于企业的可持续发展态势。正确评价企业营销绩效必须兼顾企业的长期发展目标和短期发展目标，找到能协调财务指标和非财务指标的最佳结合点。目前，大多数相关研究都指向这一点②。

企业营销生态化必须做到既符合企业目标，又必须保证满足顾客需求，还要实现资源节约与环境保护。因此，企业营销生态化既需要定性指标，又需要定量指标，这样才更符合营销实践要求。目前，关于企业营销生态化绩效的衡量比较宽泛，指标多是静态的，这难以反映企业营销生态化与绩效之间的复杂多变的关系。

另外，企业实现营销生态化最终会提高企业利润。但在短期内，企业采取营销生态化要付出不小的代价（比如原材料的成本高）。那么，约束条件是什么、平衡点在哪里，目前少有人研究。

目前的研究以定性分析为主，其定性分析框架及所得之结论具有很强

① 占鸣春，邓德胜. 道德与法律平衡下的营销生态化路径研究 [J]. 中国商贸，2012 (2)：52-53.

② 王月辉，王秀村，孙淑英. 中国企业营销绩效评价操作中的有关问题 [J]. 北京理工大学学报（社会科学版），2003 (6)：53-54.

的理论指导价值和参考意义。但是，定量研究非常缺乏，说服力尚有不足，而企业营销生态化从理论到实践需要"落地"，那必须有具体可操作的方法或途径，可这方面的研究甚少。

1.3　研究思路、技术线路与研究方法

1.3.1　研究思路与技术线路

企业营销生态揭示了企业营销的根本是以顾客为中心，在此基础上合理匹配内外部资源，让企业获得可持续发展，即从顾客与企业、社会（自然环境）三个维度研究营销问题。更为重要的是，企业营销生态化可以基于现实基础引导与创造企业营销活动。

因此，本书运用生态学的理论和方法研究企业营销问题，探寻提高我国企业营销能力和管理水平的路径。以此为出发点，本书的研究思路如下：

（1）笔者在生态学、营销学、管理学和经济数学等基础理论和文献研究基础上，归纳总结国内外研究成果提供的启示和存在的不足，找到理论研究的突破口、创新点，初步明确企业营销生态化的基本概念、研究方法和理论架构。

（2）笔者选择 20~50 家企业进行实地调研，了解国内外企业营销生态化实践的进展、趋势和客观要求以及暴露出来的问题，总结分析经验和数据，提炼理论，明确研究的主攻方向。

（3）笔者在（1）的基础上选择合适的企业营销生态化的评价方法和评价模型，初步构建企业营销生态化绩效评价体系，并采取规范分析的方法初步确定企业营销生态化基本路径。

（4）笔者以（3）的企业营销生态化评价体系和实践路径为依据，分别从营销生态化各个层次和子系统进行理论分析，提出必要的理论假设，匹配研究模型，开展定量分析题。

（5）笔者选择2~5家企业作为实证研究的对象，将绩效评价模型和实践路径运用于企业营销实践，对此进行跟踪和比较研究，得出必要的理论和实际操作结论，并在此基础上提出相应的对策和建议。

技术线路（研究流程）如图1-2所示。

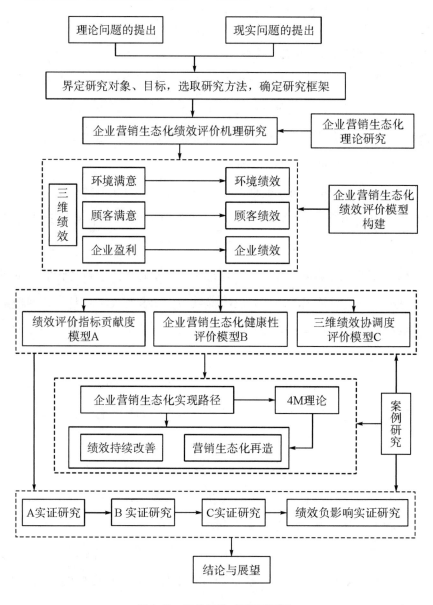

图1-2 技术线路（研究流程）

1.3.2 研究方法

（1）生态学分析法。本书运用生态学理论和方法，以生物学的生物演化隐喻（evolutionary metaphor）来构建营销学新的分析范式，把企业营销视为一个具有生态系统特征的生物共同体，探讨其特征、机理和演化规律。本书尝试以顾客、企业、环境等构成的系统为研究本体，以仿生、遗传、选择为研究方法，以崭新的理论视角来剖析营销现实，切实解决营销难题。生态学研究方法是一门"横断学科"，被国内外众多学者和专家广泛认同与采用，具有广泛的方法论意义①。这也是本书最具特色和最主要的研究方法。本书广泛涉及生态位和生态群落分析、生态因子分析、生命表和生态模型分析以及生态系统健康评价等方法。

（2）规范分析和实证分析相结合的方法。为了系统构建企业营销生态化理论，本书对国内外文献进行了广泛的收集，掌握了国内外研究的成果和进展，积累了大量相关研究成果。本书通过文献研究和实践考察，发现问题、提出理论假设，并通过理论分析和运用案例分析方法来验证假设，得出合乎逻辑和实际情况的结论。

（3）定量分析和定性分析相结合综合集成模型方法。本书结合定性研究，采用模糊数学、统计学、系统科学等方法对企业营销生态化绩效问题进行定量分析，并展示相应的应用案例。从理论上看，企业营销生态化过程涉及环节众多。一个具有普适性、能清晰准确描述企业营销生态化绩效的模型必须具备以下几个特点：模型具备描述对象的所有共性；模型必须建立在严密的科学推理之上，以保证模型的正确性；各评价指标参数应用的定义域范围较大，以保证模型推导结果与实际相符。

---

① 王兴元. 名牌生态系统分析理论及管理理论策略研究 [M]. 北京：经济科学出版社，2006：26-36.

1.4 研究内容和本书结构

1.4.1 研究内容

（1）企业营销生态化的可行性和科学性。本书以生态学方法为主要研究方法而贯穿研究始终，很有必要对生态学方法论的特点及应用于营销学的可行性和科学性进行详细论证。本书的结论和观点是从企业营销生态化理论与实践两个方面进行可行性和科学性论证得到的。

（2）企业营销生态化理论。企业营销生态化理论研究采取规范分析→理论假设→实证研究→结果讨论的分析思路，对理论核心概念、分析框架、理论模型等方面进行较为系统的研究和阐述。

（3）企业营销生态化绩效评价机理及体系。首先，本书研究企业营销生态化必须遵循的原则；其次，本书构建了营销生态化绩效评价体系总体框架，筛选出与之密切相关的重要指标；最后，本书对所选择评价指标的计算方法、评价标准进行重点剖析与研究。

（4）企业营销生态化绩效评价方法及模型。本书对企业营销绩效评价的各种方法与途径进行综合分析和比较，结合生态学的理论方法与模型，构建综合评价体系，并进行实证分析与研究。

（5）企业营销生态化绩效实现机理与路径。本书的研究是通过建立科学、完善、有效的企业营销生态化绩效评价体系，对企业营销行为和经营成果做出客观、准确的判断，从而找到协调各方利益的手段，寻找到实现企业营销生态化绩效实现的路径，统一经济、社会与环境之间的利害关系。

1.4.2 本书结构

本书共分为 8 章。

第 1 章为绪论。本章简要说明了研究背景及意义，对企业营销生态化的国内外相关研究现状进行了整理与分析，并对本书的研究方法、技术路线以及研究内容进行了简要说明。

第 2 章为企业营销生态化理论分析。本章界定了企业营销生态化的主要概念，并对其内涵、特征以及相关理论概念的异同进行了分析，系统分析了企业营销生态化实现的基本原理及动态演化机理，并由此得出了企业营销生态化基础理论模型。

第 3 章为企业营销生态化绩效评价机理。首先，本章对影响企业营销生态化绩效的因素进行了分析；其次，本章对营销生态化绩效评价原则进行了剖析；最后，本章得出企业营销生态化绩效评价的顾客、企业和自然环境三个分析维度，并在此基础上阐述和分析了绩效评价的基本原理。

第 4 章为企业营销生态化绩效评价指标体系。本章对模糊综合法、灰色系统理论、多元统计分析以及数据包络等主流绩效评价方法进行了简要的比较，并对数据的有效性检验提出了标准和要求。本章阐述与分析了企业营销生态化绩效评价体系包含贡献度、协调度与健康性三大子评价体系，并对评价体系中三维绩效各个一级、二级指标进行了详细描述。

第 5 章为企业营销生态化绩效评价实证研究。本章主要从贡献度模型、健康性评价模型以及协调度评价模型进行绩效评价体系的实证研究。除此之外，本章还对企业营销生态化绩效产生负影响的破坏性行为进行实证研究。

第 6 章为企业营销生态化实现路径。本章提出了企业营销生态化绩效实现的基本范式，并阐述了环境教化、行业影响以及内化三种实现机制，并结合前面的内容，更进一步阐述了 4M 理论模型以及在绩效实现中的应用。

第 7 章为企业营销生态化绩效实现路径。本章提出了企业营销生态化持续改善模型（PIMM）以及营销再造主要企业营销生态化实现的两条主导路径，对两条路径的实现模型、流程和路径进行了阐述与分析，并以 A 公司为案例进行了营销生态化实现路径的研究。

第 8 章为研究结论与展望。本章对全书的研究做了一个简单的回顾与总结，提出了六点基本结论，指出了本书的创新点，并对今后需要进一步深入研究的方向进行了简要说明。

2 企业营销生态化理论分析

人们对营销的理解随着时间的推移不断变化和演进，从产品观念、生产观念到推销、市场营销观念，再到社会市场营销、营销生态化、生态营销观念。人们的认知在不断深化。

2.1 相关概念界定

由于生态营销才进入我们的视野，更确切地说是进入少数人的视野，因此无论是企业界还是学术界，对生态营销都没有一个很清晰的认识。要想对营销生态化有深刻的认识，就必须先对相关概念有清楚的理解。

2.1.1 生态需求

关于生态需求，其定义有广义和狭义之分。广义的生态需求是指为满足自身生存与发展的需要，人类对自然生态系统中各组成部分及协调性具有的依赖性[①]。它通常表现为消耗自然资源，满足人类物质方面的需求；生态系统自组织、自净化、自修复三方面能力的需求，具体表现为生态系统分解和转化废弃物的能力。狭义的生态需求，即体验和享受优美生态环境而产生的精神（知识）性需求。例如，洁净的天空、纯净的水和无污染的食物，良好的生活环境，多样性的生物物种等都是生态需求的重要组成部分。这种需求只有在生态环境得到良好保护的条件下才能被满足。

---

① 张金泉. 生态需求管理与科学发展观 [J]. 四川大学学报（哲学社会科学版），2004（5）：6.

具体来说，生态需求有以下几个特征：

第一，生态需求受制于环境承载力，它必须与环境承载力相匹配。以高能耗、高污染为主要特征的生产方式以及以高消费、高浪费为主导的生活方式，使自然界的承受能力几乎达到临界点，人类的生产和发展变得岌岌可危。生态消费的目标直指构建环境协调型、节约型的物质消费体系，其持久耐用、可回收、易处理的消费特征显然是以对环境不造成或少造成有害影响为衡量基准的①。这要求人们在生产、消费活动中积极主动地促进生态系统的良性循环。

第二，生态需求是一种节约资源的消费需求。生态需求主张适度消费，反对奢华和浪费，它表面上要求人们过节制物欲的简朴生活，实质上却丰富了人们的生活，强调人类生活及消费方式的内在价值追求。它强调控制人类的消费欲望，抛弃以消耗自然资源为代价的传统消费方式，体现出人类对地球的保护和对生物圈资源的节约。

第三，生态需求是人类最高形态的需求，它强调物质需求和精神需求的统一②。吃、穿、住、行是人类最基本的生理与生存需求，需要用物质来满足。现代人对自我实现、文化、艺术、归属等精神需求更多。人类的物质极大丰富了，但随之而来的是幸福感下降了，究其原因在于幸福感更多来自精神层面的满足③。

第四，生态需求目前是一种可选择、具有替代性的需求。也就是说，人们可以选择生态需求，或者用生态需求替代非生态需求。例如，选择蔬菜，我们可以选择有机（生态）蔬菜，即便是多支出一些费用，因为其有利于人体健康，所以人们还是愿意支出。又如，选择交通工具，虽然飞机、轮船、汽车的快捷程度远远高于自行车或步行，但从生态影响角度来

---

① 蔡永海，甫玉龙. 生态文明视野中消费观的生态需求 [J]. 理论前沿，2008（13）：37-38.

② 邓仁湘. 生态需求是人类的最高需求 [J]. 中国林业，2009（10）：40.

③ 吴文新. 科技与人性：科技文明的人学沉思 [M]. 北京：北京师范大学出版社，2003：123-132.

看，这些现代交通工具的不良影响要大于自行车或步行。因此，为减少对生态环境的压力，除非必要，人们可以选择自行车或步行。

2.1.2　生态营销

生态营销的研究在我国刚刚起步。对生态营销的定义目前尚未达成共识。从检索文献来看，目前对生态营销进行过明确的定义的主要有以下几位学者：

（1）李本辉、邓德胜等（2009）认为，生态营销是指企业在生产经营过程中，始终是以环境保护为经营哲学，围绕生态消费，以生态文化为核心价值观念，开展营销活动的一系列营销观念、营销方式和营销策略。

（2）陈国铁（2009）认为，生态营销是企业以维持生态平衡、倡导环境保护的生态理论为指导，开展市场研究、产品开发、产品定价、分销渠道、促销活动等营销活动，从而达到企业发展与消费者、社会利益相统一。

（3）陈晓洁（2007）认为，生态营销和环境营销、绿色营销是同义反复。生态营销是指企业把环保理念注入营销活动各个环节之中，从而使企业行为与生态环境相协调。生态营销涉及微观和宏观两个层面。在微观层面上，生态营销是为了企业利益；在宏观层面上，生态营销涉及道义问题。利益和道义的一致性，决定了生态营销的动机和行为的多层次性[①]。

上述研究者的定义，忽视了两点：一是生态营销最终衡量的标准是"生态"——以均衡、和谐为根本特征，二是生态营销实现的手段必须生态化。因此，营销生态化的结果是各相关利益方的发展和利益享有的"持续性"，最终达到企业、自然环境和社会的均衡与和谐。

根据前面对生态产品的界定，再参考美国市场协会、菲利普·科特勒、格隆罗斯等对市场营销的定义，我们可将生态营销定义为：生态营销是指个人或组织通过创造、沟通与传送健康、安全、自然、生命力等生态价值给顾客，从而建立、维护、巩固与顾客及其他参与者的关系，最终使企业、顾客、社会和自然环境等各方均受益的功能与程序。

---

① 陈晓洁. 环境知觉型消费者行为与生态营销研究 [D]. 无锡：江南大学，2007：56-68.

2.1.3 营销生态系统

从生态学的观点来看，企业营销系统具有生态系统的基本特征：与外部环境是相互作用的。显然，企业营销生态系统涉及众多物种和形态。如图2-1所示，在企业营销生态系统中，企业是领导物种（leading species），在整个系统中占据主导地位。供应商、分销商、配送商、零售商、消费者是该系统中的关键物种（key species）。政府、社区、环保组织和媒体是支持物种（support species），影响着企业的营销行为。广告商则是寄生物种（parasitic species），没有企业投入则没有广告来源。产品流（product stream）和物质流（matter flow）是企业营销生态系统中的呈现体和承载体，也是营销最核心的要素之一——产品。现金流（cash flow）则刚好与产品流是相反的，逆向流动，两种物理量的变化体现营销的产品交换和交易的过程。信息流（information flow）既贯穿整个系统，也贯穿整个流程。

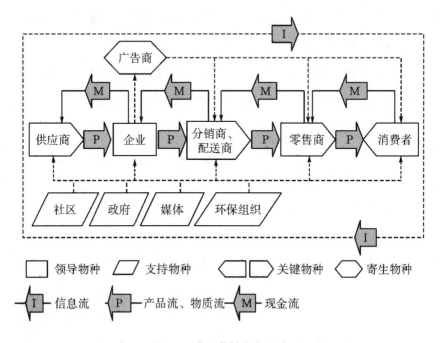

图2-1　企业营销生态系统

　　系统生态化的研究实际上就是对物理量（物质流、能量流、信息流）、生物量（产品相关利益群体、种群、群落等）和关系量（信息、位势等）的研究。

2.1.4　营销生态化

　　"生态"（ecology）一词源于希腊文"oekologie"，原指生物的"住所"。达尔文在其经典著作《物种起源》中揭示了猫、老鼠和植物等动植物之间的密切关系，表现出相当成熟的生态学意识。可以说，达尔文是生态学的创始人和奠基者。生态学的概念最早是由德国生物学家恩斯特·海克尔（Ernst Haeckel）在其专著《有机体普通形态学》中提出来的。继海克尔之后，许多从事生态方面研究的专家和学者对生态下过许多不同的定义。例如，泰勒认为，生态是指环境与全部生物之间的各种关系。史密斯认为，生态是生物体与其栖居地之间的关系。根据《现代汉语词典》的解释，生态指的是生物在一定的自然环境下生存和发展的状态，包括生物的生理特性与生活习性。

　　在20世纪之前，"生态化"一词在中外辞书上未见解释。进入21世纪后，"生态化"这个"新词"非常活跃，频频出现在人们的视野中，成为一个"热词"。根据《新华字典》的解释，"化"是指性质或形态改变，有改变或转移之意。在《现代汉语词典》中，"化"的意思包括感化、变化。显然，"化"是一个动词，"化"的结果是一种状态。当人们在研究生态系统及系统中各要素之间的相互作用规律与机制时，就会发现生态系统是一个动态的、开放的、具有自组织特征与功能的复杂系统，系统中各生态因子间保持着一种彼此依存、相互影响的动态平衡，而这种属性具有哲学指导意义，"生态化"的概念由此提出。显然，"生态化"的概念已经超越了一般意义上的自然生态含义，揭示了事物之间相互促进、彼此依赖的关系，成为思考世界观和价值观的理念、思维方式、方法论体系，可以被广泛运用于其他各学科，为科学研究以及解决社会经济生活中的各种问题提供新视角、新思路。因此，生态化是指遵循生态学的思想和规律，改变或保持现状而形成的符合生态价值观的一种状态或结果。

那么，什么才是营销生态化呢？企业营销生态化是指企业在营销过程中充分考虑到环境保护、资源节约等因素，与相关利益群体（顾客、营销中介、公众、供应商、配送商等）以及外部环境相互作用、协同进化，通过生态价值识别、呈现并传递，最终实现生态价值，达到企业、顾客、自然环境三者均衡与满意而采取的动态的营销管理和实施过程。

营销生态化必须具备以下几个特征：

（1）营销生态化的核心是"生态结果"——和谐、均衡。企业营销生态化必须关注三个主要对象：企业、顾客和自然环境。企业营销生态化和谐、均衡的结果是实现企业、顾客和自然环境满意（见图 2-2）。企业满意必须以盈利为基础，因此盈利是衡量企业满意的基本标准；环境保护、资源节约是自然环境满意的结果；顾客需求得到满足是顾客满意的基本标准。绿色营销、环境营销则把营销工作重点放在自然环境保护上，强调自然"盈利"，容易忽略消费者需求和企业盈利。简单地讲，绿色营销、环境营销讲究的往往是"单赢"（自然）——最优解，而营销生态化讲究的是均衡——满意解。

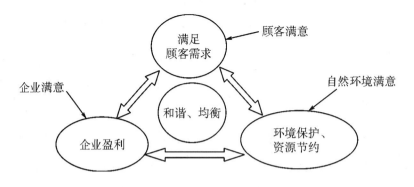

图 2-2　营销生态化的核心

（2）增加了"生态-进化"维度。企业营销活动实现物质、能量、信息的交流与变化，是动态的而非静态的。企业通过生态控制和协调实现协同演化，使企业营销生态系统从非均衡向均衡演变，最终达到均衡与和谐。在目前的研究中，绿色营销（green marketing）、环境营销（environmental marketing）没有体现出进化和演进，更多是在理论层面进行解释和说明，静态研究和描述较多，动态阐述较少。

（3）践行主体是企业。企业营销生态化的出发点和落脚点都是企业，其重点是企业内部营销系统，更强调操作性和实践性，属于微观操作层面。绿色营销和环境营销更注重理论解释和构建理论框架，属于宏观层面。

营销生态化的实现主体是企业，实现手段和路径是生态化，实现范围和领域是企业营销功能，实现结果是顾客、企业和自然环境三者的满意，实现过程是一个动态过程。

2.1.5 营销生态化绩效

绩效（performance）是指反映人们从事某种活动所取得的成果（outcomes）或产出（outputs），包括效率（efficiency）和效果（effectiveness）两个方面。其中，效率是指为了达成目标，对资源的利用程度；效果是指实际达成目标的程度。绩效评价就是将以往行为对当前绩效产生的影响进行量化的过程。

营销者遵照一定的管理原理和管理技术，建立特定的指标体系、标准和程序，对营销运营效果和效率做出综合的价值判断与评价，从而为管理者提供决策依据。

我们将企业营销生态化营销绩效评价定义为：企业营销（管理）者运用定性和定量的方法，通过建立符合企业营销生态化特点和规律的绩效评价指标体系、评价标准和评价程序，对企业营销生态化实际效果及对企业的贡献或价值进行评价和估计。

经济发展与资源、环境往往会产生矛盾，而资源、环境的"公共物品"特性，容易导致市场失灵。对于企业而言，其往往存在"搭便车"行为。企业经济活动可能会产生负外部性，却无法很好地通过市场机制内部化，导致资源过度利用。企业实施营销生态化行为实际上是通过市场机制化解这种矛盾。

企业营销生态化包含三个基本维度：顾客、企业和自然环境。代表三者的主要衡量指标分别是顾客满意、企业盈利和环境保护。顾客满意（customer satisfaction）与否直接关系到顾客对企业是否会产生偏爱或对产品是否产生偏好，而偏爱或偏好的态度则是决定产生购买行为最为关键的因素。企业在营销生态化过程中需要承担环境保护和资源节约的责任，而在现实条件下企业需要为此付出更高的成本。因此，企业绩效考核中最主要的标准就是财务收益率（financial rate of return），而财务收益率是一种均衡收益率。

2.1.6 营销生态化实现路径

营销实现路径指的是企业营销实践的操作方法，即企业贯彻营销理念和落实营销战略目标的具体路径与方法。根据企业营销生态化概念的内涵和外延，企业营销生态化的实现主要体现在四个环节上：一是企业在营销理念上必须贯彻企业、顾客、自然环境三者和谐的理念，考虑三者利益的均衡与满意；二是企业在营销战略规划上必须贯彻营销生态理念；三是营销策略的执行；四是营销管理的过程。

企业营销生态化通过生态营销理念（ecological marketing morality）、生态营销战略（ecological marketing mace）、生态营销策略（ecological marketing mix）以及生态营销管理（ecological marketing manage）表现出来，简称 4M 理论。所有企业营销活动都立足于两个基本点，即资源节约（resource saving）与环境保护（environmental protection），而贯穿始终的则是顾客需求（customer demand）。信息流、物质流和资金流在上述四个环节中循环往复，通过不断协调控制，促使顾客、企业和自然环境三者博弈后由不均衡达到均衡与和谐的状态（见图2-3）。

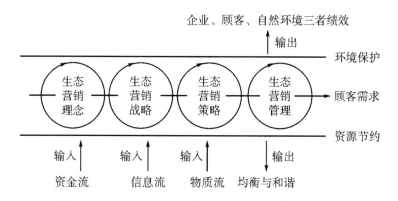

图2-3 企业营销生态化实现路径之 4M 理论模型

2.2 生态营销、绿色营销与营销生态化的异同点

环境问题为市场营销研究开辟了一片崭新的天地，环境与营销的关系问题成为企业界和学术界讨论与研究的热点。与此相关的研究先后出现了环境营销、绿色营销、生态营销以及可持续营销等相关营销理论。

2.2.1 共性

在概念上，生态营销、绿色营销、环境营销以及可持续营销存在着明显共性。例如，J. 谢斯和 A. 帕瓦蒂亚（J Sheth & A Paivatiyar）在《生态学的研究和市场营销的作用》一文中提到"组织采取可持续发展营销手段是非常必要的"[①]。在该文中，他们还论述了生态营销的学术价值，同时提出了"绿色营销"的概念。M. 米尔斯和 L. S 马尼拉（M Miles & L S Manilla）在《绿色市场营销》一文中提到"绿色营销"的概念。

从 20 世纪 70 年代早期到 20 世纪 90 年代的研究更深刻地抓住了环境问题的核心——生态，即把生态问题摆在了与组织利益、企业利益同等重

---

① 蔡永海，甫玉龙. 生态文明视野中消费观的生态需求 [J]. 理论前沿，2008 (13)：37-38.

要的地位，甚至放在比组织利益更为重要的高度，强调企业必须导入零资源浪费和零废弃物排放的生态系统，产品开发必须考虑到资源节约与环境保护。企业实现可持续发展得到广大研究者的普遍认同。

在生态营销、绿色营销、环境营销以及营销生态化的理论框架中，都离不开以下四个基本目标：第一，满足顾客的需求；第二，产品及生产具有生态性；第三，社会大众认可企业的营销行为；第四，营销活动具有可持续性。

2.2.2 差异性

（1）营销生态化与生态营销。很多人把营销生态化与生态营销混为一谈，根据"2.1.4 营销生态化"和"2.1.2 生态营销"的阐述，我们知道了营销生态化和生态营销既有联系又有区别。其区别主要体现在以下几点：

第一，营销生态化的实施主体是企业，而生态营销的实施主体具有多元化、综合化的特征，政府、企业、环保组织和消费者都是生态营销的重要实施主体。

第二，营销生态化的起点和源泉是生态化的产品。所谓生态化的产品，其必须满足三个基本条件——顾客需求得到满足、企业实现长期盈利、资源实现节约和环境得到保护。

第三，营销生态化的归属、结果以及终点是"化"，即企业营销行为最终实现的是顾客、企业和自然环境三者满意度均衡的状态。

从实践应用的角度来看，目前关于生态营销的研究停留在理念和基本框架上，其方法论也是采用传统的营销组合的研究方法，即生态产品（eco-products）、生态价格（eco-price）、生态分销（eco-distribution）和生态促销（eco-promotion），而营销生态化则可以通过价值辨识和应用以及动态博弈的方法来操作。

（2）营销生态化与绿色营销。营销生态化与绿色营销存在显著的区别，主要体现在以下几个方面：

一是概念内涵不同。英国威尔士大学的肯·毕提（Knpeattie）教授在其所著的《绿色营销——化危机为商机的经营趋势》一书中将绿色营销定义为："绿色营销是为了满足绿色消费的社会需求的、能被辨识、预期的，给企业带来利润以及永续经营的管理过程。"甘碧群（1997）①、王方华（1998）②、万后芬（2000）③、魏明侠④（2001）、何志毅（2004）⑤ 等也对绿色营销的内涵和外延进行研究与挖掘，基本达成以下共识：绿色营销以环境保护观念、绿色文化为企业的经营哲学；绿色营销以满足消费者的"绿色需求"（green needs）为出发点。这与营销生态化的含义有所不同。

二是研究焦点不同。绿色营销的研究焦点是传统的营销4P理论的移植，另外加上了"绿色"的"外衣"。因此，作为企业外在的自然环境，只有当它影响到企业与顾客，从而影响企业盈利时，才能受到关注。营销生态化的研究焦点是考虑企业营销结果（盈利）与顾客满意、绿色绩效（green performance）三者的动态关系，不是单方面研究自然环境对顾客需求或企业营销活动产生的影响。以产品定价问题为例，绿色营销的产品定价是一种引导性定价，或者说是一种强迫性定价，绿色产品一般定价比较高，因此是按照这种价格在找能够接受这种价格的消费者。营销生态化不是这样，其定价首先根据消费者的需求，这种需求既包含了产品方面的需求，又包含了对价格的认可，是基于市场决定的定价。

三是营销理念践行的方法和路径不同。绿色营销重视社会可持续发展，并突破了国家和地区的界限，关注全球的环境因素，但忽视了最主要的践行主体——企业。企业的逐利性是不能忽视的，因此其实现路径必须是企业、

---

① 甘碧群. 关于跨国营销道德问题的探索 [J]. 外国经济与管理，1997（3）：19.

② 王方华，张向菁. 绿色营销 [M] 太原：山西经济出版社，1998.

③ 万后芬. 绿色营销 [M]. 武汉：湖北人民出版社，2000.

④ 魏明侠，司林胜，孙淑生. 绿色营销的基本范畴分析 [J]. 江西社会科学，2001（6）：88-90.

⑤ 何志毅，于泳. 绿色营销发展现状及国内绿色营销的发展途径 [J]. 北京大学学报（哲学社会科学版），2004（6）：85-92.

顾客和自然环境三者博弈的动态结果。绿色产品（green product）、绿色价格（green price）、绿色渠道（green channel）、绿色促销（green promotion）构成的绿色营销组合（green marketing mix）是实现绿色营销的基本策略和手段，而营销生态化是以"RPTI 价值链"为基础的（详见 2.3.1）。

2.3　企业营销生态化实现机理

2.3.1　实现过程

企业营销生态化的实现过程是采取合理的方式和手段，实现生态与传统营销良性结合的过程，或者是在企业营销活动中融入生态价值与生态理念，最终达到企业价值最大化的目标。具体来说，企业营销生态化的实现过程包括四个过程，即生态价值识别（ecological value recognition）、生态价值呈现（ecological value presentation）和生态价值传递（ecological value transfer）以及生态价值实现（ecological value implementation），简称"RPTI 价值链"（见图 2-4）。

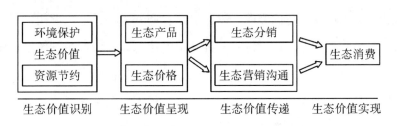

图 2-4　企业营销生态化的实现过程——"RPTI 价值链"

生态价值识别（ecological value recognition）指的是识别企业在营销过程中是否考虑到产品或服务给自然环境、顾客和社会带来生态价值。生态价值又包括两个方面：一方面是否实现了环境保护；另一方面是否实现了资源节约。在企业实施营销生态化过程中，是否具有生态价值是判断企业是否实施营销生态化的前提和基础。具体来讲，这个判断可从三个方面着手：一是工艺流（产品的生产过程）是否体现生态价值，比如企业在生产过程中对各种废物进行无污染处理，达到"零排放"标准或将污染局限在环境允许的范围之内，并在资源利用方面考虑自然资源的持续供给能力。二是商流（产品的销售过程）是否具有生态价值。以往的对销售过程的研究考虑的基本只有企业和顾客，虽然也有考虑环境保护，但是很少从三者均衡的角度来考虑销售过程。三是物流（产品的配送过程）是否有生态价值。企业在物流过程中要控制物流对环境造成危害，净化物流环境，充分利用资源，在运输、储存、装卸、搬运、流通加工、包装、信息处理等物流环节实现生态化（资源节约与环境友好）。

生态价值呈现（ecological value presentation）指的是企业通过某种载体来体现生态价值及功能。具体来讲，生态价值呈现指的是具有生态价值的有形的产品或服务（关于生态产品的内涵和界定的具体阐述详见"3.1.3产品生态性"）。生态产品是生态消费的对象，是有利于生态环境和消费者身心健康的产品与服务。生态产品具有对人身无害、对环境无污染、包装可回收和再利用以及易分解等优良的特性，其产品选材、结构、功能、生产过程以及运输等充分考虑到环境保护和资源节约，产品生产、使用与销售等过程不但遵循生态保护原则，还必须具有安全、清洁、便利等特点。除此之外，生态价格也是生态价值的体现载体。企业可以采取心理定价法定价，即利用消费者"感知价值"（perceived value）——"质高价更高，价高质更高"（生态产品具有更高的价值，愿意为此支付较高的价格来定价）[1]。另外，根据"环境有偿使用"和"谁污染谁付费"的原则，企业将营销生态化方面的支出计入成本，成为价格组成部分[2]。

生态价值传递（ecological value transfer）指的是企业从市场需求调查与分析开始，到原材料采购、产品生产以及运输、仓储、产品分销整个产

---

① 周慧蓉，杨洲. 我国生态需求的影响因素分析 [J]. 福建农林大学学报（哲社版），2006（9）：55-57.

② 刘澄，商燕. 21世纪的绿色营销新理念 [J]. 南方经济，1998（5）：73-74.
马瑞婧. 论知识经济与绿色营销 [J]. 生态经济，2001（8）：61-63，67.
梁辉煌. 两型社会背景下我国绿色消费模式的构建 [J] 消费导刊，2008（18）：30-31.

品所有权的转移过程中实现生态价值。生态价值的传递主要包括两个方面：一个是生态分销，另一个是生态营销沟通。生态分销指的是企业选择的渠道可以是传统的分销渠道，但分销过程必须注入"生态化"的概念与意识，主要考虑两个方面：一是生态分销对营销绩效的贡献度，即采取生态分销可能引起的销售收入增长率；二是分销成本与分销绩效的比较、实施该渠道方案所需成本与分销绩效的比较。企业由此评价分销渠道决策的合理性。生态沟通主要通过广告、营业推广、公共关系等手段进行充分的信息传递与沟通，让消费者了解到企业和产品，并协调企业营销与消费者生态需求，从而达到企业、顾客与自然环境满意的状况。

生态价值实现（ecological value implementation）指的是通过前面三个过程最终让消费者接受了这种生态产品。也就是说，生态消费是生态价值得以实现的最终表现。生态消费（ecological consumption）是以市场机制为基础的利益驱动方法。对于企业而言，消费是生态产品完成市场供给的重要方式。生态消费既可以帮助生态产品的供给者——企业创造利润，又能确保生态产品价值的实现（见图2-5）。

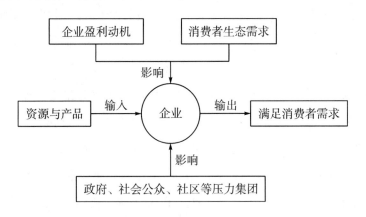

图 2-5   生态价值的实现机制

企业具有"经济人"的特性，促使企业要考虑市场和成本。企业营销生态化运行需要投入各种资源，但生态产品的生态性具有潜在性，往往难以察觉或度量，生态产品在经济效益上具有滞后性，短期内亏本而长期是盈利的，这在很大程度上抑制了企业提供生态产品的积极性。因此，为了提高企业供给生态产品的积极性，政府在相关政策方面必须大力支持，激励企业投资生态产品。另外，由于生态产品具有公共产品的特点，企业还必须承担社会责任，接受社会公众和环保组织等压力集团的监督。

2.3.2 动态演化机理

企业营销是一个复杂的动态系统，企业在营销过程中不断地与内部环境和外部环境进行着物质、资源、信息的交换，从而使得企业营销内部环境和外部因素协调发展。因此，企业营销既有自组织的特征，又有外部环境选择的表现。

根据哈肯的协同论，自组织实现机制必须具备四个基本条件，即开放系统、远离平衡状态、非线性、系统涨落。首先，企业营销是一个开放的系统，只有这样企业才能及时获取市场、竞争者、顾客等各方面的信息，比竞争者更有效地满足市场需求，主动选择改变营销策略，积极应对环境变化[①]。其次，营销生态化实施主体并非一成不变的，从市场研究了解顾客需求开始到某产品或服务开发，再到产品成熟，这期间参与者都是不稳定的。市场刚刚开发，参与者少。有旺盛的市场需求时，很多组织或机构愿意、主动要求进入企业营销系统。再次，从营销生态化过程来看，在不同的时期，企业在产品价值链中的地位会发生变化，初期可能是领导者，但随着时间的推移，可能是渠道成员。最后，企业营销生态化面临的环境是动荡的。一方面，每次市场需求的变化、技术的革新都会促使企业营销的重新决策，有的营销方法或手段被淘汰，被另外一些新的方法或手段所取代；另一方面，市场需求的快速变化、营销技术更新换代的速度加快都会促使企业营销不断创新。

因此，企业营销生态化内部实现机制概括起来就是"两种组织""两

---

① 胡斌，李旭芳. 企业生态系统动态演化研究 [M]. 上海：同济大学出版社，2013：54.

种状态""两种效应"（见图2-6）。"两种组织"指的是营销生态化系统初组织和营销生态化系统自组织，企业营销最终达到自组织状态；"两种状态"指的是企业营销生态化的开放状态和涨落状态；"两种效应"指的是企业通过协同效应和创新效应，实现转化。

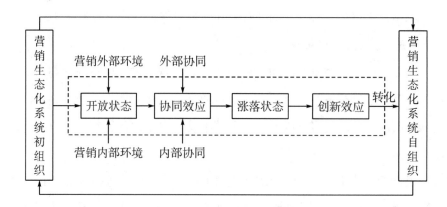

图2-6　企业营销生态化内部实现机制

面对纷繁芜杂、瞬息万变的环境，为了生存和发展，企业营销生态化也必须选择主动适应环境。只有适应环境了，企业才能构建其合适的生态位，保持持续竞争优势。这样一来，企业才能谈得上真正的演化。因此，适应环境理所当然成为企业营销生态化实现的外部机制。

环境选择是指企业面临外部环境时会产生选择压力。企业营销的环境压力主要来自三个方面：一是来自其他企业营销，尤其是同行企业的企业营销。例如，联想集团从1998年起引入专卖店的特许经营模式，加速构建直营店。2004年，戴尔电脑采取直销模式在中国市场大肆"开疆扩土"，联想电脑面临前所未有的挑战。联想集团再次"思变"——进行通路改造，采取"通路短链+客户营销"的新渠道模式，以期更"贴近客户"，从而强化以客户为中心的营销模式，以此来赢得竞争优势[①]。二是来自企业运营系统，尤其是企业营销系统、营销方式。三是来自社会、经济、文

---

① 冯俊华，赵剑. 市场生态环境选择机制下的企业进化 [J]. 工业工程，2009 (6)：1-4.

化等环境的压力，如社会公众对经济行为环境保护和资源节约的关注与批评。

对于企业营销生态化而言，对环境的适应是企业营销生态化演化的充分条件，这种适应从严格意义上来说是对市场的适应，尤其是对顾客的适应。例如，某个企业开发了一款新产品，其技术非常先进，其产品使用起来更为方便，甚至价格也比现有产品更加便宜，但没办法占领市场，这是什么原因呢？苹果公司的操作系统就是这样，在很多方面比微软 Windows 操作系统更为方便，也更符合用户的使用习惯，价格还便宜得多，但消费者并不买账，因为他们长期使用 Windows 操作系统已经习惯了。此外，由于大多数人使用的都是 Windows 操作系统，存在兼容性的问题，额外多装一个苹果公司的操作系统就显得多余了。

当然，企业营销生态化的适应还包含两层含义：一是企业营销生态化适应其营销功能的实现，二是企业营销生态化需要在一定的条件下才能实现。前者是指企业营销生态化结构必须有助于其功能的实现，即效果和效益问题；后者是指企业营销生态化及其结构能够适应外部大环境，否则就会优胜劣汰，这就是环境选择。

在图 2-7 中，曲线 A 表示主动变异曲线，曲线 B 表示环境适应曲线。

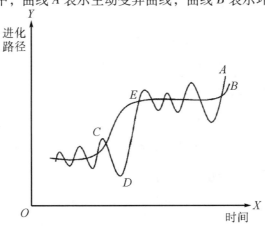

图 2-7　企业营销生态化环境适应演化曲线

曲线 B 说明，企业营销生态化在不确定性的环境下与环境协同进化。随着时间的推移，其协同（适应）点形成一条曲线，而曲线上的各个点表示企业营销生态化"停滞"过的点，代表着企业营销生态化环境适应的结果。

为了不断适应变化的环境，企业也可以选择主动变异，不同时间点的变异也会形成一条曲线。当企业主动变异与环境选择点重合时（如 E 点），说明此时营销生态化绩效最优，这时企业营销生态位最佳。

D 点表示企业营销生态化主动变异点在环境选择曲线下方，表明企业营销主动变异效果不佳而企业因此获得竞争优势。但长期来讲，企业的这种营销方式迟早会被环境淘汰。

C 点表示渠道主动变异点在市场选择曲线上方，表明企业采取这种营销方式可以获得竞争优势，而此时企业能获得的资源尚未充分发挥效用。因此，企业必须调整企业营销生态化进化路径或方向（再次变异），最终实现资源利用最大化，竞争优势更加明显。

由此我们可以得知，企业营销生态化进化是否采取主动变异取决于企业所处的内外部环境好坏。当然，采取主动变异也有可能因环境突变导致基因变异。但是，这种突变是随机的，环境选择使得企业营销生态化中具有适应性的基因组合在群体中得以遗传和保留下来。与生物体不同的是，企业营销生态系统还可以根据作用对象的差异，采取基因构建和显性构建两种不同方式对其自身进行重构。基因构建是指企业营销生态化通过不断"学习"，对其基因进行调整；显性构建是指企业营销生态化过程中对其基因没有造成影响的构建行为。例如，企业在营销生态化过程中实现了营销流程再造、营销绩效评价体系重构等行为就属于基因构建行为。营销信息沟通、产品价格体系构建、各职能部门协调等为显性构建。基因构建导致企业营销发生了质的变化，是企业营销生态化的前提和基础；而显性构建则使得企业在营销生态化过程中发生显性变化，它是传承和维系营销优质基因的必要手段[①]。

2.3.3 演化模型

如前文所述，企业营销生态化演化存在内部和外部两种机制。两种机制对应两种不同的模型，前者用 Logistic 模型，后者用 Lotka-Volterra 模型。

由于企业营销生态化具备了自组织、非线性演化的特点，其演化一般呈指数形式增长，主要是由内在的增值潜力驱动的。但是，企业营销生态化的演化受制于资源与环境承载量有限。因此，在彼此相抗衡的两种力量——驱动力与制约因素的作用下，企业营销生态化的演化呈现出与生物种群演化 Logistic 模型比较吻合的特点。

Logistic 模型是一个经典的生态学模型，由费尔哈斯特（Verhulst）提出后被佩尔-瑞德（Pearl-Reed）深入研究，因此又称为 Verhulst-Pearl 模型[②]。在生态学中，该模型主要用于描述生物种群数量的时空动态关系（见图 2-8）。

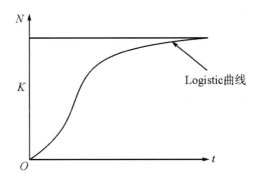

图 2-8　逻辑曲线示意图

①　PIERO MOROSINI. Industrial clusters knowledge integration and performance ［J］. World Devel 2004, 32（2）：305-326.

②　CABEZAS H PAWLOWSKI C W, MAYER A L, et al. Simulated experiments with complex sustainable system：ecology and technology ［J］. Resources Conservation and Recycling, 2005, 44（3）：279-291.

Logistic 经典模型如下：

$$\frac{\mathrm{d}N(t)}{\mathrm{d}t} = r(t)\left[\frac{K - N(t)}{K}\right]N(t) \tag{2-1}$$

其中，K 表示在一定时空形态下，企业营销生态化的最佳绩效；$r(t)$ 表示在理想状态下，企业营销生态化自然增长率；$\frac{\mathrm{d}N}{\mathrm{d}t}$ 表示企业营销生态化演化速度；$N(t)$ 表示企业营销生态化演变过程；$\frac{K - N(t)}{K}$ 表示环境承载量，也被称为 Logistic 系数，代表企业营销生态化的成长空间。

当企业营销生态化演化不受任何因素影响时，有 $\frac{\mathrm{d}N}{\mathrm{d}t} = rN$，即有 $N = N_0 \cdot e^n$。当 $N(t) = K$ 时，$\frac{\mathrm{d}N}{\mathrm{d}t} = 0$，这时企业营销生态化达到最大容量。

在不同营销方式和组合下，企业营销生态化的演化 Logistic 模型可以表示如下：

$$\frac{\mathrm{d}N_i(t)}{\mathrm{d}t} = r_i(t)N_i(t)\left[1 - \frac{N_i(t)}{K_i} + \sum_{i=1}^{n} k_{ij}N_j(t)\right] \tag{2-2}$$

其中，$N_i(t)$ 表示 t 时刻企业营销包含的产品销量；$r_i(t)$ 表示在理想状态下，营销绩效的自然增长率；k_{ij} 为营销方式对营销绩效的影响系数。

如果我们假设两种分销方式在企业营销生态化自适应演化过程中表现出两种状态——竞争与协作，那么第一种方式：

$$\frac{\mathrm{d}N_1(t)}{\mathrm{d}t} = r_1(t)N_1(t)\left[1 - \frac{N_1(t)}{K_1} + k_{12}N_2(t)\right] \tag{2-3}$$

第二种方式：

$$\frac{\mathrm{d}N_2(t)}{\mathrm{d}t} = r_2(t)N_2(t)\left[1 - \frac{N_2(t)}{K_2} + k_{21}N_1(t)\right] \tag{2-4}$$

求两个微分方程的平衡点 $[N_1(t)，N_2(t)]$，有：

$$[N_1(t)，N_2(t)] = \left[\frac{K_1(1 + k_{12}K_2)}{1 - k_{12}k_{21}K_1K_2}，\frac{K_2(1 + k_{21}K_1)}{1 - k_{12}k_{21}K_1K_2}\right] \tag{2-5}$$

我们研究 Logistic 系数 k ，可以知道：

（1）当 $k_{12} = k_{21} = 0$ 时，两种营销方式相互独立，不存在竞争与协作关系。

（2）当 k_{12}、k_{21} 均小于 0 时，两种营销方式表现为竞争关系，从而使得企业营销生态化表现出不稳定、非平衡的特征，企业营销生态化寻求自适应调整达到有序状态。

（3）当 k_{12}、k_{21} 均大于 0 时，两种分销方式表现为协同进化关系，从而使得企业营销生态化表现出稳定、平衡的特征，企业营销生态化通过自适应调整达到有序状态。

（4）当 $k_{12} > 0$，$k_{21} < 0$ 或 $k_{12} < 0$，$k_{21} > 0$ 时，两种分销方式既有竞争也有协同关系，在一定条件下可以实现相互转换。渠道核心成员以及其他角色地位不稳固，但彼此依赖，推动企业营销生态化的演化。

Lotka-Volterra 模型（简称"L-V 模型"）是由美国学者洛特卡（Lotka，1925）和意大利学者沃尔泰拉（Volterra，1926 年）先后提出的[①]。在自然生态学的协同演化研究中，L-V 模型是研究物种间协同演化的经典模型。因此，本书主要用 L-V 模型来研究企业营销生态化中企业营销本身与外部系统之间的演化过程。

企业在营销过程中会与外界产生相互作用。我们不妨假设外界作用中有两个企业种群，设为种群 1 和种群 2，其数量会随时间 t 的增长而增长，其增长率（或增长变量）可用式（2-6）、式（2-7）表示[②]：

$$\frac{\mathrm{d}N_1(t)}{\mathrm{d}t} = r_1(t)N_1(t)\left[\frac{K_1 - a_{12}N_2(t) - N_1(t)}{K_1}\right] \tag{2-6}$$

$$\frac{\mathrm{d}N_2(t)}{\mathrm{d}t} = r_2(t)N_2(t)\left[\frac{K_2 - a_{21}N_1(t) - N_2(t)}{K_2}\right] \tag{2-7}$$

---

① 陈瑜，谢富纪. 基于 Lotka-Volterra 模型的光伏产业生态创新系统演化路径的仿生学研究 [J]. 研究与发展管理，2012（6）：15.

② 扬戈逊，班道雷切. 生态模型基础 [M]. 何文珊，陆健健，张修峰，译. 北京：高等教育出版社，2007：265-271.

其中，$N_1(t)$、$N_2(t)$ 分别代表种群 1 和种群 2 的数量；$r_1(t)$、$r_2(t)$ 分别代表在互相不影响的情况下种群 1 和种群 2 的最大增长率；K_1、K_2 分别代表在现有环境条件下种群种群 1、种群 2 的最大容纳量；a_{12} 代表种群 2 对种群 1 的竞争效应，a_{21} 表示种群 1 对种群 2 的竞争效应。

根据式（2-6）、式（2-7），平衡点计算如下：

$$\frac{dN_1(t)}{dt} = r_1(t)N_1(t)\left[\frac{K_1 - a_{12}N_2(t) - N_1(t)}{K_1}\right] = 0 \qquad (2-8)$$

$$\frac{dN_2(t)}{dt} = r_2(t)N_2(t)\left[\frac{K_2 - a_{21}N_1(t) - N_2(t)}{K_2}\right] = 0 \qquad (2-9)$$

显然有：

$$a_{12}N_2(t) + N_1(t) = K_1 \qquad (2-10)$$

$$a_{21}N_1(t) + N_2(t) = K_2 \qquad (2-11)$$

那么，对于种群 1 而言，当 $N_1(t) = 0$ 时，$N_2(t) = \dfrac{K_1}{a_{12}}$；当 $N_2(t) = 0$ 时，$N_1(t) = \dfrac{K_2}{a_{21}}$；对于种群 2 来说，当 $N_1(t) = 0$ 时，$N_2(t) = K_2$；当 $N_2(t) = 0$ 时，$N_2(t) = \dfrac{K_2}{a_{21}}$。

由式（2-8）、式（2-9）可知，其代表两条直线，我们记为 L_1、L_2，则在直线内侧，$\dfrac{dN(t)}{dt} > 0$，表示企业种群容量可增加；在直线外侧，$\dfrac{dN(t)}{dt} < 0$，表示企业种群容量会减少。这样，我们就会得到 4 种解，如式（2-6）至式（2-9）所示。解式（2-10）、式（2-11）得到式（2-12）、式（2-13）。

$$N_1(t) = \frac{K_1 - a_{12}K_2}{1 - a_{12}a_{21}} \qquad (2-12)$$

$$N_2(t) = \frac{K_2 - a_{21}K_1}{1 - a_{21}a_{12}} \qquad (2-13)$$

根据企业营销生态化的内涵与特征，一般有 $1 > a_{12}a_{21} > 0$，这时可能出现以下四种情况（见图 2-9）：

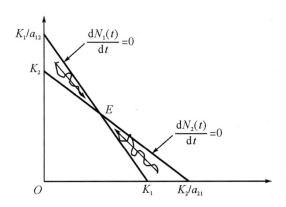

图 2-9　企业营销生态化达到平衡点的演化示意图

一是 $\dfrac{K_1}{K_2} > a_{12}$，且 $\dfrac{K_2}{K_1} > a_{21}$，这时说明企业种群 1 的容量大于企业种群 2 的容量，其竞争结果将是企业种群 1 胜出。

二是 $N_1(t)$、$N_2(t) \rightarrow \infty$，且 $\dfrac{K_2}{K_1} < a_{21}$，这时说明企业种群 1 的容量可以继续增长，企业种群 2 的容量受到抑制而不能继续增长，企业营销生态化处于不稳定阶段，两者都可能采取竞争措施，其结果取决于资源的利用情况。

三是 $\dfrac{K_1}{K_2} < a_{12}$，且 $\dfrac{K_2}{K_1} > a_{21}$，这时说明企业种群 1 的容量受到极大限制，不能继续增长，而企业种群 2 的容量可以继续增长，其竞争结果将是企业种群 2 胜出。

四是 $\dfrac{K_1}{K_2} < a_{12}$，且 $\dfrac{K_2}{K_1} < a_{21}$，这时说明企业种群 1 的容量受到极大限制，不能继续增长，而企业种群 2 可以继续增长，企业营销生态化处于不稳定阶段，但双方通过协同进化可以达到平衡点，实现彼此共存共赢。

从上述分析可知，只有在第四种情况下，具有竞争关系的企业种群可以通过协同演化达到平衡点，实现双赢。在其他三种情况下，企业营销生态化都不是稳定的。另外，还有一种特殊情况，即 a_{12}、$a_{21} \rightarrow 1$ 时，$N_1(t)$、$N_2(t) \rightarrow \infty$，这时无论是企业种群 1，还是企业种群 2，其竞争能力都非常强，受外界的影响微乎其微，彼此之间受干扰程度很低。

3 企业营销生态化绩效评价机理

3.1 企业营销生态化绩效影响因素

3.1.1 顾客生态需求

生态需求观已成为当代社会主流消费观念。生态需求（ecological demand）实质上是适度需求，即倡导以节俭为特征、以满足基本生存需要为目标的消费观念，讲究资源节约与环境保护。生态需求观一方面满足了人们的基本生存需要，另一方面考虑了社会整体消费与资源利用水平，使个体需求与社会整体道德观一致。生态需求把资源和生态的边界作为需求的上限，体现了"资源的承载力"。因此，生态需求要求消费需求与资源、环境相协调，使人们在追求获得高层次心理满足和高质量生存环境的同时实现资源节约与环境友好①。

调查发现，生态需求是需要被激发和调动的，生态需求被激发的顾客不但会增强消费生态产品的兴趣，而且其支付意愿也会随之增强②（见图 3-1）。

在图 3-1 中，横坐标表示生态产品的需求量，纵坐标表示顾客愿意支付生态产品的成本。生态需求被激发前的状态用曲线 A 表示，生态需求被激发后的状态用曲线 B 表示。

---

① 陈辞. 生态产品的供给机制与制度创新研究 [J]. 生态经济，2014，30（8）：78-80.
② 蔡聪裕，陈宝国. 生态需求调动的必要性及有效途径 [J]. 管理学刊，2011（12）：15-26.

消费者对生态产品需求较弱，表现为曲线 A。消费者了解或尝试过生态产品后，可能由此产生了偏好，表现为曲线 B。曲线 B 表明，随着对生态产品评价的提高，消费者为此愿意支付的成本也相应增加了。顾客的生态需求被激发后，其生态需求曲线由曲线 A 平移到曲线 B，顾客愿意为生态产品 Q_1 支付的成本由 M_1 增加到 M_2。

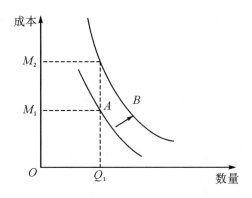

图 3-1　生态需求激发前后顾客支付意愿变化

当消费者的收入增加达到一定的水平时，他们享受更高水平的生态产品的意愿更为强烈（见图 3-2）。当人们的收入达到一定的水平 I_0 后（当收入 $<I_0$ 时，消费者主要关注的物质需求的满足），他们才会注重生态消费；当人们的收入在 $I_0 \sim I_1$ 时，其生态消费随着收入水平的提高而提高；当人们的收入达到较高的收入（$>I_1$）时，人们的生态消费增长会变缓。

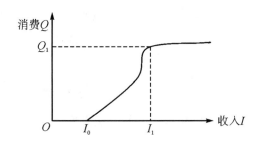

图 3-2　收入水平和生态消费关系

顾客需求是企业存在的逻辑基础，也是营销的起点。人类对资源的利益与商品交换（交易）的欲望产生了市场。市场的发展催生了资源集约化配置的组织——企业。顾客生态需求构成了市场拉力，对企业营销生态化有着极大的促进作用①。因此，顾客生态需求是企业营销生态化的原动力，而影响顾客生态需求的因素也有很多，主要有政府、环保组织、社会公众以及生态消费者等。

政府往往主导着企业活动。政府可以通过行政和立法方式对企业经营活动施加压力，可以通过立法形式制约企业的营销行为。环保组织是营销生态化的主要推动力量，它们对环境和社会问题最为敏感，是具有较强生态意识和生态消费能力的深度生态消费者。它们具备较强的生态保护意识，认可生态产品，有对消费者进行环境教育的动力。因此，它们是生态消费市场的积极推动者，也是先锋消费者，对市场其他目标消费者具有很强的示范和引领作用。同时，它们不但努力增强社会公众的生态意识，也对企业行为进行有效的监督。

3.1.2 营销资源与能力

营销资源是指企业能控制和利用以达到实现营销目标的所有经营性要素的总称②。企业营销资源的利用和配置的能力与效率是衡量一个企业营销能力的基本标准。现实情况是企业营销资源有限，为此要让有限的营销资源发挥最大的效用，那就要对营销资源进行科学分配，否则将极大影响企业营销绩效。

根据"20/80 法则"，企业 80% 的利润是由 20% 的客户创造的，而其余 80% 的客户对企业盈利的贡献是微乎其微的。按照生态学的"r-K 选择理论"，在生物群落中，如果资源足够丰富，那么消耗资源多的物种会很快超越其他物种，从而使该群落很快被该物种所占据。这些物种被称为 r 对策者，属于长得快、种子多、生命短的先驱物种（pioneer species）。只

---

① 陈辞. 生态产品的供给机制与制度创新研究［J］. 生态经济，2014（8）：78-80.
② 冯鹏义. 析基于顾客价值的营销资源配置［J］. 经济问题，2006（6）：8-10.

有那些能灵活适应环境变化，在环境承载范围内活动的物种才能稳定下来，这样的物种被称为 K 对策者，又被称为关键物种（keystone species）。因此，创造 80% 的利润的 20% 的客户是营销生态化过程中的关键物种。

显然，就资源配置的角度而言，营销资源分配不能平均分配，应该让更多的资源流向高价值的客户，以充分发挥资源的价值创造能力，使有限的营销资源获得最大顾客价值的组合。整体顾客价值最大化的营销资源配置模型如下：

$$\text{maxCV} = \text{CV}_1(X_1) + \text{CV}_2(X_2) + \cdots + \text{CV}_n(X_n) \tag{3-1}$$

其中，$X_i \geq 0$，$\text{MRC} \leq \sum_{i=1}^{n} X_i$，$X_i \geq 0$，$i = 1, 2, \cdots, n$。

式（3-1）中，X_i 是分配到第 i 个客户的营销资源；CV_n 是客户分摊到 X_n 的营销资源时所达到的顾客价值；maxCV 是企业每年所有营销资源的总和。

目前，企业通常根据以往的经验来配置营销资源配置，主观性和随意性强。这不仅容易造成资源浪费，而且无法对资源配置效率进行评估，更无法达到企业目标。虽然也有部分学者试图通过定量研究、建立模型来解决这一问题，但是缺乏真实的营销环境，而且市场环境瞬息万变，不确定性因素多且复杂。因此，很多定量模型趋于理想化，在实践中难以得到验证。企业营销生态化讲究的是顾客需求、自然环境和企业三者的动态均衡。

企业营销资源和能力如何配置必然影响到企业营销生态化绩效的评价。以下本书进行简要讨论：

企业理想的销售反应方程假定如下：

$$Q_i = kP_i^b A_i^c S_i^d = q(p_i, A_i, S_i) \tag{3-2}$$

短期利润方程如下：

$$\Pi = p_i Q_i - C_i = (p_i - c)q(p_i, A_i, S_i) - A_i - S_i \tag{3-3}$$

其中，Π 为利润，p 为价格，Q 为销售量，A 为广告费用，S 为人员推销费用，C 为成本，i 为企业；k、h、c、d 为常数；C_i 为单位成本。

如前文所述，企业营销生态化是考虑参与者多方博弈后才实现均衡的。

我们可以先假定双方博弈反应方程如下：

$$Q_i' = kp_i^{\lambda_1 b}A_i^{\lambda_2 c}S_l^{\lambda_3 d} \tag{3-4}$$

双方博弈对各变量的影响用 λ_1、λ_2、λ_3 表示，系数的大小需要按照下面的方法来确定：营销决策者利用最小二乘回归估计法来确定价格、促销和分销弹性（用 b、c、d 表示），进而找到合适的营销反应方程式。按照博弈理论，若使市场营销资源配置最优，则必须满足：

$$\frac{\partial \Pi}{\partial p_i} = \frac{\partial \Pi}{\partial A_i} = \frac{\partial \Pi}{\partial S_i} = 0 \tag{3-5}$$

我们根据式（3-5）可以分别获得价格、促销、分销最优成本下的最优解如下：

$$e_p = -\frac{pq}{A} \cdot e_A = -\frac{pq}{S} \cdot e_S \tag{3-6}$$

我们通过式（3-6）可以直接比较不同营销组合变量的弹性，以确定最优营销组合。

3.1.3 产品生态性

美国著名的管理学家朱兰在 20 世纪中叶提出产品质量"适用性"的概念，认为产品质量的"适用性"是指企业生产的产品既要达到技术标准和技术要求，又要满足用户的要求，并且提出顾客拥有对产品质量的最终评判权。也就是说，产品质量并非技术上最优、质量上最好的，而是"适用"即好。祝海波（2008）提出了"质量悖论"的观点，即认为产品质量越好，顾客重复消费该产品的可能性越小[1]，这与朱兰的观点不谋而合。

就生态产品而言，其产品质量的"适用性"除了上述两个要求外，还

---

[1] 祝海波. 营销其实也简单［M］. 北京：经济科学出版社，2012：123-130.

必须具有"生态性"，即"生态质量"①。李攀辉、韩福荣（2004）认为，生态产品必须具备技术属性、社会属性和环境属性（见图3-3）。其中，环境属性是基于环境保护角度的属性，要求企业产品的生产过程和最终产品必须减少对自然界的负面影响，达到资源节约和环境保护的有关要求与规定。

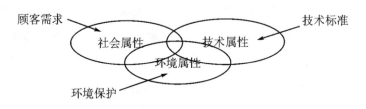

图3-3　产品特性分析

由此可见，产品的生态性指的是三个方面：一是对于顾客而言，产品是适用产品，无论在质量上，还是在价格上，都是顾客能接受的产品，即满足顾客的需求；二是对于企业而言，产品是能销售出去并能盈利的产品，即能满足企业的需求；三是产品能实现节约资源和保护环境的目的，即满足自然需求。

生态产品价格是最为关键的。如果产品价格高了，消费者不满意、不接受，销量就会受到影响；如果产品价格低了，则企业盈利压力大。企业为达到节约资源和保护环境的目标可能会增加生产成本，其利润则可能减少。另外，增加成本了就可能需要转嫁给消费者，销量又可能受影响。因此，寻找合适的价格均衡点成为生态产品的关键。生态产品的均衡价格是企业、顾客和代表自然利益的压力集团博弈的结果②。

3.1.4　产品盈利能力

随着消费者对生态产品的认可，各种压力集团（环保组织、媒体和社

---

① 李攀辉，韩福荣. 生态质量控制、TQM和清洁生产 [J]. 北京工业大学学报（社会科学版），2004（1）：27-30.

② 高前善. 生态效率：企业环境绩效审计评价的一个重要指标 [J]. 经济论坛，2006（7）：87-88.

区等）的作用以及企业营销的助力，使得生态产品的需求量稳步上升。此时，产品的市场价格 P 没多少变化，而需求量从 AD 移到 AD'，企业利润从 P_0EYO 扩大到 $P_0E'Y'O$（见图 3-4）。

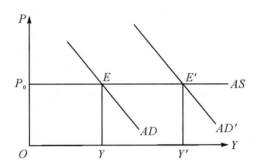

图 3-4　企业营销生态化长期作用的结果

在利润扩大的同时，随着生产工艺的熟练、工人操作水平的提高以及生产规模的扩大，企业的平均生产成本 AVC 会下降（见图 3-5），并且低于市场价格水平。因此，从长期来看，采取营销生态化行为的企业将会是盈利的。

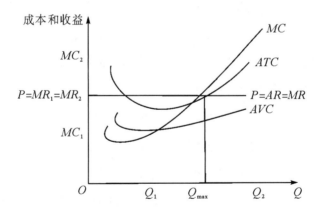

图 3-5　企业营销生态化长期成本的变化

当然，这里还存在一个问题，那就是生态产品的价格弹性（price elasticity）问题。根据微观经济学供需理论，我们知道商品价格的变化可能会导致消费者需求量的变化，而决定需求量的变化的大小则取决于需求价格弹性的大小。我们不妨分析一下生态产品的价格弹性：

第一，从商品的可替代性分析。一般而言，普通商品的可替代品相对比较多，而生态产品由于其生态特性，使商品差异度较大。消费者对生态产品的忠诚度较高。生态产品被其他产品替代的可能性相对较低，可替代性较差。

第二，从商品对消费者的重要程度分析。通常来讲，商品对消费者的重要程度越高，其价格弹性就越小。随着社会经济的发展，人们的生态消费意识大幅度增强，生态产品在人们的生活中起着越来越重要的作用，其重要程度不言而喻。

总之，生态产品的需求价格弹性较小、价格弹性较小，一般情况下都是小于1的。

3.1.5 营销战略市场驱动性

传统的观念认为，营销战略都是根据企业的总体战略来制定的。也就是说，先有企业整体战略后有市场营销战略。很多企业战略往往是先由企业领导层勾勒出企业的宏伟蓝图，之后再逐步分解为职能部门的战略。营销战略的制定是自上而下的，这是一种典型的计划学派或设计学派的做法①。这种战略实施方式难以创造稳定的顾客价值，许多采取这种战略导向的企业都被市场无情地抛弃了。

伴随着市场经济的发展以及遵循传统战略思维的企业面临的困境，营销实践证明，那些不能给顾客创造价值的企业是无法实现可持续发展的。为给顾客创造价值，营销战略必须摆脱传统战略思维的"束缚"而转向以顾客和目标市场为导向，自下而上的市场驱动型的新型战略思维。

根据生态学限制因子理论，生物体的生长发育必受制于某些因子。限制因子（limiting factors）为营销战略提供了重要的参考。营销生态化涉及

---

① 祝海波. 营销战略与管理：观点与结构 [M]. 北京：经济科学出版社，2013：64-70，123-131.

因素众多，并且环境及时空变化多且复杂，借鉴限制因子概念有助于管理者或营销者掌握营销内外系统及其与环境的关系。从表面上看，各种因子对营销而言都很重要，找到最关键的因子能事半功倍。在营销战略生态化过程中，也有某些因子起着关键性限制作用。在宏观营销战略层面，企业采取什么样的战略形式，取决于企业生态群落的资源、能量的容纳度。这些资源、能量往往可能是关键的限制因子。

3.1.6　营销管理质量

管理是一个过程，管理质量主要表现在管理效果、效率以及可靠性三个方面[①]。过程的输出满足需要的程度叫效果（effect），从输入转化为输出的投入产出比叫效率（efficiency），长期保持优良效果和效率的能力叫可靠性（reliability）。因此，营销管理质量应该从销售（营业）额（sales）、营销效率（input-output ratio，又称投入产出比）、营销增长（率）三个方面来衡量。

实践证明，营销管理质量对营销绩效的影响是非常明显的。

关于营销管理质量的评估主要有两种方法[②]：

第一种是定量计量法。这种方法便于操作与计算，但有些营销数据存在测量困难等问题，比如营销效率的具体公式为"营销效率（生产率）＝市场份额×市场价格÷营销费用"，但营销费用的测量就比较复杂。

第二种是定性计量法。标杆比较法就是一种比较常见的定性计量法，即在 4P 营销组合策略上与同行业竞争者比较，看谁做得更好。

营销管理的生产率的测量存在相当多的困难，主要原因如下：

（1）一些营销活动创造价值难以计量。企业营销活动经常面临着纷繁复杂的市场环境，缺乏固定的成功模式。在实践中，很多营销活动的效率难以估量，如无效的客户访问是否有效及有多大的成效，获客是因为广告

---

① 何国伟. 质量管理三个要素：效果、效率及可靠性 [J]. 质量与可靠性，2007 (8)：5-8.
② 薛梅，黄沛. 市场营销生产率问题研究与分析 [J]. 技术经济与管理研究，2004 (3)：75-76.

投放得到的，还是自然增长所致等。但并不意味着这些工作就是无效的，或许在非计算周期外这些工作产生了效果（比如营销业绩考核周期为一年，客户签约却是在一年后，而这主要归功于一年前的拜访）。

（2）营销成本难以计量。市场营销原本就是一项挖掘人的潜力的工作，其成功在很大程度上取决于营销者的努力和创造力。同样一份订单，不同的人去做，所花费的成本天壤之别。有人轻轻松松，甚至不花时间和费用，有人却可能花的成本比获得的回报还要高。这就给营销活动的成本测度带来了极大的困难。

（3）营销业绩具有主观性。很多营销业绩是"毕其功于一役"，属于累积的结果，短期内或当期的绩效往往表现不出来。例如，很多公司每年都有营销业绩的考核，很多营销业务部门为了防止明年考核指标的增长，私下与客户协商，今年谈妥的订单明年再签订，以作为明年的业绩。

3.2 企业营销生态化绩效评价基本原则

3.2.1 系统原则

企业营销生态化是一个系统工程，包含营销内部子系统和宏观环境子系统，而营销内部子系统又包含企业营销生态化、价格系统等。企业营销生态化是一个不可分割的整体，各部分彼此作用、相互影响，不断变化、创新和完善。企业营销生态化是包括企业、消费者、环境和社会在内的营销系统内外部要素的集成，是由不同属性的子系统相互交织、相互作用、相互渗透而构成的具有特定功能和结构的复杂系统。正如前文所述，营销生态化是一种新型营销理念和方式，它涉及信息流、商流、制造流、物流、资金流和服务流，是一项复杂的系统工程。其可以表示为：

$$\text{MES} \subseteq \{S_1,\ S_2,\cdots,\ S_m,\ O_i,\ R_{el},\ R_{ST},\ T,\ L\},\ m \geqslant 2 \qquad (3\text{-}7)$$

$$s_t \subseteq \{E_t,\ C_t,\ F_t\} \qquad (3\text{-}8)$$

其中，MES 表示营销生态系统（marketing ecological system），s_i 表示第

i 个子系统，O_i 表示企业营销生态系统目标集，R_{ST} 表示系统约束集，R_{el} 表示系统关联集，T、L 分别表示时间、空间变量，m 表示子系统数目，E_t、C_t、F_t 分别表示系统的要素、结构与功能。

3.2.2　外部性原则

企业营销生态化行为具有外部性特征。它描述了企业营销生态化实现过程中除了对企业自身的影响之外，对其他经济主体（竞争者、投资人等）和社会福利的影响规律。这种影响源于各活动主体在经济活动中的相互作用、相互联系、相互影响，受制于整个商业生态系统。

企业营销生态化的外部性使其具有准公共产品的特点，其在实施过程中出现了"搭便车"等市场失灵问题。减少外部性的一个可能的办法就是模拟市场机制，合理配置资源，让行为者自己监督自己。这就是市场机制，契约安排往往比组织内的直接支配（命令）更为有效。

根据企业营销生态化外部经济性的内涵、特征，我们不妨设营销生态化的外部性效用为 U_e（U_e 与实施营销生态化的企业的数量 n 有关），也与营销生态化的深度和完善程度（以 g 表示）有关，这种关系可用效用函数 $u_{(x)}$ 表示，则有：

$$u_e = u(n_g, g) \tag{3-9}$$

从前面的分析可以看出，企业营销生态化程度（深度和完善程度）与企业对营销生态化的投入 c 有关。在一般情况下，投入越大，g 越大。随着时间的推移，实施营销生态化的企业越来越多，生态消费的理念和意识更深入人心，生态市场消费日趋稳定。这时候，实施营销生态化的企业数量及投入也将趋向稳定。企业营销生态化的外部性影响也将逐渐内部化。

3.2.3　协同性原则

企业营销生态化将通过某种方法来组织和调节所研究的各个子系统，解决矛盾，使系统从无序到有序，达到协调状态。另外，协调也作为一种状态表明各子系统或各要素及功能、结构和目标间的融合作用。

企业营销生态化将营销资源、组织、环节、职能、人员有机配合，协同发展，同时使营销生态化活动适应生态环境和社会环境，以发挥整体功能，保证企业营销活动内外协调、均衡发展。正是营销生态化的内在功能，使企业、生态和社会及组成要素之间达到一种和谐状态[①]。

我们假设企业营销生态系统的功效为 F，F_i 为第 i 个子系统的功效（$i=1,2,3,\cdots,n$）。营销生态化的协同性表现为系统的整体功效大于各子系统的功效之和，即

$$F > \sum_{i=1}^{n} F_i \qquad\qquad (3\text{-}10)$$

协同性是企业营销生态化绩效的一个重要表现方面，也是企业营销生态化的基本特征。

3.2.4 有效性原则

企业建立的目的就是实现其目标。评价企业是否实现了目标以及实现目标的程度如何，通常采用"有效性"作为评价标准，而"有效性"代表着目标实现的范围，其实质就是绩效。传统的对组织绩效的评价经历了系统资源方法、内部过程方法和目标方法。其中，系统资源方法主要是从投入角度对企业进行考察和评价，其重点是组织获取稀缺资源的能力；内部过程方法重点考察企业利用其拥有的资源和内部协调性；目标方法是一种逻辑方法，用产出、利润、市场占有率、客户满意度等指标来评价企业有效性[②]。除此之外，企业有效性评价还有一种方法就是利益相关者法。利益相关者法兼顾企业外部环境和内部因素，把满意度作为评价企业有效性的指标。

企业有效性评价既是企业进化的原因，也是企业进化的结果。企业营销生态化是对传统营销模式的深刻改变，更是企业进化的结果。因此，企业营销生态化有效性的评价将对企业真正实现营销生态化起着决定性的作用。

① 聂元昆，牟宇鹏. 演化营销范式：基于生物演化视角的营销理论创新 [J]. 云南财经大学学报，2011 (5)：115-118.

② 徐艳梅. 组织生态变迁研究 [M]. 北京：经济科学出版社，2013：212-220.

从前面的分析可以看出，企业营销生态化涉及企业内外部环境，因为内外部环境相互作用、相互影响。一方面，外部利益集团（比如政府、环保组织、社区等）的监督和约束使得企业在提高效率、降低成本的同时，必须重视环境保护、资源节约等社会责任。另一方面，企业营销生态化过程中必须进行自适应（adaptive system），即为适应环境做出企业内部的调整和改变。因此，从利益相关者视角进行企业营销生态化有效性评价是最合适的。

利益相关者是与企业的生存和发展密切相关的个人和组织，分为三大类：一是交易伙伴，包括企业股东、债权人、员工、顾客、供应商、中间商等；二是压力集团，包括政府、本地社区与居民、媒体、环保主义者等；三是自然环境，甚至包括人类后代，是受到企业经营活动直接或间接影响的客体。

根据有效性原则，利益相关者有效性的标准在营销生态化过程中是不尽相同的，见表 3-1。

表 3-1 企业营销生态化有效性评价标准

序号	利益相关者	有效性标准	核心标准	备注
1	所有者（股东）	财务收益率	满意	交易伙伴
2	员工（雇员）	需求的满足、薪水、监督		
3	顾客（客户/消费者）	产品或服务的质量		
4	债权人（债务人）	信用的可靠性		
5	供应商/销售商	满意的交易		
6	政府	法律规章的遵守	满意	压力集团
7	本地社区及居民	对社区的贡献		
8	媒体	对社会的贡献		
9	环保主义者（环保组织）	环境保护		
10	自然环境	环境保护、资源节约	满意	自然

3.3　企业营销生态化绩效评价基本维度

根据"2.1 相关概念界定"和"2.3 企业营销生态化实现机理"的介绍，我们知道企业营销生态化绩效需要达到顾客、企业和自然环境三者的满意均衡，即三维绩效。三维绩效之间存在相互影响（详见"3.4 企业营销生态化绩效评价基本模型"），本部分只阐述三维绩效的具体内容。

3.3.1　顾客满意

顾客满意度高低直接关系到顾客对企业是否会产生偏爱或对产品是否会产生偏好，而偏爱或偏好的程度高低则是决定是否会产生购买行为最为关键的因素。企业无论是想通过测量顾客满意度以改进自己的营销策略，还是想实施顾客满意战略，都必须指导如何测量顾客满意度。顾客满意度的测量必须是建立在某种顾客满意模型的基础上的。

顾客满意度研究较为成熟也是应用较广泛的是瑞典、美国模式。瑞典的顾客满意度指数模型是世界上第一个国家层次的顾客满意度指数（SCSB）模型，于 1989 年由瑞典建立的。该模型源于美国密歇根大学福内尔教授建立的满意度测量模型。该模型共有五个结构变量：顾客期望、感知质量、顾客满意度、顾客抱怨和顾客忠诚（见图 3-6）[①]。其中，顾客期望和感知质量是因变量，感知价值则是结果变量，是价格与感知质量综合作用的结果。令人遗憾的是，SCSB 模型难以区分高质高价与低质低价产品顾客满意度之间的区别。

---

① 李婷婷，杜跃平. 顾客满意度指数模型的改进研究 [J]. 科技创业月刊，2008（12）：124-125，129.

图 3-6　SCSB 模型的结构

美国的顾客满意度指数（ACSI）模型采取增加感知价值这一结构变量的方法来克服和弥补 SCSB 模型的不足，并将感知质量细分为产品感知质量和服务感知质量，以凸显服务在营销活动中越来越重要的地位（见图 3-7）。ACSI 模型认为，顾客满意包含顾客期望、感知质量和感知价值三个基本前提变量，而顾客满意度、顾客抱怨和顾客忠诚则是三个结果变量。该模型假定顾客具备足够的消费知识和学习能力。消费知识主要是从以往的消费经历中学习到的，而且这些知识可以让顾客预测和反映产品质量与价值[1]。但 ACSI 模型无法对顾客消费了同质同价的不同品牌的产品而满意度存在着不同程度的差异的问题做出合理解释。

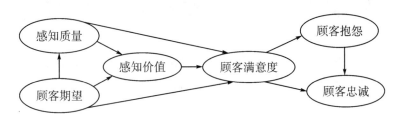

图 3-7　ACSI 模型的结构

我国学者也对顾客满意度指数做了一些有益的探索，提出了一些有见地的顾客满意度模型。其中，认可度较高的是清华大学赵平教授（1998）提出的顾客满意度指数（CCSI）模型。该模型是在 ACSI 模型的基础上增

① ANDERSON EUGENE W, FOMELL CLAES, RUST ROLAND T. Customer satisfaction, productivity and profitability: differences between goods and services [J]. Marketing Science, 1997, 16 (2): 129-145.

加了"形象"这一结构变量，这样 CCSI 模型就有了感知质量、期望质量、形象、感知价值、顾客满意度以及顾客抱怨和顾客忠诚共七个结构变量（见图3-8）[①]。

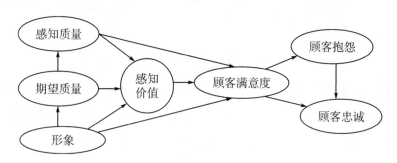

图 3-8　CCSI 模型的结构

综上所述，顾客满意度模型的结构基本相同，一般由顾客满意度成因、顾客满意度和顾客满意度结果三部分组成。只是结构变量和观测变量越来越多，因变量和结果变量更为复杂和多样化[②]。从三种指数模型可以看出，测量顾客满意度产生的结果变量是一致的：顾客忠诚和顾客抱怨。顾客抱怨是因为顾客不满意企业提供的产品或服务导致的。顾客获取了企业的产品或服务满意度达到一定程度就使顾客忠诚度提升。对于企业营销生态化研究视角来说，企业采取营销生态化行为在顾客满意度这一角度上衡量的标准就是顾客忠诚度。至于模型中的结构变量及因变量，本书暂时不予考虑。

根据密歇根大学的麦克尔·约翰逊（Michael Johnson）和安德斯·古斯塔弗森（Anders Gustafsson）在《提高客户满意度、忠诚度和利益》一书中提出"组织（企业）视角"和"客户（顾客）视角"的概念，认为企业和客户通常会以不同的方式看待问题。企业总是按照生产的产品、内部员工以及生产产品或服务的流程来思考问题；而客户则是基于他们是否

---

① 刘维. 顾客满意度指数模型研究评述 [J]. 经营管理者，2011（1）：53-54.

② 张新安，田澎. 顾客满意度指数述评 [J]. 系统工程理论方法应用，2004，13（4）：290-295.

获得想要的结果、效果和利益来评估企业（见图3-9）①。

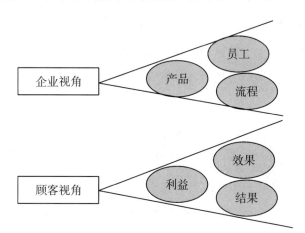

图 3-9　企业视角与顾客视角

对于任何企业营销而言，其最基本的出发点都是顾客，没有顾客，企业营销就成为无源之水、无本之木了。企业营销生态化也是如此，企业需要顾客，不但要满足顾客的需求，而且要让顾客满意。只有顾客满意了，他们才可能重复购买、转荐其他顾客、维护产品形象，从而成为企业的忠诚客户。

目前的研究模型的理论假设都是顾客满意是一维的，即满意和不满意的影响因素是相同的，满意和不满意是完全负相关的。实际上，顾客满意与不满意不是简单的对立面，满意的对立面不一定是不满意，也可能是不够满意。顾客满意和不满意的影响因素可能相同，也可能不同，企业还应该考虑诸如个体差异、顾客心境、时空差异等其他因素。

3.3.2 企业盈利

企业作为企业营销生态化的实现主体，承担着整个营销生态化实现绩效评价及实际操作的职责。因此，企业成为整个营销体系中最重要角色，

---

① 尼杰尔·希尔，约翰·布赖尔利，罗布·麦克杜格尔. 怎样测评客户满意度 ［M］. 陶春水，陶娅娜，译. 北京：中国社会科学出版社，2007：16-17.

即主导者。为了实现营销生态化，企业通过运用各种营销手段及工具满足顾客需求，或者引导生态消费市场。同时，企业兼顾环境保护与资源节约。但是，企业是一个经济体，盈利是企业的"天职"，因此其绩效考核中最主要的标准就是财务收益率。目前，企业营销生态化的效率比较低，绩效并不理想。

与传统营销模式相比，企业实施营销生态化的成本具有以下三个主要特征：一是投入的先期性，即企业实施营销生态化需要投入相当一部分资源。例如，生态产品的生产原材料通常有更高的环保卫生要求，其供应量自然就少一些，市场价格也要高一些；又如，为了保证生产的无污染性，企业需要购买清洁设备，这需要投入。二是企业营销生态化将导致边际成本递减。一般而言，随着生态产品市场的扩大，企业的产量也随之增加，其边际成本也就会随之降低。三是企业营销生态化更注重营销过程的效率，也就是资源投入的利用率。企业努力追求资源利用的最大化。

随着环境保护、资源节约的观点逐步深入人心，消费者的生态意识越来越强，生态需求将逐步主宰普通消费者的生活。企业要满足消费者的生态需求，必然要增大人力、物力和财力方面的投入，这些都将构成企业营销的成本。对于企业而言，价格意味着收益和利润。价格也是消费者购买产品的付出。企业的根本目的是通过将产品或服务提交给顾客而获得利润。从表面上看，企业满足了顾客的生态消费需求，开展营销生态化，必然增加成本，这样就会导致企业利润的减少。

企业采取营销生态化行为，将给企业增加成本（包括生产、销售、仓储、物流等各个环节需要进行资源和环境的严格控制，这些过程都需要更高的投入），将引起企业生产成本曲线上移。如图 3-10 所示，AC_1 曲线、SMC_1 曲线上移到 AC_2 曲线、SMC_2 曲线。

另外，由于消费者的生态需求弹性相对比较高，而相对来说市场价格是刚性的。如图 3-10 所示，P 代表市场价格。企业在采取营销生态化行为之前获得的经济利润可以用四边形 $ABCD$ 的面积表示，记为 S_{ABCD}，采取营销生态化行为之后，企业可以获得的经济利润 $S_{A_1B_1C_1D} < S_{ABCD}$。即此时所获利润减少。

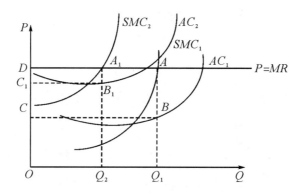

图 3-10　短期内企业营销生态化行为成本曲线

3.3.3　环境满意

经济发展往往和资源、环境会产生矛盾，而资源、环境的"公共物品"的特性，容易导致市场失灵。对于企业而言，企业往往存在"搭便车"现象，企业经济活动可能会产生负外部性，并且无法很好地通过市场机制内部化，出现资源和环境的过度利用。

企业实施营销生态化行为实际上是通过市场机制化解这种矛盾。企业营销生态化是否实现了资源节约和环境保护，一是看企业生产、销售、仓储、物流等环节的资源节约和环境保护情况，二是看企业能否满足消费者的生态需求。因此，对企业营销生态化绩效的评价也需要从两个方面进行：一是企业内部生产和销售过程中的环境保护和资源节约状况，二是消费过程中的环境保护和资源节约情况。

对于企业内部而言，企业在实施营销生态化过程中，是否实现了资源节约和环境保护主要从三个方面来考察评估：一是产品生产过程是否生态化，如在生产中处理各种废物是否达到"零排放"标准或局限在环境允许的范围之内，在资源利用方面考虑自然资源的持续供给能力。二是销售过程是否生态化（以往的研究对销售过程生态化提及得较少）。销售过程生态化主要通过企业是否有长期稳定的客户群为主要标志。三是产品物流过程是否生态化。企业在物流过程中要净化物流环境，减少对环境的危害，充分利用物流资源，减少运输、储存、装卸、包装、流通加工、信息化等物流环节的环境污染、资源浪费现象。

企业营销生态化绩效的评价最主要是通过消费者来实现的。因此，企业必须对消费者的环境保护与资源节约消费行为（environment-protecting & resource-saving consumer behavior）进行有效测评。环境保护与资源节约消费行为是指消费者在消费过程中实现产品节约化、减量化、重复利用、循环等行为的统称，既包括购买行为，如只购买需要的产品（减量化购买）、节能型产品（节约）或可回收产品（循环使用）；又包括购买后行为，如节约使用产品、废旧产品的再利用等[①]。

按照表 3-1 的评价标准，如果一个企业能让该表中的 10 个子项都达到有效性的标准，那么这个企业营销生态化绩效应该能够达到核心标准——满意。但是，这种满意往往是理想化的，在实践中是很难实现的。能让企业、顾客"满意"，但可能会导致自然环境的"不满意"。以快餐饭盒的使用为例，供应商能满意（因为可以从中获利），顾客的需求也能得到满足（方便），但恰恰极大地浪费了自然资源和破坏了环境。因此，快餐饭盒由最开始的泡沫饭盒（不可降解、不可回收）改进到后面的环保饭盒（可降解、可回收），在满足顾客需求、实现企业盈利的同时，还兼顾了资源节约和环境保护。这里就存在一个问题：通常生态产品（环保饭盒）的生产成本要高于普通产品（普通饭盒），高出的这部分成本是由企业来承担，还是由消费者来承担呢？由任何一方来承担，都可能产生不满意。因此，这就存在一个协调和均衡的问题。企业营销生态化最终的结果就是企

---

① 王建明. 公众资源节约与环境保护消费行为测度：外部表现、内在动因和分类维度［J］. 中国人口·资源与环境，2010（6）：141-143.

业、顾客、压力集团三者博弈，实现满意的"均衡"。

企业营销生态化是一个复杂系统，既包括企业营销系统自适应协调管理系统，又包括企业、顾客和压力集团之间的均衡管理系统。企业营销生态化除了受人的主观意识影响外，信息的不完备性或模糊性导致协调难度也很大。

3.4 企业营销生态化绩效评价基本模型

3.4.1 金字塔模型

在生态化视角下，企业营销顾客满意度、企业盈利和自然环境满意三维绩效之间不是简单的单向关系或非此即彼的关系，而是呈现出良好的循环过程。其具体表现在：第一，顾客满意度的提高会增强企业的盈利能力；第二，自然环境满意将使得企业能实现可持续发展，从长期看，企业最终必会实现盈利；第三，要增强企业盈利能力必然要增强其环保和资源节约意识，自然环境满意度也将提高；第四，顾客的生态需求得到满足，顾客满意度提升。

一方面，从长期看，企业注重环境保护将有利于提高其经济业绩，而且会让更多的利益相关者满意。另一方面，企业经济业绩的提升和改善又能为自然环境绩效的实现提供了更有力的支持。经济收益越多，企业的环境保护能力就越强。前一方面是后一方面的基础和前提，后一方面反过来成为前一方面的推动力量。两者相辅相成，形成良性循环。

正如前文所述，企业营销生态化必然需要通过顾客、企业和自然环境三维绩效来实现。三维绩效组成三个不同的子系统，由于激励源（来自三个子系统）的不同作用，三者长期处于不平衡的状态——振荡（oscillation），这种振荡通常表现为非线性，需要通过协调（coordination）使得顾客满意度、企业盈利和自然满意最终实现均衡，从而达到和谐的状态（见图3-11）。贡献度的评价是为寻找到减少振荡或使得振荡同频的因素或指标，为实现和谐与均衡探索路径。由图 3-11 可知，企业营销生态化的最终绩效——和谐，位于企业营销生态化绩效评价金字塔模型的最高层次。但是，如何知道达到了这一目标呢？我们可用健康性指标来衡量，即衡量三种业绩最终作用于企业营销生态化的结果。

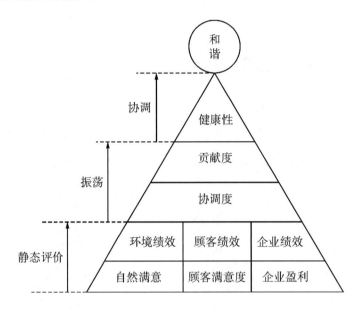

图 3-11　企业营销生态化绩效评价金字塔模型

企业营销生态化绩效评价金字塔模型的第二个层次能反映企业营销生态化运行特征的两个方面——贡献度、协调度，它们是三维绩效与整体绩效之间的桥梁与纽带。

企业营销生态化绩效评价金字塔模型的第三个层次是自然满意、顾客满意度和企业盈利三维业绩。

企业营销生态化绩效评价金字塔模型中顾客满意度、企业盈利和自然满意三维绩效所对应的静态测量维度分别是顾客绩效、企业绩效和环境绩效。

3.4.2　顾客绩效维度

顾客绩效是战略管理和营销学均十分关注的问题，学者们对企业顾客绩效的研究日趋丰富，但是学术上对顾客绩效的定义还没有一个十分明确的说法。斯莱特（Slater，1999）和安德森（Anderson，1998）认为，顾客绩效是组织绩效的重要组成部分，并从顾客和企业角度对顾客绩效进行了阐述，指出顾客绩效于顾客而言主要体现在顾客对产品或服务的认知与感受方面，于企业而言主要体现在顾客对产品或服务的满足感与忠诚度方面①。邵赦和蒋青云（2014）将顾客绩效定义为企业满足客户需求的程度②。白长虹和廖伟（2001）研究发现，企业可以通过顾客价值实现顾客满意管理；基于顾客价值不同层次的研究利于呈现顾客满意的多种形态，使得顾客满意的研究更为系统清晰，有助于企业进行顾客满意管理，进而发展忠诚顾客③。可以看出，学者们在研究中常以顾客满意度或顾客忠诚度为代表进行研究。

关于顾客满意度学术界存在着两种定义基于交易的观点和积累的观点（祝佳伟，2017）④。其中，基于交易的观点认为，顾客满意与顾客近期特定交易行为相关联。顾客在购买产品或服务之前会有心理预期，顾客在购买产品或服务之后，会把实际绩效与心理预期相比较，是否满意取决于实际绩效能否超过预期（Oliver，1980⑤）。累积的观点认为，顾客满意不能只看近期行为，而要看长期交往，即在顾客多次购买企业的产品或服务之后形成的总体评价（Claes，1992）⑥。学者们对顾客忠诚的定义也存在两种视角：行为忠诚和态度忠诚。行为忠诚以顾客的购买行为衡量顾客忠诚，

---

①　SLATER S F, NAMAER J C. Market-oriented is more than being customer-led [J]. Strategic Management Journal, 1999, 20 (12): 1165-1168.

②　邵赦，蒋青云. 渠道成员间双元式知识共享对自身绩效的影响：基于"Im-Rai"模型的分析 [J]. 科学学研究，2014 (4): 585-592.

③　白长虹，廖伟. 基于顾客感知价值的顾客满意研究 [J]. 南开学报，2001 (6): 14-20.

④　祝佳伟. 企业竞争网络结构对服务业企业顾客绩效影响的实证研究 [D]. 哈尔滨：哈尔滨工程大学，2017 (6): 15-16.

⑤　OLIVER R L. A cognitive model of the antecedents and consequences of satisfaction decisions [J]. Journal of Marketing Research, 1980 (17): 460-469.

⑥　CLAES F. A national customer satisfaction barometer: the Swedish experience [J]. Journal of Marketing, 1992 (6): 1-21.

主要体现在购买频率上（Tranberg, 1986）[①]；态度忠诚以顾客的购买态度衡量顾客忠诚，主要体现在再次购买意愿上（Oliver, 1999）[②]。韩经纶、韦福祥（2001）研究发现，顾客满意度与顾客忠诚度呈相关关系，两者具有一定的一致性[③]。这也是导致学者们的研究中不会同时用顾客满意和顾客忠诚作为因变量的原因。考虑到数据的可获得性问题，本书将顾客绩效定义为顾客对产品或服务的满意程度。

3.4.3　企业绩效维度

企业绩效用以反映企业既定目标的实现程度。目前，学者们已经对企业绩效的内涵进行较为广泛的研究与讨论，但是由于企业绩效内涵的多维性，再加上研究的出发点不同，导致学者们对企业绩效的内涵的认识尚未达成一致，也未形成统一的评价标准（张玉琴，2014）[④]。回顾现有研究，学者们主要从三个视角来对企业绩效的内涵进行讨论：一是以结果为导向界定企业绩效，比如贝尔纳丹和比蒂（Bernardin & Beatty, 1984）认为，企业绩效应包含企业的成就、目标和产量等指标[⑤]。第二种是以过程为导向界定企业绩效，比如安迪和亚加（Andy & Najjar, 2006）[⑥] 认为，绩效是一种行为，过度关注结果而忽略了行为过程可能导致获得结果的过程是组织并不希望的。第三种是从结果和过程的综合视角来界定企业绩效，比如哈伯和雷切尔（Haber & Reichel, 2005）认为，企业绩效应该包括行为

---

① TRANBERG H, HANSEN F. Patterns of brand loyalty: their determinants and their role for leading brands [J]. European Journal of Marketing, 1986, 20 (3): 81-109.

② OLIVER R L. Whence consumer loyalty? [J]. Journal of Marketing, 1999, 63 (1): 33-44.

③ 韩经纶, 韦福祥. 顾客满意与顾客忠诚互动关系研究 [J]. 南开管理评论, 2001 (6): 5-10, 29.

④ 张玉琴. 关于企业绩效评价体系的思考 [J]. 财经问题研究, 2014 (2): 107-111.

⑤ BERNARDIN H J, BEATTY R W. Performance appraisal: assessing human behavior at work [M]. Boston: Kent Publishing Company, 1984.

⑥ ANDY N. NAJJAR A M. Management learning not management control: the true role of performance measurement? [J]. Operations Research, 2007, 47 (2): 163-164.

和结果两个方面①。因此，企业绩效的衡量应该同时考虑客观指标和主观指标。

由于企业绩效的研究的视角或出发点不同，企业绩效的评价产生了不同的方式。最初，学者采用财务指标来衡量企业的经营成果，如采用投资回报率、资产回报率等指标。然而，仅用财务指标数据不能全面衡量企业各项经营活动对目标实现的有效性（Lumpkin，1996）②。因此，学者们进一步将非财务指标纳入企业绩效的衡量和评价中。例如，采用成长绩效、环境绩效、员工满意度等指标。

结果和过程的综合视角反映了企业绩效的两个重要方面，两者在内容和目的上不存在冲突。营销生态化通过引入生态友好型产品和服务，追求既能带来经济效益又能产生生态效益的商机，企业绩效应是对企业的财务绩效和环境绩效的综合反映。因此，本书认同将企业绩效视为一个结合结果和过程的整体，在关注企业一段时期取得的财务绩效的同时，也关注企业的环境绩效。

国务院国资委根据《中央企业综合绩效评价管理暂行办法》（国务院国资委令第 14 号）等规定制定了《企业绩效评价标准值》。国资委根据该标准对企业进行分门别类的绩效考核，测算制定了财务评价指标和管理绩效指标。

财务绩效采取定量评价的方式，主要从盈利能力状况、资产质量状况、债务风险状况和经营增长状况等方面进行定量对比和评判，包含 8 个基本指标和 14 个修正指标。财务绩效的定量评价按照不同行业、不同规模以及不同指标类别，分别测算出优秀值、良好值、平均值、较低值和较差

---

① HABER S, REICHEL A. Identifying, performance measures of small ventures-the case of the tourism industry [J]. Journal of Small Business Management, 2005, 43 (3): 257-286.

② LUMPKIN G T, DES S G G. Clarifying the entrepreneurial orientation construct and linking it to performance [J]. Academy of Management Review, 1996, 21 (1): 135-172.

值五档①。

管理绩效定性评价则是在企业财务绩效定量评价的基础上采取专家评议的方式，对企业一定期间的经营管理水平进行定性分析和综合评判。管理绩效定性评价指标包括战略管理、发展创新、经营决策、风险控制、基础管理、人力资源、行业影响、社会贡献等方面的指标。评议专家根据这些评价内容，结合企业经营的实际水平和出资人的监管要求，进行对比和评判，划分为优、良、中、低、差五档。

企业绩效财务定量指标体系如表3-2所示，企业经营绩效定性分析指标体系如表3-3所示。

表3-2　企业绩效财务定量指标体系

项目	优秀值	良好值	平均值	较低值	较差值
一、盈利能力状况					
净资产收益率/%					
总资产报酬率/%					
销售（营业）利润率/%					
盈余现金保障倍数/倍					
成本费用利润率/%					
资本收益率/%					
二、资产质量状况/%					
总资产周转率/%					
应收账款周转率/%					
不良资产比率/%					
流动资产周转率/%					
资产现金回收率/%					
三、债务风险状况					

---

① 国务院国资委财务监督与考核评价局. 企业绩效评价标准值（2015）［M］. 北京：经济科学出版社，2015：401-405.

表3-2(续)

项目	优秀值	良好值	平均值	较低值	较差值
资产负债率/%					
已获利息倍数/倍					
速动比率/%					
现金流动负债比率/%					
带息负债比率/%					
或有负债比率/%					
四、经营增长状况					
销售(营业)增长率/%					
资本保值增值率/%					
销售(营业)利润增长率/%					
总资产增长率/%					
技术投入比率/%					
五、补充资料					
存货周转率/%					
应收账款与存货占流动资产比重/%					
成本费用占营业收入比重/%					
经济增加值率/%					
税息折旧及摊销前利润(EBITDA)率/%					
资本积累率/%					

表 3-3　企业经营绩效定性分析指标体系

评价项目	评价内容	考核标准
战略管理	战略规划、战略执行、保障措施、实施效果	科学性、适用性、认知度、保障度、执行力、效果
发展创新	管理创新、工艺革新、技术改造、新产品开发、品牌培育、市场拓展、专利申请、核心技术研发	采取措施、实施效果

表3-3（续）

评价项目	评价内容	考核标准
经营决策	决策管理、决策程序、决策方法、决策执行、决策监督、责任追究	采取措施、实施效果、决策失误度
风险控制	财务风险、市场风险、技术风险、管理风险、信用风险、道德风险	采取措施、实施效果
基础管理	财务管理、对外投资、购销管理、存货管理、质量管理、安全管理、法律事务	制度建设、内部控制、重大事项管理、信息化建设、标准化管理
人力资源	人才结构、人才培养、人才引进、人才储备、人事调配、员工绩效管理、分配与激励、企业文化建设	具体情况、效果
行业影响	主营业务市场占有率	
社会贡献	资源节约、环境保护、吸纳就业、安全生产、上缴税收、商业诚信、和谐社会建设	贡献度、履行情况

3.4.4 环境绩效维度

环境绩效是指一个组织基于其环境方针、目标、指标，控制其环境因素所取得的可测量的环境管理体系成效。环境绩效用来表示与工作努力程度和工作质量有关的实际环境后果（刘立忠，2015）[1]。企业环境绩效是一个企业进行环境管理所取得的成效。也就是说，环境绩效是一个企业在减少对外部环境影响方面经过努力所取得的结果。企业环境绩效包括企业在生产和经营过程中对环境造成的直接影响，企业制定的管理制度、企业的项目开发所体现出来的环保意识。

传统研究倾向于将环境绩效和财务绩效当成两个独立的部分进行实证检验，仅考虑了两者之间的单向影响关系（束颖，2021）[2]。企业的环境绩效和财务绩效与其产品市场竞争是相互匹配的，如环保投资、环保慈善、资本投资、创新投资、负债决策等相互之间都具有一定的竞争属性。因

---

① 刘立忠. 环境规划与管理 [M]. 北京：中国建材工业出版社，2015：35-62.

② 束颖. 制度压力对企业环境绩效与财务绩效融合的影响研究 [D]. 南京：南京理工大学，2021：27-35.

此，与传统竞争决策（P&Q）一样，财务绩效和环境绩效可以视为企业在整体战略驱使下的竞争元素。企业在环境绩效和财务绩效博弈中存在一种本质为"攻击与反应"竞争行为的互动关系，最终达到企业与环境共生共荣的动态平衡关系。

2000 年，"环境绩效评价"这一术语被正式提出，主要是因为国际标准化组织（ISO）发布了 ISO 14001 标准体系，指导组织如何进行环境绩效评价。环境绩效有两种评价方式：第一种测量方式是基于企业披露环境可持续发展报告的客观数据来测量环境绩效（Klassen & McLaughlin，1996[1]；陈宇峰和马延柏，2021[2]）。但是，目前环境绩效的客观数据衡量缺乏统一标准。刘啟仁和陈恬（2020）[3] 在研究出口行为如何影响企业的环境绩效中，利用单位产出的二氧化碳排放量来衡量企业的环境绩效指标。第二种测量方式是主观感知测量（Zhang & Walton，2019[4]；Niemann，et al.，2020[5]；Tang，et al.，2018[6]；Wales et al.，2011[7]；Jiang，et al.，2018[8]；Dias，et al.，2020[9]），即使用主观选择题项量表测量环境绩效。这些题项

① KLASSEN R D, MCLAUGHLIN C P. The impact of environmental management on firm performance [J]. Management Science, 1996, 42 (8): 1199-1214.

② 陈宇峰，马延柏. 绿色投资会改善企业的环境绩效吗？来自中国能源上市公司的经验证据 [J]. 经济理论与经济管理，2021, 41 (5): 68-84.

③ 刘啟仁，陈恬. 出口行为如何影响企业环境绩效 [J]. 中国工业经济，2020 (1): 99-117.

④ ZHANG J A, WALTON S. Eco-innovation and business performance: the moderating effects of environmental orientation and resource commitment in green-oriented SMEs [J]. R&D Management, 2017, 47: 26-39.

⑤ NIEMANN C C, DICKEL P, ECKARDT G. The interplay of corporate entrepreneurship, environmental orientation, and performance in clean-tech firms-a double-edged sword [J]. Business Strategy and the Environment, 2020, 29: 180-196.

⑥ TANG M, WALSH G, LERNER D, et al. Green innovation, managerial concern and firm performance: an empirical study [J]. Business Strategy and the Environment, 2018, 27 (1): 39-51.

⑦ WALES W, MONSEN E, MCKELUIE A. The organizational pervasiveness of entrepreneurial orientation [J]. Entrepreneurship Theory & Practice, 2011, 35 (5): 895-923.

⑧ JIANG W, CHAI H, SHAO J, et al. Green entrepreneurial orientation for enhancing firm performance: a dynamic capability perspective [J]. Journal of Cleaner Production, 2018, 198: 1311-1323.

⑨ DIAS C, RICARDO R G, FERREIRA J J. Small agricultural businesses performance: what is the role of dynamic capabilities, entrepreneurial orientation, and environmental sustainability commitment? [J]. Business Strategy and the Environment, 2021, 30 (4): 1898-1912.

包括减少污染，降低能源和材料消耗，减少危险、有害、有毒材料的消耗量，降低环境事故频率等内容。由此可见，国内外学者对企业环境绩效评价和指数体系的构建大致分为两类：一类是以环境数据为主的评价体系，另一类是包含环境和财务双重数据的评价体系。第一类评价体系突出了环境保护、资源节约等在企业运作过程中的重要位置，但忽视了经济效益在企业永续发展中的地位。第二类评价体系在第一类评价体系的基础上综合考虑了财务绩效指标，但已有研究在环境定性数据、环境打分数据、环境具体数据与财务数据相结合的领域仍存在研究不足，尤其是尚缺乏一套指标体系充分体现环境绩效和财务绩效之间的协调与动态平衡（大多数文献尚停留在理论构建层面）。一方面，就环境数据主要来源（如《中国统计年鉴》《中国环境年鉴》等）而言，关于企业营销涉及的具体数据，很多企业都将之视为机密，数据搜集难度较大。再加数据搜集的任务繁重，学者们运用企业实际数据（尤其是多年度、多行业的数据）进行评价的研究较少。

企业环境绩效的评价应实行环境收益评价与经济效益评价相结合的方法[①]。其中，环境收益评价包括生产废弃物的回收利用率，废水、废气、废渣的排放量，对资源的利用效率，对环境成本的控制，人文环境的改善和优化程度。经济绩效评价包括对废弃物的循环利用带来的企业利润的增加，对废弃物的循环利用节约的生产成本（如管理费、排污费等），因环境治理减免的罚款、赔偿等，因生产绿色产品、提高市场占有率带来的经济收益，环保投资收益率的计算和评价。

环境绩效指标分类如下：

（1）财务指标和非财务指标。根据环境管理会计的成本信息可知，企业的环境成本可以用财务指标（货币指标）和非财务指标（实物指标）来

---

① 王军武，郭婧怡. 工程建设项目绩效评价研究［M］. 武汉：武汉理工大学出版社，2015：121-136.

进行核算，因此对环境绩效的评价也应采用财务指标和非财务指标来进行。财务指标是指以货币为单位进行计量的指标，非财务指标是指以货币以外的单位进行计量的指标。由于以财务指标进行评价可以比较直观地反映企业经营目标的执行情况，因此长期以来财务指标一直是主要的绩效评价指标。不过，由于企业生产经营所消耗的能源资源、违反环境保护法律法规而被处罚等不一定都能以货币量化并以财务指标进行计量，因此非财务指标主要用于计量非货币化的成本或收益，如企业的污水排放量、生产废气的排放浓度、采用清洁技术的数量等。

（2）内部指标和外部指标。内部指标是指评价企业营销过程中产生的成本或收益，如资源和能源的消耗量、污染治理的成本等。外部指标主要是评价向外部信息使用者提供相应数据报告的次数或获得的满意程度等，如融资贷款时提供的企业生产经营情况的报告所获得的满意程度等。企业不仅需要考虑内部生产成本与经营收入，还应考虑利益相关者对企业的满意度，这样才能有利于管理者做出正确的决策，有利于企业的可持续发展。

（3）过程指标和结果指标。过程指标通常是评价企业生产经营过程中的成本或收益的指标，目的是能快速纠正企业在营销过程中存在的问题，防止错误的发生和继续发生。过程指标通常是采用实物计量的方法，如对将要排放的污水含量超标的生产废水进行清洁处理，避免因排放之后污染环境而造成违反法律法规及被罚款的后果。结果指标反映的是企业营销的结果，可以用货币计量或实物计量。结果指标属于事后指标，因此其作用是让企业知晓营销行为带来的负面影响，起到预防作用。例如，企业包装采取不可回收的塑料，违反了相应的环保法律法规而被罚款，这让企业明白了自身的违法行为，警惕其以后不要再出现类似的行为。束颖（2021）研究认为，环境财务评价体系主要思路如下：首先从企业年度报告、社会责任报告、可持续发展报告和环境报告中提取企业相关数据，其次通过内容分析法、阈值法、层次分析法、专家打分法、变异系数法、标杆公司拟合法等拟合指数，最后得到相关环境绩效评价指数（见图3-12）。

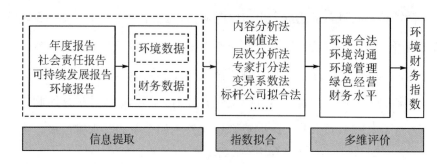

图 3-12　企业环境财务指数构建思路及方法

环境绩效指数可以分为目标层、准则层和措施层三个层次（见表3-4）。目标层是环境财务指数的最终目标，即体现企业环境绩效与财务绩效的融合程度，为协调经济效益与环境效益，最终实现双赢而起到促进作用。目标层的实现有赖于准则层和措施层的构建与计算。将环境财务指数的目标层往下细分，可以得到分别体现企业环境绩效与财务绩效的维度，从基础的环境合法性角度出发，到企业外部环境沟通、内部环境管理和贯穿企业运作全流程的环境经营活动，最终落实到企业的财务绩效水平上，充分体现企业环境财务融合时所要考虑的各个方面。措施层则是准则层的进一步细分，不仅包含体现企业环境绩效和财务绩效的各个指标，还要避免指标的冗余和不可获得性。

以下本书对准则层的环境合法、环境沟通、环境管理、绿色经营等进行简要介绍。

合法性是企业环境行为的基准和底线。《中华人民共和国宪法》规定了对环境保护的总方针，即"保护和改善生活环境和生态环境，防治污染和其他公害"。这一规定也是企业环境行为的准则。2015年，新修订的《中华人民共和国环境保护法》的出台，将企业的环境法律责任又提高到了一个新高度。因此，本书认为，衡量企业环境财务融合程度的首要任务是考核企业的环境合法性。环境合法性共分成如表 3-4 所示的五个三级指标。

表 3-4　环境绩效体系框架

目标层	准则层	措施层
环境绩效	环境合法	提供环境报告、可持续发展报告
		政府或第三方环境监测
		环境违法违规信息披露
		环保税支出
		环境管理体系（ISO14001）/社会责任体系（SA8000）认证情况
	环境沟通	环境报告信息量大小
		环保荣誉获得数量
		环境政策、价值、准则
		环保宣传与公益活动
		渠道成员沟通与协调
	环境管理	环境保护与监测方案
		环境危机管理方案
		渠道成员环境认证比例
		渠道绿色供应链行为
		参与企业外部环保行为
		内部环境管理与监测
	绿色经营	能耗水平
		水资源利用水平
		"三废"（废气、废水、废渣）排放水平
		环境治理效率（环境总投入/销售收入）

企业营销不仅要考虑自身利益，还应当关注多元利益相关者的诉求（Verbeke，2003）[①]。此时，企业和外界进行有效的环境沟通，让利益相关者更好地了解企业的环保理念、行为等，有利于企业和公众建立信任关系，帮助企业制定绿色发展战略和做出合理的环境决策（Trombetta，

① K VERBEKE A. Proactive environmental strategies: a stakeholder management buysse perspective [J]. Strategic Management Journal, 2003, 24 (5): 453-470.

2008)①。通过沟通的方式，各方传递彼此对环境保护的理念与要求，企业获取多方建议，进而不断修正营销战略，避免出现"独裁"现象，有效缓解企业与外部环境的矛盾，推动企业可持续发展。因此，本书认为，在达到企业环境责任的行为底线（环境合法性）之后，企业和外界的环境沟通是环境和财务可持续发展的重点。本书设计了环境沟通指数，用以评价企业是否能及时与外界对话。本书借鉴已有学者的研究，从环境信息公开、外部监管等角度入手选取二级指标（Plumlee et al，2015 ②；Du et al.，2017③；沈洪涛和冯杰，2012 ④）。环境沟通包括五个三级指标，见表3-4。

与环境沟通相对应的是环境管理，前者强调企业与外部个人、政府、社会的对话交流，是由内而外的过程；后者则是从企业内部入手，强调企业内部环境治理与监测，是由上至下的过程。随着国家生态环境管理体制改革的不断推进，企业自身环境管理体系的完善迫在眉睫。企业不仅要关注产出过程（半成品、成品的制造）中的环境问题，更应该在最初投入层面（原材料采购等）增强对环境保护的把控。江旭和沈奥（2018）⑤ 等认为，企业通过环境管理实践能提高环境友好型产品的生产效率、避免额外的资源浪费，从而获取成本优势，最终对企业绩效和企业声誉等形成正向影响。可见，在评价企业环境的财务融合程度时有必要考量企业的环境管理情况。同时，环境监测作为企业环境管理过程的"耳目"，能及时捕获和传递有关环境质量的各方面信息，为后续的企业决策等提供科学依据。

---

① TROMBETTA M J. Environmental security and climate change：analysing the discourse ［J］. Cambridge Review of International Affairs, 2008, 21 (4)：585-602.

② PLUMLEE M, BROWN D, HAYES R M, et al. Voluntary environmental disclosure quality and firm value：further evidence ［J］. Journal of Accounting and Public Policy, 2015, 34 (4)：336-361.

③ DU X, WENG J, ZENG Q, et al. Do lenders applaud corporate environmental performance? evidence from Chinese private-owned firms ［J］. Journal of Business Ethics, 2017, 143 (1)：179-207.

④ 沈洪涛, 冯杰. 舆论监督, 政府监管与企业环境信息披露 ［J］. 会计研究, 2012 (2)：72-78.

⑤ 江旭, 沈奥. 未吸收冗余、绿色管理实践与企业绩效的关系研究 ［J］. 管理学报, 2018, 15 (4)：539-547.

将其纳入环境管理维度也具有一定的合理性。因此，在该维度下，本书借鉴国内外学者的研究从环保创新、环境应急预案、环境监测等方面选择基础指标（Clarkson et al. 2008[①]；吕明晗等，2018[②]；毕茜等，2018[③]）。环境管理包括六个三级指标，见表3-4。

在对企业环境责任的考核中，一方面，企业环境沟通与环境管理效果可以直接体现于能源节约与利用、污染物排放、环境治理费用上；另一方面，企业营销中的环境反馈有利于进一步加强环境沟通与环境管理。此外，排污收费等制度的设立，更加突出了企业"三废"问题的严重性。国家不仅要求将"三废"治理提前到项目设计初期，还提高了污染物排放浓度、处置安全性等标准。本书采取束颖（2021）的观点设置了绿色经营指数，用以考量企业营销中绿色责任的履行情况。本书在已有研究的基础上（李维安等，2019[④]；曾辉祥等，2018[⑤]；武恒光和王守海，2016[⑥]）将内容分析法与定量数据采集相结合，并基于《可持续性发展报告指南》（GRI，2014）选取重要的能耗水平、水资源利用水平、"三废"排放水平、环境治理效率等定量指标，并划分出多个子指标。绿色经营包括四个三级指标，见表3-4。

① CLARKSON P M, LI RICHARDSON G D. Revisiting the relation between environmental performance and environmental disclosure: an empirical analysis [J]. Accounting, Organizations and Society, 2008, 33 (4-5): 303-327.

② 吕明晗，徐光华，沈弋，等. 异质性债务治理，契约不完全性与环境信息披 [J]. 会计研究，2018 (5): 67-74.

③ 毕茜，顾立盟，张济建. 传统文化，环境制度与企业环境信息披露 [J]. 会计研究，2018 (3): 12-19.

④ 李维安，张耀伟，郑敏娜，等. 中国上市公司绿色治理及其评价研究 [J]. 管理世界，2019, 35 (5): 126-133.

⑤ 曾辉祥，李世辉，周志方，等. 水资源信息披露，媒体报道与企业风险 [J]. 会计研究，2018 (4): 89-96.

⑥ 武恒光，王守海. 债券市场参与者关注公司环境信息吗？来自中国重污染上市公司的经验证据 [J]. 会计研究，2016 (9): 68-74.

3.5 企业营销生态化绩效评价内在机理分析

3.5.1 利益方非均衡博弈

营销就是参与者之间基于利益的非均衡博弈过程[①]。从计量角度看，经济利益较容易量化，而顾客满意、生态利益则难以量化，因为它们更多地表现为利益主体的心理感受与主观判断。企业营销生态化过程中影响最为深远的三方是顾客、企业和压力集团（社会、政府、环保组织及其他社会公众等）。三者利益诉求存在差异，顾客关注产品的重点在于是否满足了其需求，企业关注的重点在于是否盈利，压力集团则把是否破坏环境、是否节约资源作为主要的衡量标准。这三者之间又是相互关联、相互影响和相互作用的。寻求三者之间的均衡，由不均衡走向均衡，这是企业营销生态化最终的归宿。

三者之间的非均衡博弈关系建立在调节企业营销行为并控制其营销行为结果的规则、规范、制度和管理程序的系统网络中，或者受到该网络的影响。三者之间的非均衡博弈是导致企业营销生态化绩效低（不和谐）的重要原因，企业应该采取措施加以协调，从而实现均衡博弈。

三者之间的均衡博弈不仅能使企业目标实现最大化，更能体现整个企业营销生态系统各种内生变量和外生变量对企业营销的整合作用。这也是各种信息流、能量流、商流和促销流等非均衡博弈走向均衡的过程。三者的博弈最终对企业营销决策都会产生影响，反过来，这些又会对三者产生影响从而影响企业的下一步决策。

三者由于最初的博弈状态不同，导致获得的利益也不同。博弈三方自身利益的目标值（或期望值）与最终价值实际值之间的差值比较，对如何选择企业营销生态化路径具有极强的参考价值和实际意义。

---

① 杨博文. 论构建和谐社会中利益群体的非均衡博弈 [J]. 西南民族大学学报（人文社会科学版），2013（4）：205-209.

我们不妨构建相关性函数：

$$U = S_0 \cdot (E - A) \tag{3-11}$$

其中，U 表示非均衡性，S_0 表示初始状态，E 表示期望值，A 表示利益（实际）值。

（1）当 $E>A$ 时且 $U>0$，说明博弈各方处于非均衡状态，其实际获得利益值未达到期望值，因此自身的利益目标尚未达到。

（2）当 $E<A$ 时且 $U<0$，说明博弈各方处于非均衡状态，其获得的实际收益值已达到期望值，实现了自身的利益目标。

（3）当 $E=A$ 时且 $U=0$，属于均衡博弈，博弈各方处于均衡状态，博弈各方获得的实际收益值与目标值恰好相等。这表明，博弈各方均已达到既定目标，此时系统处于稳定状态，而且博弈各方也愿意保持这种稳定状态。对于整个营销生态系统而言，其保持稳定的持续演化态势。这种情况在现实群体博弈中难以实现，但存在实现的可能性。在这种均衡状态下，博弈各方不太愿意改变原有的策略；一旦改变，其博弈的结果是要么是自己受损、其他利益群体受益，要么是博弈各方的收益均受损[1]。

（1）和（2）的情况为非均衡博弈。按照博弈论的观点，企业营销面临的是纷繁复杂、变化多端的外部环境。这就使得利益群体间的博弈难以长久处于和谐稳定状态，这将导致博弈各方开展新一轮非均衡博弈[2]。因此，企业营销生态化呈现出来的是三个利益集团（自然环境、顾客和企业）的非均衡博弈。

为研究方便，我们把企业营销生态化博弈主体企业、顾客和压力集团分别用 E、C、P 代表。企业对保护生态环境的努力程度表示为 e_E、顾客对保护生态环境的努力程度表示为 e_C、压力集团对保护生态环境的努力程度

---

① 艾里克·拉斯缪森. 博弈与信息：博弈论概论 [M]. 王晖，译. 北京：北京大学出版社，2003.

② 杨博文，马敬辉. 复杂适应系统中利益群体的非均衡博弈分析 [J]. 西南石油大学学报（社会科学版），2011（3）：74-79.

表示为 e_P。

企业追求利润最大化，顾客追求个人收益最大化，压力集团追求生态效益最大化。

假设企业采取营销生态化行为之后，推进生态环境保护的总收益为 R，R 为 e_C、e_P、e_E 的增函数，且遵循对 e_C、e_P、e_E 边际收益递减规律。三方中任何一方不努力，生态总收益都将为零，即

$$R(0, e_P, e_E) = R(e_C, 0, e_E) = R(e_E, e_P, 0) = R(0, 0, 0) = 0$$

$$(3-12)$$

企业、顾客和压力集团的环境保护与资源节约成本分别为 $c(e_P)$、$c(e_C)$、$c(e_E)$，三者均符合边际成本递增规律。

假设在环境保护和资源节约带来的社会总收益中，自然环境（压力集团）谋求生态效益最大化，不参与分配，企业获得收益的比例为 δ，显然企业不可能独占环境保护和资源节约的全部收益，因此有 $0 < \delta < 1$；顾客获得环境保护和资源节约的社会收益的比例为 $1 - \delta$（顾客作为本地民众利益的代表者，环境保护和资源节约有利于提升民众的幸福指数）。由于顾客为产品的消费者，在企业营销生态化过程中，顾客关注生态消费，必然会影响到其收入（因为消费者寻求生态消费所付出的成本要比普通消费高），从而影响其他方面的消费。

通过上述分析，企业、顾客和压力集团在企业营销生态化过程中的环境保护和资源节约获得的收益函数分别为：

$$V_E = \delta(1 + \sigma)R(e_P, e_C, e_E) - C(e_E) \qquad (3-13)$$

$$V_C = (1 - \delta)(1 + \sigma)R(e_P, e_C, e_E) - (1 + r)e_c - c(e_P) \quad (3-14)$$

$$V_P = (1 - \sigma)R(e_P, e_C, e_E) - c(e_P) \qquad (3-15)$$

企业、顾客和压力集团中的任何一方如果不能够有效接受企业营销生态化行为，那么生态保护和资源节约的目标都将难以实现。若 $e_E = 0$，则顾客不愿意进行生态消费，企业将无法获得发展资金，其营销生态化积极性

就会降低，甚至使其努力为0，压力集团的支持（如政府税收补贴、社区劳动力支持）也就难以发挥有效作用了。因此，$e_P = e_C = e_E = 0$，$R = 0$ 是企业营销生态化过程中压力集团、顾客和企业三方博弈的一个解。但在现实中，由于企业营销生态化的收益份额 δ（$0 < \delta < 1$）的存在，顾客既是消费者，还是企业营销生态化的监督者，因此存在 $e_C > 0$ 的情况。因此，我们要重点考虑在 $e_C > 0$ 的情况下，企业是如何确定 e_E 和压力集团是如何确定 e_P 的。

为此，针对 $e_C > 0$ 的情况，我们可以先确定顾客收益函数值，然后在 V_C 确定的情况下，我们分别对企业和压力集团的收益函数的自变量 e_E、e_P，求二阶导数。我们可以得到如下两式：

$$\frac{\mathrm{d}^2 V_E}{\mathrm{d} e_E^2} = \delta(1 + \sigma) \frac{\mathrm{d}^2 R}{\mathrm{d} e_E^2} - e^{''}(e_E) \qquad (3\text{-}16)$$

$$\frac{\mathrm{d}^2 V_P}{\mathrm{d} e_P^2} = (1 - \sigma) \frac{\mathrm{d}^2 R}{\mathrm{d} e_P^2} - p^{''}(e_P) \qquad (3\text{-}17)$$

目标收益 R 对 e_C、e_P、e_E 符合边际收益递减规律，因此存在不等式关系 $\frac{\mathrm{d}^2 R}{\mathrm{d} e_E^2} < 0$，$\frac{\mathrm{d}^2 R}{\mathrm{d} e_P^2} < 0$。博弈三方在采取生态行为中也符合边际成本递增规律，则存在 $e^{''}(e_e) > 0$，$p^{''}(e_p) > 0$，且 $0 < \delta < 1$。根据式（3-16）、式（3-17），我们可以得出：

$$\frac{\mathrm{d}^2 V_E}{\mathrm{d} e_E^2} < 0，\frac{\mathrm{d}^2 V_P}{\mathrm{d} e_P^2} < 0 \qquad (3\text{-}18)$$

由式（3-18）可知，企业和压力集团在企业营销生态化的博弈过程中的收益函数是严格的凹函数，这就决定了企业和压力集团的收益函数在三方博弈中的收益曲线除了原点（$e_P = 0$，$e_C = 0$，$e_E = 0$）外，还必然存在一个 $e_C > 0$ 时均衡点（$e_P > 0$，$e_C > 0$，$e_E > 0$）。

由上述分析可知，在企业营销生态化过程中的三方博弈模型存在两个均衡解：一个是 $R(e_C^*，e_E^*，e_P^*) = R^* > 0$，其中 $e_P > 0$，$e_C > 0$，$e_E > 0$；另

一个是 $R(0, 0, 0) = 0$，其中 $e_P = 0$，$e_C = 0$，$e_E = 0$。前者说明当压力集团、顾客和企业对企业营销生态化的投入与努力力度均大于 0 时，可以实现企业营销生态化的预期目标，三方都能获得大于 0 的净收益。后者说明，压力集团、顾客和企业的三方中任何一方的投入为 0，三方的投入均为 0，企业营销生态化的目标将无法实现。

3.5.2　绩效评价维度空间矢量振荡

根据前面的描述，企业营销生态化绩效评价的三个基本维度代表着三重评价指标体系。一是企业营销生态化三维绩效贡献度的评价，即贡献度评价模型。该模型主要是针对企业营销内部系统进行贡献度评价，了解各因素、指标对企业营销生态化的作用及作用程度，主要用于对系统本身运行状况进行评估。二是对整个三维绩效构成的营销生态系统进行健康性评价。但是，上述两种评价都忽视了一个问题，即企业营销生态化最终是系统协调后的绩效，可能存在对某种维度的评价是最优的，但对整个企业营销生态化来讲却不是最优的。正像"囚徒困境"描述的那样，个体最优导致的可能是整体绩效最差的结果。因此，三重维度绩效评价最终的结果可能产生和"囚徒困境"一样的结果，这与企业营销生态化的最重要的核心标准——"和谐"是不相称的。进行协调评价，才能判断整个企业营销生态化的最终绩效表现。

我们不妨用空间矢量图来表示，如图 3-13 所示。

OF 表示是财务绩效——企业盈利能力，即企业营销生态化盈利目标的实现情况。OF 的方向必定是在企业整体目标的方向上，只是 OF 的大小会因企业营销生态化绩效高低而有所差异。

OE 是环境绩效矢量，反映了企业营销生态化对自然环境的影响。当 OE 的方向为正时，说明企业对自然环境有正效应，企业在维护生态平衡、改善环境质量、治理环境污染等提供环境绩效方面的努力是卓有成效的。

OC 表示为顾客绩效，反映了企业营销生态化过程对顾客需求的满足程度。当 OC 为正时，企业营销生态化满足了顾客的基本需求。

A 点表示企业营销生态化绩效点，在该坐标系中，有 θ_1、θ_2、θ_3 共 3 个角，这 3 个角共同决定着 A 点的空间位置。

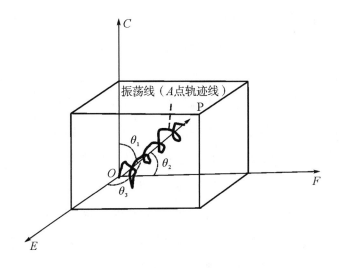

图 3-13　企业营销生态化绩效空间矢量图

为了达到高水平绩效，就必须使得 θ_1、θ_2、θ_3 有一个合适的比例。理想的结果应是 A 点与 P 点重合（重合表示三维绩效达到和谐与均衡），而事实上正如前文所述，由于自然环境、顾客和企业三者彼此作用，不均衡是长期的，而均衡是暂时的，因此长期的三者综合绩效处于变化（振荡）中。

按照生态学的观点，当生态系统处于暂时稳定时，有很多因素，比如经销商数量和种类的增加（种群密度的变化）将导致生态系统发生震荡。而这种震荡将有效调节种群密度以维持暂时稳定状态。也就是说，影响顾客、自然环境和企业三者的因素会不断发生变化，从而产生振荡。为了 A 点与 P 点能重合，企业必须协调三维绩效。

3.5.3　绩效评价维度协调机制

企业营销生态化将导致企业营销系统处于动态变化当中，"失稳"是常态。这是由于企业政治、经济、社会、文化等外部因素和企业文化、管理制度、人力资源、技术条件等内部因素共同作用的结果。尤其是自然环境（环境绩效）、顾客（顾客绩效）和企业（财务绩效）三者的出发点与利益均有所不同。因此，企业必须采取适当的措施和协调机制，来保证企业营销生态化的顺利进行，使得三者通过协调达到稳定和健康的水平。

企业营销生态化协调机制是对企业营销生态化进行调节控制的内在功能与运行方式，其作用是通过强化企业营销生态化功能来有效运行企业营销生态化的。根据生态学相关理论，企业营销生态化有自组织协调和他组织协调两种运行机制。自组织协调指的是企业营销系统在一定条件下通过内部自组织机制而使得企业营销生态系统保持稳定的结构或状态。企业营销生态化迫使企业营销处于变化与创新中。因此，企业营销生态化的协调机制为他组织协调机制。在自组织的协调失去作用的时候，如企业营销固化、营销系统崩溃、渠道体系混乱等情况发生之时，他组织协调发挥作用。简言之，他组织协调机制就是利用外部力量或约束力机制对企业营销系统进行协调，从而迫使企业营销生态化重新进入良性轨道①。

根据自组织机制运行的基本原理，正反馈和负反馈是自组织机制最基本的机制。企业营销生态化迫使企业调整营销战略以适应内外部环境的变化。例如，渠道战略主要通过三个方面来协调：一是渠道成员数量（种群密度）的协调；二是不同产品渠道数量的协调；三是渠道系统与外部环境，尤其是企业运行系统、行业的相互协调。

在企业营销生态化自组织协调过程中，系统结构与功能表现形成的正反馈环路以及渠道系统与其他系统互动形成的正反馈回路将对企业营销生态化的结构和功能异化产生抑制或约束，防止由此产生的破坏性行为。简而言之，如果企业营销生态化没有受到外界干扰，其秩序和协调仅依靠系统自组织机制就可实现，这时企业营销生态化表现为自组织状态。系统的健康运行及进化都通过自组织机制得以实现。但是，一旦存在外部力量干

---

① 祝海波，郑贵军，陈德良．渠道生态系统结构、演化与运行机制研究［M］．北京：经济科学出版社，2018：36-45．

扰，而自组织机制无法自行协调的时候，他组织机制发挥作用，尤其是企业营销体系受到外部干扰导致崩溃时，这时自组织机制丧失了其协调功能，协调功能的实现只能依赖他组织机制了。

营销系统起初处于稳态 i，随着时间的推移，营销体系结构和功能会发生变化。此时系统通过自组织机制实现生态系统的自我调节，而其中正反馈、负反馈发挥极其重要的作用，它们促使生态系统实现自组织状态，从紊乱状态回归有序状态。此时企业内部控制力强，企业营销生态化趋于稳定状态，最终使得企业营销处于健康运行状态。当系统调节进入临界点，即企业营销生态化稳定于临界点时，自组织协调失去控制力，此时他组织机制开始起作用。外部环境、其他产品的竞争、企业文化制度及运营系统、外部宏观环境等与系统内部的相互作用发生激烈的碰撞，从而使得系统产生持续波动，处于失稳状态。但经过他组织机制调节达到新的稳态 i'（见图 3-14）。

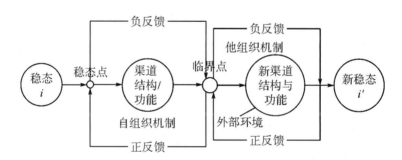

图 3-14 企业营销生态化协调机制示意图

模糊数学中的隶属度通常被用来描述系统协调程度。隶属度的变化规律则是通过隶属度函数来反映的。隶属度函数可以表示在给定数值下，系统"协调"程度这一模糊概念。状态协调度，即协调发展的程度，能够直观、方便地评价系统的协调发展状况，真实反映实际值与协调值的接近程度。

协调度计算公式为

$$U = \exp\left\{-\frac{(x-x')^2}{s^2}\right\} \quad\quad (3-20)$$

式中，U 表示状态协调度，x 为实际值，x' 为协调值，s^2 为方差。

从式（3-20）可以看出：

（1）实际值 x 越接近于协调值 x'，状态协调度 U 越大，说明系统协调发展程度越高。

（2）实际值 x 与协调值 x' 的离差越大，状态协调度 U 越小，说明系统协调发展程度越低。

（3）当实际值 x 等于协调值 x' 时，状态协调度 U 为 1，说明系统完全协调。

（4）当实际值 x 与协调值 x' 的离差趋于无穷大时，状态协调度 U 趋于零，说明系统完全不协调。

本书研究的协调度是指企业营销生态系统均衡度，即营销生态化有序进行中通过协调使得各个要素达到均衡。在企业营销生态化过程中，协调是对这种指向行为（均衡的状态）进行调整和约束，强调营销内外系统的整合性和发展性。协调不再是单纯的营销组合，而是系统化、多要素的协调。各子系统和各要素之间存在相互关联的关系，并彼此产生作用，这种作用既可以是约束性的，也可以是推动性的。

本书用 CI 表示企业营销生态化三维绩效协调度，企业三维子系统发展状态应相互均衡，任何一方面的偏颇都将使整体效益降低。数学公式表示如下：

$$CI = \frac{\sum_{i=1}^{n} x_i}{\sqrt{\sum_{i=1}^{n} x_i^2}} \quad\quad (3-21)$$

式中，CI 为协调度，x 为子系统绩效得分，n 为子系统数量。

由前文可知，企业营销生态化主要协调三个子系统，即 $i = 1$，2，3。

其中，x_1 表示自然和谐，x_2 表示顾客满意，x_3 表示企业盈利。因此，式 (3-21) 可以简化为

$$\mathrm{CI} = \frac{x_1 + x_2 + x_3}{\sqrt{x_1^2 + x_2^2 + x_3^2}} \tag{3-22}$$

显然，CI 是由变量 x_i 决定的，当 x_i 为正值且相等时，CI 的值最大；当 x_i 为负值且相等时，则 CI 的值最小；其他情形介于两者之间。

企业营销绩效的实现是伴随着企业发展过程中的生产、交换、分配和消费活动得以实现的。营销绩效评价是对企业营销活动过程及结果做出的一种价值判断[①]。从前文可以看出，企业营销生态化绩效与其三维绩效目标有着密切的关系，它既是对企业顾客满意度的考量，又为实现企业营销盈利目标指明了方向，还考虑到自然环境的满意程度。

为了研究方便，我们将财务绩效、环境绩效、顾客绩效三个方面记为 $\{x_1, x_2, x_3\}$。每一种绩效都是若干子系统作用的结果。我们对营销时变参数进行辨识，按照营销生态化营销最终控制量。例如，资源节约程度 [设为 $U(t)$] 可以用以下公式进行自适应预测：

$$x_{ij}(t+1) = x^T(t) x_{ij}(t) \tag{3-23}$$

其中，$i=1, 2, \cdots, M$；$j=1, 2, \cdots, n_i$。

对于给定状态 $X^*(t+1)$（如产品分销）的每个分量 $x_{ij}{}^*(t+1)$，可得到对应的 $u^{ij}(t)$。

$$u^{ij}(t) = u^{ij}(t-1) + \frac{1}{b_{ij}{}^2}[x_{ij}^*(t+1) - a_{ij}(t)X(t) - b_{ij}(t)U^{ij}(t-1)]$$

$$\tag{3-24}$$

其中，$i=1, 2, \cdots, M$；$j=1, 2, \cdots, n_i$。

由于企业营销生态化是一种动态的系统，因此每一个营销状态向量 $x_{ij}{}^*(t+1)$ 对应的营销控制量 $U^{ij}(t)$ 是不可能相等的。企业营销生态系统

---

① 莎娜. 企业环境战略决策及其绩效评价研究 [D]. 青岛：中国海洋大学，2012：125-130.

仅需要通过最优或次优营销控制 $U^{ij}(t)$ 就可以寻找到合适的协调算法，以得出次优营销控制 $U(t)$。

我们不妨假设 $f(U) = X(t+1) - X^*(t+1)^2$ 为最小，则 $U(t)$ 应满足约束条件：

$$g_{ij}(U) = u_{ij}(t) + u_{ij}^+(t) - 2u_{ij}^-(t)Y' \tag{3-25}$$

其中，$i = 1, 2, \cdots, M$；$j = 1, 2, \cdots, n_i$。

目标函数为：

$$f_{ij}(U) = \sum_{i=1}^{M} \sum_{j=1}^{m_i} \left[x_{ij}(t+1) + x_{ij}^*(t+1) \right]^2$$

$$= \sum_{i=1}^{M} \sum_{j=1}^{m_i} \left[b_{ij}^T(t)U(t) + a_{ij}^T(t)X(t) - x_{ij}^*(t+1) \right]^2 \tag{3-26}$$

若使得 $f_{ij}(U)$ 为最小，我们可以采用拉格朗日乘子法求解。另外，我们还可以采用一般无约束多变量寻优法求解并使用计算机程序，寻得满意解［次优营销控制变量 $U(t)$］。$u_{(i/j)}$ 用来描述 x_i 的实际值与 x_j 对 x_i 协调值接近程度。

为了知道 x_i 的协调值，我们需要求出 x_i 对 x_j 的最佳拟合模型：

$$x_i = \beta_0 + \beta_1 x_j + \beta_2 x_j^2 + \varepsilon \tag{3-27}$$

其中，$\varepsilon \sim N(0, \sigma^2)$。

另外，我们假设反映三维绩效相互协调发展程度的状态协调度为 $u_{(i, j, k)}$，则：

$$U(i, j, k) = w_1 u(i/j, k) + w_2 u(j/i, k) + w_3(k/i, j) \tag{3-28}$$

其中，w_1、w_2、w_3 为权重，满足 $w_1 + w_2 + w_3 = 1$。

从企业营销生态化视角来看，其实现主体是具有多元化特点的主体，因此主体利益也呈现出多元化的色彩。无论如何其共同利益都共同指向了自然和谐、顾客满意以及企业盈利这三维绩效的协调发展。

4　企业营销生态化绩效评价指标体系

4.1　绩效评价方法与数据有效性检验

4.1.1　评价方法的比较

生态系统的功能评价维度很多，生态系统的健康程度决定了其绩效水平。用生态系统功能拟合营销生态化的复杂性是较为科学的，这为企业营销生态化绩效评价提供了思路和办法。

企业营销生态化绩效评价指标体系具有多维化、综合化的特性，采取单一的评价方法显然不适应研究和实践的需要。尤其是对于企业营销生态化绩效的评价而言，最为关键、复杂的就是基于构建模型的评估指标的确定。由于研究对象、领域和目标的不同，营销生态化绩效评价涉及的指标以及性质、作用差别比较大，因此可供选择评价的方法也很多。目前，适合多指标综合评估的方法主要有模糊综合评价法、多元统计分析法、数据包络法、灰色关联度分析法等。这些方法各有优劣，适用于不同的情况[①]（见表4-1）。

---

①　陈衍泰，陈国宏，李美娟. 综合评价方法分类及研究进展 [J]. 管理科学学报，2004，7（2）：69-79.

武春友，王兆华. 营销决策综合效果的 DEA 评价方法 [J]. 系统工程理论方法应用，2002（4）：335-340.

表 4-1　企业营销生态化绩效评价主要方法比较

序号	方法名称	方法描述	主要优点	主要缺点	备注
1	模糊综合评价法	设置评价对象集合指标集，引入隶属函数，将人类直觉转化为评价矩阵或隶属度矩阵，在论域上评价对象属性值的隶属度，并将约束条件量化，进行数学求解	适合解决信息模糊度大的问题，可克服传统数学"唯一解"的弊端，得出多层次问题解，符合现代管理思想	无法解决信息不完全或不充分以及评价指标信息重复的问题，特征化处理有丢失数据的危险，隶属函数、模糊相关矩阵确定较难	属于模糊数学方法
2	主成分分析法	相关变量间存在着起支配作用的因素，通过对原始变量相关矩阵内部结构分析，找出与绩效不相关的综合指标	具有全面性、可比性、客观性	因子负荷符号交替使得函数意义不明，需要大量统计数据，往往不能反映客观发展水平	属于统计分析方法中的多元统计分析方法
	因子分析	根据相关性大小将变量进行分组，使得同组内变量相关性最大			
	聚类分析	计算指标间距或相关系数，进行系统聚类	可解决相关程度高的评价对象	需要大量统计数据，不能反映客观发展水平	
	判别方法	计算指标间距，判断所归属的主体			
3	层次分析法	针对多层次结构系统用相对量进行比较，确定多个判断矩阵，取其特征根所对应的特征向量为权重，最后综合得出总权重且进行排序	可靠性较高，误差较小	评价因子不能太多（少于9个为宜）	属于系统工程方法
4	数据包络法	以相对效率为基础，按多指标投入和产出对同类型单位相对有效性进行评价	可以评价输出、输入多的大系统，并用"窗口"技术找出薄弱环节加以改进	只表明评价单元的相对发展指标，无法反映出实际发展水平	属于运筹学方法（狭义）

表4-1(续)

序号	方法名称	方法描述	主要优点	主要缺点	备注
5	灰色关联度分析法	利用白化权函数求得指标隶属某一灰类的程度,求出各评价灰类的灰色评价矩阵,并通过各指标权重与灰色评价矩阵得出综合评价结果	可评价信息不完全问题,充分利用已有信息(白化),无需求解隶属度,可以减少人为误差	不能处理信息本身存在很大模糊性的问题	属于灰色系统理论方法

4.1.2 评价方法的内涵及适用性分析

(1)模糊综合评价方法。模糊综合评价法主要是根据模糊数学中隶属度的概念,把某些边界较为模糊,尤其是那些影响因素多且复杂的事物或对象,通过运用模糊综合评价法进行定量化分析,得到较为准确和客观的评价。

模糊综合评价模型有单级模型和多级模型两种,具体选取什么模型则取决于评价对象涉及的因素和层次结构。单级模型适用于评价因素较少的情况,多级模型适用于评价因素多且复杂的情况。

模糊综合评价方法也有一定的局限性,具体说来主要有两点:一是相对于其他评价方法,模糊综合评价方法在识别评价指标及因素之间的相关性方面的能力较弱,这可能导致信息重复评价。因此,该方法需要在评价前科学筛选那些既能全面反映所评价的对象或因素,又能剔除相关程度较高的指标及因素作为核心评价因素。二是由于评价结果并非伴随评判过程产生的,因此模糊综合评价过程的层级权重存在一定的主观性。

(2)多元统计分析法。多元统计分析法是一种能分析多对象和多指标相互关联情况下的综合分析方法。它有狭义与广义之分。狭义的多元统计分析法假定总体分布是多元正态分布的,否则为广义的多元统计分析法。近年来,狭义的多元统计分析法得到广泛的应用和推广。其主要内容包括多元正态分布及其抽样分布、多元正态总体均值向量和协方差矩阵的假设检验、多元方差分析、直线回归与相关、多元线性回归与相关（Ⅰ）和（Ⅱ）、主成分分析与因子分析、判别分析与聚类分析、Shannon 信息量及其应用等。

20 世纪 30 年代，在 R.A.费希尔、H.霍特林以及 S.N.罗伊等人的努力下，多元统计分析理论得到迅速发展。随着 20 世纪 50 年代电子计算机的发展和普及，多元统计分析在经济分析、地质、气象、生物、医学等众多领域得到了广泛的应用。各种统计软件包（如 SAS、SPSS 等）应运而生，实际工作者利用多元统计分析法解决实际问题更简单方便。

（3）层次分析法。层次分析法（analytic hierarchy process，AHP）是将与决策总是有关的元素分解成目标、准则、方案等层次，再将定性和定量相结合的决策方法。该方法最终是由美国运筹学家萨蒂于 20 世纪 70 年代初在为美国国防部研究重大委托课题时提出的层次权重决策分析方法。

层次分析法是一种多指标、多方案优化决策的系统方法。该方法将复杂、多目标决策问题视为一个系统，将总目标分解为多个子目标或准则，再进一步将这些子目标或准则分解为若干准则或约束，然后采取定性指标模糊量化方法计算出层次单排序和总排序。

层次分析法能通过少量定量信息有效识别复杂问题，并深入分析其影响因素及内在关系。该方法比较适合结果难以直接、准确计量的情形。该方法融合了归纳法和演绎法，是一种不完全定量的方法。该方法因为思路清晰、方法简单、适用面广、系统性强等特点，得到大力推广和普及。但是，该方法也存在一些缺点，主要是权重的获取带有较强的主观性。

（4）数据包络法。数据包络法（data envelopment analysis，DEA）是由著名的运筹学家查恩斯（Charnes）、库伯（Cooper）和罗兹（Rhodes）于 1978 年首先提出的，建立在"相对效率"概念基础之上的，以凸分析和线性规划为工具，处理多目标决策问题的一种评价方法。

数据包络法是基于多指标投入和多指标产出相对同类型的部门或单位

做相对有效性或效率评价的一种系统分析方法。由于数据包络法是通过计算而不是估计出每个决策单元的效率指数,因此一些标准的统计方法很难运用(Berger & Humphrey,1997)。为了解决这个问题,班克尔、查恩斯和库伯(Banker,Charnes & Cooper,1984)将数据包络法用于可变规模回报的情况,以达到改善数据包络法的适用性的目的。德尔普林斯、西马和塔尔肯斯(Deprins,Simar & Tulkens,1984)则在数据包络法的基础上发明了适用于凹形假设不成立的情况的 FDH 分析法。

(5)灰色关联度分析法。灰色理论是由我国著名学者邓聚龙教授创立的,其中最为重要的理论方法是灰色关联度分析法(grey relational analysis)。其主要思想是在那些模糊的、难以判断的信息(评价信息对评价者是不确切的、灰色的)中提取有用的价值信息,实现对评价对象的正确认识。

灰色关联度分析法是根据"灰色关联度"——因素之间发展趋势的相似或相异程度,作为衡量因素间关联程度的一种分析方法。该方法试图通过一定的方法来寻找到系统中各子系统(或因素)之间的数值关系,为系统发展变化态势提供了量化的度量。

灰色关联度法的意义是指在系统发展过程中,如果两个因素变化的态势是一致的,即同步变化程度较高,则可以认为两者关联度较大;反之,则认为两者关联度较小。因此,灰色关联度分析法对一个系统发展变化态势提供了量化的度量,非常适合动态(dynamic)的历程分析①。

4.1.3　评价方法的选择

企业营销生态化绩效评价本可以考虑层次分析法,但层次分析法对定性分析处理较为有效。考虑到各个评价指标与优度之间的关系不是十分明确,因此我们的研究将灰色理论与层次分析法相结合,建立企业营销生态化贡献度的评价体系。灰色理论的优势在于对实验观测数据及其分布没有

---

① 邓聚龙. 灰色系统 [M]. 北京:国防工业出版社,1985.

特殊的要求与限制，通过对那些对评价者而言是不确切的、模糊的信息（灰色元素），提取有用的价值信息（定义为白色），实现对评价对象的正确认识。

对企业营销生态化健康性的评价则在层次分析法的基础上引入模糊数学的方法，较好地融入评价过程中一些不确定因素，从而取得比较好的评价效果。对营销生态化多个子系统进行综合比较后，单列其得分情况是不合适的，这时采取模糊决策方法进行处理为好，即隶属度最大的就是最优的指标系统。模糊理论是基于现实世界中的模糊现象发展起来一门学科，它是美国自动控制学家拉特飞·A. 扎德（Lotfi A Zadeh）在 1965 年提出来的。模糊理论是以处理概念模糊、不确定的事物为目标，通过严密的逻辑将这些不确定的问题、现象量化成可以运用计算机进行处理的信息。

4.1.4　评价指标的选择

企业营销生态化绩效指标的类型多种多样，其计量的内容和方式也有不同，因此我们在选择绩效指标进行评价时主要应考虑以下几个方面：

（1）相关法律法规的要求。企业选择环境绩效指标进行评价的目的是衡量企业环境保护和资源使用情况，而企业生产经营情况通常也会受到外部法律法规的要求和限制。因此，企业选择的绩效指标应符合相关法律法规的要求，以遵守法律法规为第一原则，以罚款情况、违法次数等为主要内容选择合适的指标进行评价。

（2）企业设定的环境目标。企业想要实现可持续发展，就应当将环境因素纳入其生产经营决策中进行综合考虑，即企业应设立环境目标。环境目标主要是控制企业对环境的破坏程度以及提高资源的使用效率。因此，企业应根据资源及能源的消耗、污染物的排放、对环境保护的贡献等，选择合适的指标进行评价。

（3）企业所处的行业及所经营业务的特点。不同的行业，其环境评价的指标是不相同的，对其环境评价衡量的指标也是不相同的。明确企业所处的行业及经营业务的特点才能相应地选择适合的环境评价指标。该指标评价的内容应当是企业所处的行业共同具备的或是能反映企业自身生产经营特点的。

（4）企业的组织结构特点。根据不同的责任分工、不同的部门、上下级等因素，企业选择的环境评价指标也应有所不同，如企业为高级管理当局制定的绩效评价指标与为经营单位制定的绩效评价指标就应划分不同的标准。此外，企业还要把战略性的环境绩效指标沿着组织结构等级自上而下，层层分解，落实到人。绩效指标的评价结果也应自下而上地层层汇总，不同的职能部门的评价指标应相互补充，综合反映企业的生产经营目标与环境。

（5）企业获得环境信息的及时性与可比性。企业根据收集到的不同的环境成本信息应选择不同的绩效评价指标。及时性是指这些指标的选择应以收集到的信息的快慢程度来衡量，比如在生产经营活动过程中能及时收集并需要做出快速反馈的信息就可以选择过程指标进行评价等。可比性是指所选择的指标应简明扼要、便于理解，只要选择的指标可以综合反映企业的生产经营情况即可，既不宜太复杂，也不宜太简单。此外，所选指标之间应相互可比，计算基础必须前后一致。

4.1.5　评价数据的有效性检验

从前面的论述可以看出，企业营销生态化绩效评价具有一定的主观性，即便是我们采取了定量分析和大量数据研究，也离不开主观判断。虽然我们可以在评价内容设计、评价体系构建、评价主体等方面加以改进，但仍有可能出现因人的主观原因导致评估数据失真的问题。因此，鉴别与确定评价数据的可信度和有效性对评价结果客观、合理、科学尤为重要。

（1）评价指标中评分标准统一与否检验。由于评价的内容是通过定性方法（主要是德尔菲法）确定的，评分的过程也带有较强的主观性。虽然研究过程已尽量避免，但还是存在评分标准是否统一的问题。

肯德尔（Kendall）一致性系数（KCC）可以用来表示在评估相同样本时多名检验员所做顺序评估的关联程度。Kendall 系数常用于属性一致性分析。Kendall 值介于 0~1。Kendall 值越高，关联程度就越强。一般而言，当 Kendall 系数为 0.9 及以上时，关联程度非常强。较高或显著的 Kendall 系数意味着检验员评估样本时采用的是基本一致的标准。

我们假设有 n 位专家对企业营销生态化绩效的 m 项（本书 $m=34$）指标进行评分，得到各项评分值 x_{ij}，其中 $i=1,2,\cdots,m$；$j=1,2,\cdots,n$。我们对所有指标的评分从高到低进行排列并编号，此时原评分值 x_{ij} 就转变为对应序号值 y_{ij}。若在这个转变过程中某指标评分值不变，我们可以将这些分值视为对应的顺序号的均值，并将 m 项的第 j 个专家评分值对应的序号值相加得 Y_j，即

$$Y_j = \sum_{i=1}^{m} y_{ij}(i=1,2,\cdots,m)$$

$$t = \frac{\rho_{ij}}{\sqrt{\dfrac{1-\rho^2}{n-2}}} \sim t(n-2) \tag{4-1}$$

计算 Kendall 一致性系数 $W = \dfrac{12\sum\limits_{j=1}^{n} Y_j^2}{m^2 n(n^2-1)} - \dfrac{3(n+1)}{n-1}$ 及统计量 $\chi^2 = m(n-1)W$。我们在给定显著性水平 α 下进行 χ^2 检验，如果 $\chi^2 \geq \chi_\alpha^2(m-1)$，则说明各指标的评价标准基本一致；否则不宜采信这些数据。

（2）不同角度检验评价指标关联性正常与否。在企业营销生态化过程中，顾客、企业、压力集团对企业营销生态化的要求也各不相同，其绩效评价子指标也完全不同。根据前文中描述的三者博弈均衡模型，很显然彼此之间存在相互关联性。这种关联性是否显著的检验也是博弈均衡模型的前提和基础。我们通过这种关联效应显著性检验可以判断评价数据的有效性。独立性检验最好能从不同的角度进行。根据生态学的观点，我们可以从物理量、生物量和关系量角度对企业营销生态化评价指标进行检验。

我们根据相关结果计算出每位专家对物理量、生物量和关系量的综合得分，设为 X_{1j}、X_{2j}、X_{3j}，则有：

$$X_{1j} = \frac{\sum_{i=1}^{m_1} x_{ij}f_{ij}}{\sum_{i=1}^{m_1} f_{ij}} \ , \ X_{2j} = \frac{\sum_{i=1}^{m_2} x_{ij}f_{ij}}{\sum_{i=1}^{m_2} f_{ij}} \ , \ X_{3j} = \frac{\sum_{i=1}^{m_3} x_{ij}f_{ij}}{\sum_{i=1}^{m_3} f_{ij}} \quad (4-2)$$

其中，f_{ij} 为各指标权数，m_1、m_2、m_3 分别为物理量、生物量和关系量的指标数，这里 $m_1 = 5$，$m_2 = 3$，$m_3 = 4$，且 $m_1 + m_2 + m_3 = m(m = 12)$。

我们将 n 位专家 X_{ij} 分三组从高到低进行排列，各组组距相同；之后将 X_{ij} 进行协调管理与运行绩效关联性检验；再汇总分组，计算统计量。

$$\chi^2 = \sum_{p=1}^{3} \sum_{q=1}^{3} \frac{(n_{pq} - n_{pq}^2)^2}{n_{pq}} \quad (4-3)$$

其中，$n_{pq}^2 = \dfrac{n_p n_q}{n}$ 为协调管理与运行绩效的理论频数。

我们在给定显著性水平 α 下进行 χ^2 检验，若 χ^2 落在拒绝域内，则拒绝独立，说明协调与营销生态化行为绩效显著相关，评价数据有效；否则，不宜采信这些数据。

（3）评价指标相关性检验。在企业营销生态化绩效评价指标之间往往存在正相关性，如顾客销售利润率中总资本报酬率和资本收益率。我们利用这些指标的相关性可以检验评分数据的有效性。

检验方法如下：

n 位专家提供的数据中 x_i 与 x_j 存在正相关性，那么其相关系数 ρ_{ij} 计算如下：

$$\rho_{ij} = \frac{\sum_{k=1}^{n} (x_{ik} - \bar{x}_i)(x_{jk} - \bar{x}_j)}{\sqrt{\sum_{k=1}^{n} (x_{ik} - \bar{x}_i)^2 \sum_{k=1}^{n} (x_{jk} - \bar{x}_j)^2}} \quad (4-4)$$

统计量 t 计算如下：

$$t = \frac{\rho_{ij}}{\sqrt{\dfrac{1-\rho^2}{n-2}}} \sim t(n-2) \qquad (4-5)$$

在给定显著性水平 α 下进行 t 检验，若 ρ_{ij} 在接受域内，则认为数据有效；否则，认为数据有偏差。若多组标志出现偏差，则不宜采信这些数据。

4.2 贡献度绩效评价体系

4.2.1 贡献度评价模型

企业营销生态化具有极为丰富的内涵，它涉及成员众多（物种），且各成员（物种）构成种群和群落，彼此之间形成一种共生关系。在自然生态法则中，物种共生、丛林法则、资源限制、关键物种、适者生存、自然演化与进步、自然平衡等法则对企业营销生态系统同样适用。例如，不同的企业营销系统之间既是竞争关系，又是相互合作关系，还是共生关系，彼此之间可能共享配送商。这就是典型的共生关系。

从均衡角度看，企业营销离不开外部环境。也正因为外部环境发挥作用，企业、顾客和自然环境三者存在博弈关系，由不均衡向均衡演化，又打破均衡向不均衡转变，如此反复，不断推动企业发展。企业营销生态化的最终结果是实现企业、顾客和自然环境三者的满意。因此，其主要指标体系是为描述企业营销生态化的整体状况的。但是，其中每一个成员（物种）对整个营销生态化的贡献度并不一致，存在着差异。寻找这种差异则可以比较各个指标的贡献度的大小，这为寻找到企业营销生态化实践路径提供了切实可行的参考。

如前文所述，企业营销生态化绩效包含三大维度：企业盈利、顾客满意、环境满意。这样我们可以得到企业营销生态化绩效评价贡献度模型（见图4-1）。

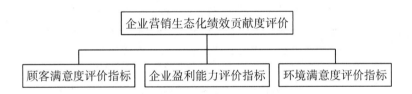

图 4-1 企业营销生态化绩效评价贡献度模型

4.2.2 评价指标描述

（1）企业盈利能力评价指标描述。企业盈利能力可以从多角度进行分析，但最基本的有两种：一种是从利润和营业收入、成本费用的比例关系来分析企业盈利能力。在营业收入一定的情况下，利润占营业收入的比重越大，则利润越多，因此利润占营业收入的比重是衡量企业盈利能力的重要标志之一。另一种是从利润和资产的比例关系来分析企业盈利能力。资产能产生收益，有营业收入才可能有利润，显然资产是取得利润的重要源泉之一。因此，利润和资产的比例关系成为盈利能力的一个标志①。

销售量与企业的营销能力和水平是息息相关的。在成本一定的情况下，销售量越大，利润就越多。

销售量是衡量企业盈利能力最重要的标志，其次才是成本，尤其是管理费用、人员工资、原材料购买费用等变动成本。在营销过程中能够控制的广告费、促销费、营销人员差旅费、工资等营销费用也是重要的成本②。

企业盈利能力是指企业在一定时期获得利润的能力。企业盈利能力通常用以下三个指标来衡量：销售利润率、总资产报酬（收益）率、资本收益率（见表 4-2）。其中，反映销售利润的三级指标主要有主营业务毛利率、成本费用利润率、"三项费用"比率，反映总资产报酬（收益）率的三级指标主要有所有者权益报酬率和总资产报酬率，反映资本收益率的三级指标主要有资产收益率和净资产收益率。

---

① 周一虹，芦海燕，陈润羊. 企业生态效率指标的应用与评价研究：以宝钢、中石油和英国 BP 公司为例 [J]. 兰州财经大学学报，2011（1）：112-121.

② 祝海波，邓德胜. 企业营销生态化绩效 [J]. 统计与决策，2014（12）：183-186.

表4-2　基于营销生态化的企业盈利能力评价指标体系

一级指标	二级指标	三级指标
企业盈利能力	销售利润率	主营业务毛利率
		成本费用利润率
		"三项费用"比率
	总资产报酬（收益）率	所有者权益报酬率
		总资产报酬率
	资本收益率	资产收益率
		净资产收益率

销售利润率指标通常是用来反映企业销售盈利水平的，其计算公式如下：

$$销售利润率 = \frac{利润总额}{产品销售净收入} \times 100\% \qquad (4-6)$$

其中，利润总额是指营业利润、投资收益与营业外收支净额之和（主营业务收入减去相应的营业外支出）。

企业销售利润率越高，表明企业销售盈利水平也越高。在销售价格不变的前提下，成本越低，销售利润率越高；反之，销售利润率越低。

下面是企业销售利润率的具体指标（三级指标）描述：

①主营业务毛利率。主营业务毛利率是指主营业务收入扣除主营业务成本后的余额。主营业务毛利率越高，说明企业主营业务盈利能力越强。主营业务毛利率的计算公式如下：

$$主营业务毛利率＝（主营业务收入-主营业务成本）\times100\% \qquad (4-7)$$

②成本费用利润率。成本费用是指企业在生产经营过程中发生的所有支出。成本费用总额为主营业务成本、税金及附加、期间费用（销售费用、管理费用、财务费用）之和。成本费用利润率的计算公式如下：

$$成本费用利润率＝\frac{净利润}{成本费用总额}\times100\% \qquad (4-8)$$

③"三项费用"比率。"三项费用"是销售费用、管理费用和财务费用三项费用的统称，属于财务期间费用[①]。"三项费用"比率的计算公式如下：

$$"三项费用"比率 = \frac{"三项费用"总额}{主营业务收入净额} \times 100\% \qquad (4-9)$$

当"三项费用"比率大于主营业务毛利率时，企业希望通过主营业务获取利润的愿望就无法实现，而只能依靠投资收益、其他业务收入、营业外收入等非主营业务收入来支持企业利润。企业可以通过规定主营业务毛利率水平来规划其日常经营费用，从而达到控制内部费用的目的。

总资产报酬（收益）率是衡量企业运用全部资产获利的能力的重要指标。总资产报酬（收益）率是指利润总额和利息支出之和与平均资产总额的比率。其计算公式如下：

$$总资产报酬（收益）率 = \frac{利润总额+利息支出}{平均资产总额} \times 100\% \qquad (4-10)$$

总资产报酬（收益）率又可以用所有者权益报酬率和总资产报酬率两个子指标来分析。其计算公式分别如下：

$$所有者权益报酬率 = \frac{净利润}{平均所有者权益} \times 100\% \qquad (4-11)$$

$$总资产报酬率 = \frac{净利润}{平均总资产} \times 100\% \qquad (4-12)$$

资本收益（利润）率是指企业净利润与平均资本的比率，它反映企业资本获得收益的能力。

资本收益率越高，说明企业经济效益越好，资金风险越小。资本收益率如果高于债务资金成本率，那么对于企业经营者而言，说明企业已处于负债状况，适度的负债经营对企业是有利的。资本收益率的主要衡量指标

---

① 李萍，肖惠民. 企业盈利能力评价指标的改进与完善［J］. 广东金融学院学报，2003（5）：51-53.

为净资产收益率。其计算公式如下：

$$净资产收益率=\frac{净利润}{净资产平均额}\times100\% \tag{4-13}$$

企业营销生态化关注的不是企业在短期实现盈利，而是企业能否长期保持盈利状态，或者说牺牲短期利润，长期实现持续盈利。因此，评价企业营销生态化财务绩效更为准确的是持续盈利能力。

（2）顾客满意度评价指标描述。

根据"3.3.1 顾客满意"研究文献，我们知道，有 SCSB、ACSI、CCSI 三种满意度评价模型。这三种模型的基础都来源于费耐尔（Fomell，1989）的计量经济学模型。从图 4-2 可知，费耐尔（Fomell）顾客满意度模型说明了顾客预期、感知质量、感知价值、顾客抱怨和顾客忠诚五个事关顾客满意度的方面。

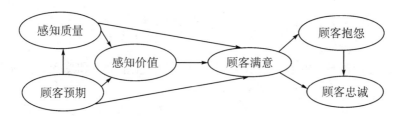

图 4-2　费耐尔（Fomell）顾客满意度模型

顾客满意度成因主要包括三个方面：感知价值、感知质量以及顾客预期。顾客满意度结果包括两个方面：顾客抱怨和顾客忠诚。我国学者赵平在此基础上增加了"形象"，实践证明，形象也能改变顾客预期和感知质量。本书采用衡量顾客满意度来源的五个主要指标包括感知价值、感知质量、顾客预期、顾客抱怨、顾客忠诚。

虽然关于顾客感知价值维度的研究已经相对成熟，但以往研究并未对顾客需求层次进行详细划分，尤其是产品生态化的需求层次，因此企业营销生态化绩效大打折扣。对于生态产品而言，顾客需求层次的详细划分与界定是营销生态化实现的基础。本书借鉴斯威尼和苏塔尔（Sweeney & Soutar）的测量顾客感知价值量表，结合我国企业营销实践，对生态产品顾客感知价值的维度进行重新划分和命名，提出顾客感知价值的测评维度：生态价格、生态质量、社会责任、产品情感性。

顾客感知质量是顾客将所期望的产品质量与亲身经历体验的对产品绩效感知进行比较的主观感受。从营销实践可以发现，产品的任何一种形式被顾客所接触都会影响顾客对质量的感知。从营销学的角度来说，产品包含四个基本层次，也就是整体产品（见图4-3），这四个层次都将影响顾客感知质量。因此，结合生态学相关知识，顾客感知质量可以从四个维度进行测量：核心产品质量（产品生态功效）、有形产品生态质量、附加产品质量、心理产品质量。

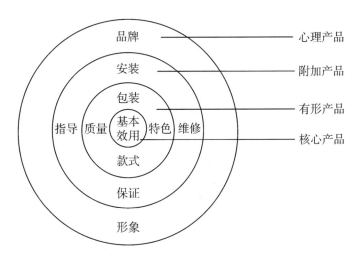

图4-3 整体产品

顾客预期是一种心理期望，顾客预期包括营销理念预期、营销战略预期、营销策略预期和营销管理预期四个方面。营销理念预期指的是顾客对企业是否采取营销生态化理念的预期，营销战略预期指的是顾客对企业是否采取营销生态化战略的预期，营销策略预期指的是顾客对企业采取营销生态化策略的预期，营销管理预期指的是顾客对企业营销管理是否采取生态化的预期。

综上所述，我们可以得到基于营销生态化顾客满意度评价指标体系（见表4-3）。其中，二级指标有感知价值、感知质量和感知预期，三级指标共12个。

表4-3　基于营销生态化顾客满意度评价指标体系

一级指标	二级指标	三级指标
顾客满意度	感知价值	生态价格
		生态质量
		社会质量
		产品情感性
	感知质量	产品生态效用
		有形产品生态质量
		附加产品质量
		心理产品质量
	感知预期	营销生态化理念预期
		营销生态化战略预期
		营销生态化策略预期
		营销生态化管理预期

（3）环境满意度评价指标描述。

关于环境满意度评价指标，很多专家学者将其等同于自然绩效和生态绩效。为了统一，本书采用环境满意度评价，即环境绩效的说法。

国内外关于环境绩效指标的研究较权威的有以下五类：

①国际会计与报告标准政府间专家工作组（ISAR）在2000年发布的《生态效率指标标准化方法》提供了一套能反映环境业绩与财务业绩结合的生态效率指标，是可以计量企业单位价值的环境影响指标体系[1]（见表4-4）。

----

① 董海峰，王浩. 绿色农产品顾客感知价值研究：基于12个省（直辖市）调查的结构方程模型分析 [J]. 科技进步与对策，2013，30（12）：18-20.

表4-4　ISAR生态效率指标体系

环境问题	生态绩效指标
不可再生资源耗竭	初级能源消耗量
	能源消耗增加值
淡水资源耗竭	用水量
	用水增加量
全球变暖	导致全球变暖的气体排放量
	导致全球变暖的气体增加值
臭氧层损耗	破坏臭氧层气体排放量
	破坏臭氧层气体排放增加量
固体/液体废弃物	固体/液体废弃物量
	固体/液体废弃物增加量

　　②国际标准化组织（ISO）提出了环境绩效指标体系，用于测量环境管理成效，达到保护环境的目的。这套指标体系是基于其环境方针、目标和指标提出的①。对于企业而言，只有能够操作的指标体系才能真正起到保护环境的目的，而ISO环境绩效指标体系在其国际标准"环境绩效指标库"中特别提供了一套能反映企业在经营活动过程中的环境绩效的操作绩效指标（OPI$_s$）。该指标体系涵盖了企业从物料的采购、生产到产品输出、废弃物排放的整个生产运营过程对环境的影响评价（见图4-4）。

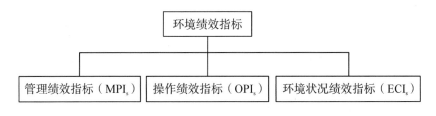

图4-4　ISO环境绩效指标体系

---

① 许松涛，陈霞. 企业环境绩效指标确定与计量刍议 [J]. 财会月刊，2011（3）：92-95.

③世界可持续发展企业委员会（WBCSD）于2000年提出了第一套全球性生态效率（eeo-efficiency）评估标准，倡导用生态效率指标来评价企业环境绩效（见表4-5），并把生态效率定义为"在耗费最少资源和尽量减少对环境的负面影响的同时，达到企业价值最大化"。其表达式为：生态效率=产品或服务的价值÷环境影响。

表4-5　WBCSD生态效率核心指标

二级指标	三级指标
产品或服务价值	产品或服务的质量和数目
	销售净额
产品或服务 的环境影响	能源消耗
	原材料消耗
	水资源消耗
	温室气体排放
	破坏臭氧层气体排放

④全球报告倡议组织（GRI）研究制定了企业层面可持续发展报告的框架——《可持续发展报告指南》。GRI是1997年由环境责任经济联盟（CERES）和联合国环境规划署共同发起成立的。2000年，GRI发布了《可持续发展报告指南》（第一版）。2006年，GRI发布了《可持续发展报告指南》（第三版），修订了通用环境绩效指标体系（一般称为"G3标准"），主要反映组织对生态系统、土地、空气和水等有生命或无生命的自然系统的影响。G3标准由17个核心指标和13个附加指标组成，涵盖与企业相关的产品和服务、原料、能源、水资源、废弃物等方面。这些指标适用于任何类型、任何规模的企业[①]。

⑤中国社会科学院经济学部企业社会责任研究中心编制发布了《中国

---

① 方丽娟，钟田丽，耿闪清. 企业环境绩效评价指标体系构建及应用 [J]. 统计与决策，2013 (21)：180-183.

企业社会责任报告编制指南（CASS-CSR1.0）》（2009）。该指南提出了环境绩效指标（简称"E系列"），包含环境管理指标、节约资源能源指标和降污减排指标三个方面，主要用来描述企业在节能减排、保护环境方面的责任和贡献（见图4-5）。

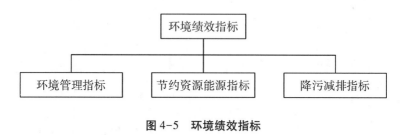

图4-5　环境绩效指标

对于企业营销生态化而言，其产品或服务对环境的影响体现在两个方面：一是环境友好，二是资源节约。

所谓环境友好，指的是企业生产的产品和营销过程符合生态需求，能减少污染产生量与排放量，降低对环境的危害，进而也为企业的发展提供良好的环境[①]。除此之外，环境友好的收益体不仅仅是企业，还包括社会公众和自然环境。

所谓资源节约，指的是企业在营销过程中使用较少的能源与原料，降低企业的营销成本和整个社会的资源消耗数量，提高资源的利用效率。

企业环境友好指标能反映企业营销生态化过程对环境的保护和良性利用，资源节约指标能反映企业营销生态化过程对各种资源、能源的综合利用效率乃至企业的减量化水平。

本书借鉴已有研究成果，遵循科学、系统、可行等原则，构建环境友好和资源节约方面的指标。这些指标都涉及企业产品生产、销售、分销以及促销过程，具体见图4-6和表4-6。

---

① CLARK BRUCE H. Managerial perceptions of marketing performance：efficiency，adaptability，effectiveness and satisfaction［Z］. College of Business Administraction，Northeastern University，1999：112-131.

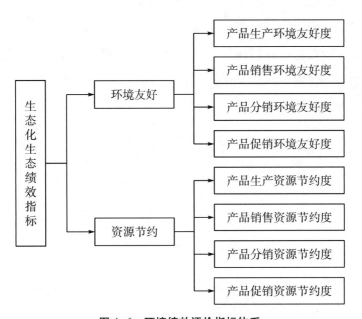

图 4-6　环境绩效评价指标体系

表 4-6　企业营销生态化环境绩效评价指标体系

营销环节	环境友好	资源节约
产品生产	·单位产量（产值）"三废"排放量 ·单位产量（产值）烟尘排放量 ·单位产量（产值）危险物处理率	·能源综合利用率 ·可再生资源使用量和使用率 ·能源投入产出率 ·资源循环利用率
产品销售	·销售过程环境保护政策 ·销售过程环境标志 ·销售过程环境保护程度	·销售过程资源节约度 ·销售效果 ·销售效率
产品分销	·分销过程环境保护政策 ·分销过程环境保护程度	·分销过程材料重复利用率 ·分销过程效率
产品促销	·促销过程环境保护政策 ·推销过程中环境保护意识与行为 ·营业推广过程环境保护程度 ·产品包装环境破坏程度	·人员推广效率 ·广告效果与效率 ·公关效果 ·营业推广效果与效率

注：①烟尘排放量、危险物处理率与"三废"排放量除了分子不同外，其余基本相同，因此指标说明统称单位产量（产值）"三废排放量"。

②大多数为定性指标，指标说明略。

③售后服务环节包含在销售环节，不再赘述。

一些相关指标简单说明如下：

$$单位产量"三废"排放量=\frac{"三废"总量}{合格产品总量}×100\% \qquad (4-14)$$

$$能源综合利用率=\frac{有效产出能源使用量}{能源使用总量}×100\% \qquad (4-15)$$

$$可再生能源使用率=\frac{可再生能源使用量}{能源使用量}×100\% \qquad (4-16)$$

$$能源投入产出率=\frac{有效增加值}{能源使用量}×100\% \qquad (4-17)$$

$$资源循环利用率=\frac{循环资源使用量}{资源使用总量}×100\% \qquad (4-18)$$

$$销售效率=\frac{销售数量}{生产或供应产品总量}×100\% \qquad (4-19)$$

4.2.3　评价指标体系

综上所述，我们可以得到企业营销生态化贡献度绩效评价指标体系（如表 4-7 所示）。

表 4-7　企业营销生态化贡献度绩效评价指标体系

一级指标	二级指标	三级指标
企业盈利能力（E）	销售利润率（E_1）	主营业务毛利率（E_{11}）
		成本费用利润率（E_{12}）
		"三项费用"比率（E_{13}）
	总资产收益率（E_2）	所有者权益报酬率（E_{21}）
		总资产报酬率（E_{22}）
	资本收益率（E_3）	资产收益率（E_{31}）
		净资产收益率（E_{32}）

表4-7(续)

一级指标	二级指标	三级指标
顾客满意度（C）	感知价值（C_1）	生态价格（C_{11}）
		生态质量（C_{12}）
		社会质量（C_{13}）
		产品情感性（C_{14}）
	感知质量（C_2）	产品生态效用（C_{21}）
		有形产品生态质量（C_{22}）
		附加产品质量（C_{23}）
		心理产品质量（C_{24}）
	感知预期（C_3）	营销生态化理念预期（C_{31}）
		营销生态化战略预期（C_{32}）
		营销生态化策略预期（C_{33}）
		营销生态化管理预期（C_{34}）
环境满意度（R）	资源节约（R_1）	产品生产资源节约度（R_{11}）
		产品销售资源节约度（R_{12}）
		产品分销资源节约度（R_{13}）
		产品促销资源节约度（R_{14}）
	环境友好（R_2）	产品生产环境友好度（R_{21}）
		产品销售环境友好度（R_{22}）
		产品分销环境友好度（R_{23}）
		产品促销环境友好度（R_{24}）

4.2.4　评价过程

（1）判断矩阵构建。本书采取 AHP 分析法来确定各项指标权重。在研究中，我们邀请了 10 名专家配合开展调查，其中营销研究学者 4 人、企业家 2 人、非营销学科研究学者 2 人、媒体和消费者代表各 1 人。

我们根据上述调研结果来构建判断矩阵 X_i，再进行层次单排序及一致性检验。

首先，我们假设 X_{ij} 对 X_i 的权重为 b_{ij}，X_i 对总指标 D 的权重为 X_i，构造两两比较判断矩阵，求得层次单排序及一致性检验结果。其次，我们进行层次总排序及一致性检验求得结果。鉴于 X_1、X_2、X_3 的指标个数不相同，因此我们需要对 X_1、X_2、X_3 的排序权重采取加权法进行修正。其计算公式如下：

$$\bar{a}_i = \frac{n_i a_i}{\sum\limits_{i=1}^{4} n_i a_i} \quad (i = 1,\ 2,\ 3,\ 4) \tag{4-20}$$

其中，n_i 为 X_i 所支配的指标个数；$\bar{a}_i$ 为修正后的指标 X_i 对总指标 D 的权重。修正后的权重向量为 $(\bar{a}_1,\ \bar{a}_2,\ \bar{a}_3)$。

指标体系层次总排序结果及进行组合的一致性检验如下：

$$CR(2) = CR(1) + \frac{\sum\limits_{i=1}^{4} a_i CI_i^{(2)}}{\sum\limits_{i=1}^{4} \bar{a}_i RI_i^{(2)}}$$

$$= 0.099\,63 < 0.10$$

结果通过检验。

（2）灰色模型与函数的建立。我们根据评价对象的影响因素的层次关系，设评价对象的子因素集为 $X = \{X_1,\ X_2,\ X_3\}$（一级指标），其中各子因素又可划分为下一个子集，即 $X_i = \{X_{i1},\ X_{i2}, \cdots,\ X_{ik}\}$（二级指标），$i = 1$，$2, \cdots,\ m$，$k$ 为因素数，评语集为 $F = \{f_{i1},\ f_{i2}, \cdots,\ f_{ik}\}$。

在企业营销生态化绩效评价中，信息量往往难以用数值来衡量。为研究方便，本书用描述性词汇"有效"和李克特五级量表来对应灰度范围，比如采用非常有效、比较有效、一般、比较无效、非常无效。灰度值取 [0，1]，介于中间值则代表信息量的多少，如信息非常有效取 0~0.2，信息非常无效取 0.8~1.0（见表 4-8）。

表4-8 灰度取值对应的信息量

李克特量表级	信息量	灰度值
1	非常有效	0~0.2
2	比较有效	0.2~0.4
3	一般	0.4~0.6
4	比较无效	0.6~0.8
5	非常无效	0.8~1.0

笔者通过阅读大量文献及咨询专家意见和分析企业数据，整理得出各指标灰类等级（见表4-9）。本书分别用"弱""中""强"3个灰类代表三种企业营销生态化水平。

表4-9 各指标灰类等级

指标及代码		权重	弱类	中类	强类
企业盈利能力（X_1）	销售利润率（X_{11}）	b_1	$\otimes_{11min}$	$\otimes_{11meium}$	$\otimes_{11max}$
	总资产收益率（X_{12}）	b_2	$\otimes_{12min}$	$\otimes_{12meium}$	$\otimes_{12max}$
	资本收益率（X_{13}）	b_3	$\otimes_{13min}$	$\otimes_{13meium}$	$\otimes_{13max}$
顾客满意度（X_2）	感知价值（X_{21}）	b_4	$\otimes_{21min}$	$\otimes_{21meium}$	$\otimes_{21max}$
	感知质量（X_{22}）	b_5	$\otimes_{22min}$	$\otimes_{22meium}$	$\otimes_{22max}$
	感知预期（X_{23}）	b_6	$\otimes_{22min}$	$\otimes_{22meium}$	$\otimes_{22max}$
环境满意度（X_3）	资源节约（X_{31}）	b_7	$\otimes_{31min}$	$\otimes_{31meium}$	$\otimes_{31max}$
	环境保护（X_{32}）	b_8	$\otimes_{32min}$	$\otimes_{32meium}$	$\otimes_{32max}$

根据表4-8，我们可以确定灰类等级、灰类的灰度以及灰数的白化权函数。白化权函数有三类，其灰类序号为e（$e=1$，2，3）。

第一类"强"，即$e=1$，灰数$\otimes \in [d, \infty)$，其白化权函数为f_1，表达式如下：

$$f_1(x) = \begin{cases} d_1 & x \in [0, d_1] \\ 1 & x \in [d_1, \infty] \\ 0 & x \in [0, \infty] \end{cases} \quad (4-21)$$

第二类"中"，即 $e=2$，灰数 $\otimes \in [0,\ d_2,\ 2d_2]$，其白化权函数为 f_2，表达式如下：

$$f_2(x) = \begin{cases} \dfrac{x}{d_2} & x \in [0,\ d_2] \\ (x_2 - 2d_2)/(-d_2) & x \in [d_2,\ 2d_2] \\ 0 & x \in [0,\ 2d_2] \end{cases} \quad (4\text{-}22)$$

第三类"弱"，即 $e=3$，灰数 $\otimes \in [0,\ d_3,\ 2d_3]$，其白化权函数为 f_3，表达式如下：

$$f_3(x) = \begin{cases} \dfrac{x - 2d_3}{-d_3} & x \in [d_3,\ 2d_3] \\ 1 & x \in [0,\ d_3] \\ 0 & x \in [0,\ 2d_3] \end{cases} \quad (4\text{-}23)$$

按照上述灰类分类指标，企业营销生态化贡献度指标体系的白化权函数的一般形式如下：

$$f_j^k(x) = \begin{cases} 0 & x \in [x_j^{k-1},\ x_j^{k+2}] \\ \dfrac{x - x_j^{k-1}}{\lambda_j^k - x_j^{k-1}} & x \in [x_j^{k-1},\ x_j^k] \\ \dfrac{x_j^{k+2} - x}{x_j^{k+2} - \lambda_j^k} & x \in [\lambda_j^k,\ x_j^{k+2}] \end{cases} \quad (4\text{-}24)$$

根据前面的灰类分类指标，我们可以得到三角白化权函数（如图 4-7 所示）。

我们将企业营销生态化贡献度评价的 11 项指标分别代入相应的三角白化权函数，就可以得到该企业营销生态化关于某子指标对三个灰类"弱""中""强"的白化权函数值 f_1、f_2、f_3。

根据最大值原则，我们可以判断并从分子数算出该企业营销生态化关于灰类 κ（$\kappa=1,\ 2,\ 3$）的综合聚类评价指数 σ_j^k。其计算公式如下：

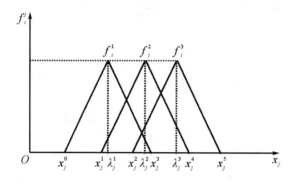

图 4-7　三角白化权函数

$$\sigma_j^k = \sum_{j=1}^{11} f_j^k(x_{ij})\eta_j \qquad (4-25)$$

其中，$f_j^k(x_{ij})\eta_j$ 为对象 i 在指标 j 下属于灰类 k 的白化权函数，η_j 为指标 j 在综合聚类中的权重。

从式（4-25）可知，企业营销生态化绩效优度指数值越大，表明企业营销生态化绩效越好，反之越差。

4.3　协调度评价体系

本书研究的协调性是指企业三重业绩内部的协调，这种协调是三维绩效在发展过程中彼此存在的和谐一致性（称为协调度）。在企业营销生态化过程中，协调是对这种营销行为的有益约束和必要规定。协调的目的就是减少负效应，提高整体输出功能和整体效益。显然，协调既有作为调节手段的功能，也有管理和控制的职能。它体现为一种状态，用以表示三维绩效及子指标系统之间的融合关系，从而达到描述整体效应的目的。从以往的研究成果来看，三维绩效协调性包含静态平衡度（statically balanced degree）和动态协调度（dynanically coordinating degree）两个方面。

4.3.1　静态平衡度的评价

在本书中，静态平衡是指在某一时点或时段三维绩效顾客、企业和自然环境的平衡状态。静态平衡度的评价是将所有评价结果置于三维空间中，计算其绩效点与最优绩效点之间的距离，以此距离作为企业营销生态化绩效优劣的评价依据[①]。

静态平衡度可以用绩效点 M_i 与对角线 $\sqrt{c^2 + e^2 + r^2}$ 之间的距离 d 为判断依据。

我们假设最优绩效点 M_0 的坐标为 (c_0, e_0, r_0)，第 i 个企业的绩效点 M 的坐标为 (c_1, e_1, r_1)，则它与最优点的距离为：

$$D = |\overrightarrow{M_0 M_i}| = \sqrt{(c_i - c_0)^2 + (e_i - e_0)^2 + (r_i - r_0)^2} \qquad (4-26)$$

其中，D 为企业的绩效距离，D 越小，说明绩效点 M_i 离最优绩效点越近，企业营销生态化绩效越好。

我们可以分别对顾客、企业与自然环境三维绩效进行静态平衡度评价，步骤如下：

（1）确定评价指标的原始值。我们采取定性指标和定量指标相结合的方法来确定原始值。定量指标可以直接计算获得，定性指标可以采取李克特五级量表法调查获得。我们将评价分为优、良、中、差、很差五等，分别对应 5、4、3、2、1。二级指标则采取封闭式问答法——"是""否"。其中，"是"取 5，"否"取 1。这样，我们可以得到第 i 个企业的第 j 项评价指标 x_{ij}。

（2）对原始指标进行无量纲处理。不同评价指标的性质、量纲不同，因此我们需要对原始指标进行无量纲处理。定性指标则直接用原评价值作为该指标的无量纲值。定量指标的无量纲值 u_{ij} 按照式（4-27）处理。

$$u_{ij} = \frac{x_{ij} - x_{j\atop\min}}{x_{j\atop\max} - x_{j\atop\min}} \times 3 + 1 \qquad (4-27)$$

其中，$x_{j\atop\max}$ 和 $x_{j\atop\min}$ 分别为第 j 个指标的最优值、最差值。

（3）计算各子系统的静态综合绩效值 z_i。我们对各子系统的无量纲指

---

① 温素彬. 企业三重绩效评价模型 [J]. 数学的实践与认识，2008（6）：1-8.

标采用加权几何平均法得到其静态综合绩效值，用 Z_i（$i=1$，2，3）表示。我们用 AHP 法获得各指标权重。

（4）计算综合静态评价值 B。因为顾客、企业与自然环境三维绩效在企业营销生态化绩效评价中同等重要，并且相互影响，所以本书运用简单几何平均法合成各子系统的静态综合绩效值（Z_i）。由此，我们可以得到三维绩效静态综合评价值 B。其中，第 i 个企业的财务绩效、顾客绩效和环境绩效分别为 c_i、e_i、r_i。显然，$1 \leqslant B \leqslant 5$ 且平均水平为 3。

根据静态综合评价值，我们能够做出如下判断：

① $B=1$：企业静态绩效位于最低水平。

② $B=3$：企业静态绩效位于平均水平。

③ $B=5$：企业静态绩效位于最高水平。

④ $1 \leqslant B \leqslant 3$：企业静态绩效低于平均水平。

⑤ $3 \leqslant B \leqslant 5$：企业静态绩效高于平均水平。

因此有：

$$BCADN_H(G, R_A) = 0.435\ 9$$

$$N_H(G, R_B) = 0.981\ 3$$

$$N_H(G, R_C) = 0.837\ 2$$

$$N_H(G, R_D) = 0.216\ 1$$

$$d_i = \frac{|\overrightarrow{M_0M_i} \times \vec{s}|}{|\vec{s}|} = \sqrt{c_i^2 + e_i^2 + r_i^2 - \frac{(c_i + e_i + r_i)^2}{3}} \qquad (4-28)$$

上述 d 为逆指标。为研究方便，我们将 d 变为正指标，记为：

$$sb_i = 1 - \frac{3d_i}{4\sqrt{6}} \qquad (4-29)$$

其中，sb_i 为第 i 个企业的三维绩效的静态平衡度。$sb_i \in [0, 1]$，sb_i 越大，则静态平衡程度越高，反之越低。为了便于判断三维绩效的平衡状态，我们将静态平衡度划分为 5 个区间，如表 4-10 所示。

表 4-10　静态平衡度划分区间

sb_i	[0, 0, 1)	[0, 1, 0.25)	[0, 25, 0.5)	[0, 50, 0.75)	[0, 75, 1)
平衡状态	很差	差	中	良	优

4.3.2　动态协调度的评价

企业营销生态化绩效动态协调是指顾客、企业与自然环境三维绩效经过协调趋于有序与稳态的动态过程，主要包括绩效水平发展度和静态平衡改善度两个方面。简单来讲，就是计算动态协调度，不仅要看综合值的大小，还应兼顾三维绩效的发展趋势（变化方向）。因此，企业营销生态化三维绩效的动态协调度可以用整体绩效和静态协调度的变化水平来综合反映[①]。其计算公式见式（4-30）。

我们令 $sa_i(t)$ 为第 i 个企业第 t 期的静态绩效值，$sb_i(t)$ 为第 i 个企业第 t 期的静态平衡度，则第 i 个企业的三维绩效的动态协调度为：

$$d(c_i) = \sqrt[2r]{\prod_{t=1}^{n} \left[\frac{sa_i^{(t)} - sb_i^{(t-1)}}{7} + 1 \right] \left[sa_i^{(t)} - sb_i^{(t-1)} + 1 \right]} \qquad (4-30)$$

式（4-30）显示：$d(c_i)$ 越大，则企业营销生态化三维绩效动态协调度越高。

如果 $d(c_i) > 1$，则说明企业营销生态化三维绩效动态协调趋于改善。

如果 $d(c_i) < 1$，则说明企业营销生态化三维绩效动态协调趋于退步。

如果 $d(c_i) = 1$，则说明企业营销生态化三维绩效动态协调趋于稳态。

此外，本书引入距离协调度的概念。距离协调度是一个相对值，它反映了企业营销生态化过程中营销系统的实际协调状态与理想协调状态的距离，即评价变量的理想值与实际值的偏差[②]。其构建步骤如下：

---

① 韩春伟. 基于可持续发展的三重企业绩效矢量评价模型 [J]. 贵州财经学院学报，2009（2）：19-23.

② 陈西蕊. 基于距离协调度的区域社会经济与环境协调发展动态评价：以陕西省为例 [J]. 西安文理学院学报（自然科学版），2013，16（1）：99-104.

我们假设 α_{ijt}' 为第 t 期子系统 i 的第 j 项指标的标准化值，则有：

$$x_{it} = F(A_{it}) = \sum_{j-1}^{l} \omega_j a_{ijt}' \qquad (4-31)$$

其中，ω_j 为子系统第 j 项指标权重；l 为营销子系统指标个数；x_{it} 为营销子系统绩效模型，表示第 t 期子系统 i 的绩效，x_{it} 值越大，子系统绩效越高。

我们以子系统发展度的算术平均值反映系统营销生态化实现程度，则有：

$$x_t = F(x_{it}) = \frac{1}{m} \sum_{i-1}^{m} x_{it} \qquad (4-32)$$

其中，x_t 为企业可持续发展水平，反映第 t 期企业营销生态化与内外部环境契合度，x_t 值越大，说明企业营销生态化程度越高；m 为研究企业与内外部环境互动的营销子系统个数。

我们假设 x_{lt}、x_{lt}' 和 x_{2t}'、x_{2t}' 分别代表企业营销生态化三维度协调在第 t 年的实现值和理想值，

$x_{lt}' = x_{2t}$，$x_{2t}' = x_{lt}$，即当企业营销生态化达到理想值的时候，协调度水平最高，则距离协调度的计算公式如下：

$$c_t = \left(\sqrt{1 - \frac{\sum_{i=1}^{2} (x_{it} - x_{it}')}{\sum_{i=1}^{2} s_i^2}} \right)^2 \qquad (4-33)$$

我们取 $k = 2$，令 $s_1 = s_2 = 1$，则社会经济与环境系统距离协调度为：

$$c_t = \left(\sqrt{1 - \sqrt{\frac{(x_{1t} - x_2't)^2 + (x_{2t} - x_1't)^2}{2}}} \right)^2 = 1 - | x_{1t} - x_{2t} |$$

$$(4-34)$$

其中，c_t 表示第 t 年的系统协调度，c_t 值越大，说明三维度实际协调状态与理想协调状态的距离越近，自然绩效、顾客绩效和盈利绩效三者之间协调水平越高。

协调度反映了三者协调水平的高低，基于距离协调度的计算公式如下：

$$d_t = D(x_t, c_t) = \sqrt{x_t c_t} \qquad (4-35)$$

其中，d_t 代表第 t 年的企业营销生态化三维度协调度，d_t 值越大，企业生态化水平越高。

为了更直观地说明区域社会经济环境系统的协调关系，本书参照陈西蕊（2013）、傅为忠和徐丽君（2018）[①] 的研究，依据协调度的高低，将企业营销生态化自然环境、企业和顾客三者协调程度划分协调型、过渡型、失调型三大类和高度协调、良好协调、中等协调、初级协调、勉强协调、濒临失调、失调七个亚类，再按照三者同步程度与内外部环境影响之间的关系分为21种基本类型（见表4-11）。

表 4-11　协调类型及划分标准

类型	协调度	协调类型	x_{1t} 和 x_{2t} 的关系	基本类型判断
协调型	0.90~1	高度协调	$x_{1t} > x_{2t}$	高度协调环境滞后型
			$x_{1t} = x_{2t}$	高度协调同步型
			$x_{1t} < x_{2t}$	高度协调营销滞后型
	0.80~0.89	良好协调	$x_{1t} > x_{2t}$	良好协调环境滞后型
			$x_{1t} = x_{2t}$	良好协调同步型
			$x_{1t} < x_{2t}$	良好协调营销滞后型
	0.70~0.79	中等协调	$x_{1t} > x_{2t}$	中等协调环境滞后型
			$x_{1t} = x_{2t}$	中等协调同步型
			$x_{1t} < x_{2t}$	中等协调营销滞后型
	0.60~0.69	初级协调	$x_{1t} > x_{2t}$	初级协调环境滞后型
			$x_{1t} = x_{2t}$	初级协调同步型
			$x_{1t} < x_{2t}$	初级协调营销滞后型

① 傅为忠．徐丽君．区域工业绿色发展成熟度动态评价：基于熵值修正G1法和距离协调度改进模型的实证分析［J］．工业技术经济，2018（3）：61-70．

表4-11(续)

类型	协调度	协调类型	x_{lt} 和 x_{2t} 的关系	基本类型判断
过渡型	0.50~0.59	勉强协调	$x_{lt} > x_{2t}$	勉强协调环境滞后型
			$x_{lt} = x_{2t}$	勉强协调同步型
			$x_{lt} < x_{2t}$	勉强协调营销滞后型
	0.40~0.49	濒临失调	$x_{lt} > x_{2t}$	濒临失调环境滞后型
			$x_{lt} = x_{2t}$	濒临失调同步型
			$x_{lt} < x_{2t}$	濒临失调营销滞后型
失调型	0~0.39	失调	$x_{lt} > x_{2t}$	失调环境滞后型
			$x_{lt} = x_{2t}$	失调同步型
			$x_{lt} < x_{2t}$	失调营销滞后型

4.3.3　综合协调度的评价

如图4-8所示,纵坐标代表环境绩效 R ,横坐标代表企业绩效 E ,顾客绩效 C 是企业和自然环境作用的结果。企业营销生态化三维绩效,即自然环境、顾客和企业从静态走向动态最终实现协调均衡的点的路径变化如曲线 v 所示。

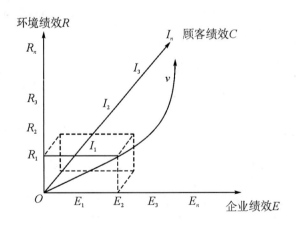

图4-8　三维绩效动态协调发展趋势选择

函数 $f(E, R, I)$ 表示企业营销生态化三维绩效路径选择:

$$f(E, R, I) = h_{ij} \tag{4-36}$$

其中，$f(E)$ 代表企业营销生态化企业绩效，$f(R)$ 代表环境绩效，$f(C)$ 代表顾客绩效，系数 a、b、c 代表协调程度。

$$f(E) = a_1E_1 + a_2E_2 + a_3E_3 + \cdots + a_nE_n \tag{4-37}$$

$$f(R) = b_1R_1 + b_2R_2 + b_3R_3 + \cdots + b_nR_n \tag{4-38}$$

$$f(C) = c_1C_1 + c_2C_2 + c_3C_3 + \cdots + c_nC_n \tag{4-39}$$

E_1，E_2，E_3，$\cdots$，E_n 分别表示企业绩效实现路径。

R_1，R_2，R_3，$\cdots$，R_n 分别表示环境绩效实现路径。

C_1，C_2，C_3，$\cdots$，C_n 分别表示顾客绩效实现路径。

系数 a_1，a_2，a_3，$\cdots$，a_n；b_1，b_2，b_3，$\cdots$，b_n；c_1，c_2，c_3，$\cdots$，c_n 表示协调程度，可以用三个层次的语言进行描述（见表4-12）：低协调度、一般协调、高协调度。因此，我们可以通过这些系数进行评价，其数值可用1、3、5来表示。

表 4-12　协调度数值

协调度	数值	含义
低	1	企业营销生态化几乎不考虑企业、顾客和自然环境三维绩效的协同性，协调度很差
一般	3	企业营销生态化考虑企业、顾客和自然环境三维绩效的协同性，但效果一般，协调度一般
高	5	企业营销生态化考虑企业、顾客和自然环境三维绩效的协同性，协调度非常好

4.4　健康性评价体系

4.4.1　健康性评价模型

企业营销生态化特别是把营销作为一个系统进行健康性研究尚处空白。目前，健康性研究主要集中在海洋、湖泊、草原、湿地、森林等自然生态系统，而少量的研究关注创新生态系统、创业生态系统①。在营销领域，祝海波团队（2018）②较为全面、相对系统地研究了渠道生态系统，王兴元（2007）较早对品牌生态系统健康性③进行了较为深入的研究和剖析。

本书在祝海波团队（2018）研究渠道生态系统健康性的基础上，参考彭定洪、董婷婷（2022）对城市创新生态系统健康性评价模型④，提出企业营销生态化健康性评价 DPSIRM 框架模型（见图4-9）。

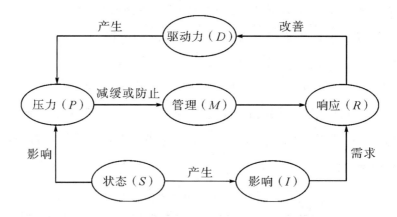

图 4-9　企业营销生态化健康性评价 DPSIRE 框架

驱动力（driving force）是指引起企业营销生态化的社会经济因素（如环境保护的压力、消费者生态/绿色消费观），这是强力推动企业营销观念转变的动力引擎。进入 21 世纪，现代营销已经不是只关注消费者的时代了，兼顾自然环境、企业和顾客才是可持续发展的长久之道（祝海波，2018）⑤。因此，驱动力的两大维度表现为经济发展和环境质量。其中，经济发展主要体现在三个方面：国内生产总值（GDP）、企业盈利、居民收

①　吴金希. 创新生态体系的内涵、特征及其政策含义 [J]. 科学学研究，2014, 32 (1)：44-51.

②　祝海波，郑贵军，陈德良. 渠道生态系统结构、演化与运行机制研究 [M]. 北京：经济科学出版社，2018.

③　王兴元. 品牌生态系统分析理论与管理策略 [M]. 北京：经济科学出版社，2007.

④　彭定洪，董婷婷. 城市群创新生态系统健康性评价方法研究：以长江经济带五大城市群为例 [J]. 华东经济管理，2022, 36 (11)：17-27.

⑤　祝海波，邓德胜. 企业营销生态化绩效实现路径 [J]. 社会科学家，2014 (4)：72-76.

入。环境质量主要是指自然环境治理，包括大气环境质量、水环境质量、土壤环境质量、生物环境质量，相对应的主要衡量标准是空气质量、水体健康程度、土壤健康程度、生物环境（生物多样性）（见表4-13）。

表4-13　驱动力（D）评价主要指标

一级指标	二级指标
经济发展	企业盈利
	居民收入
	国内生产总值（GDP）
环境质量	空气质量
	水体健康程度
	土壤健康程度
	生物环境（生物多样性）

压力（pressure）是指企业在营销生态化过程中对资源环境所产生的正向或负向的作用力，是导致生态环境变化的直接原因。企业营销生态化健康性评价压力主要来自两个方面：资源消耗和环境友好。其中，资源消耗评价包括资源消耗强度、废物排放强度、废物回用率和污染物处置率四个指标[①]；环境友好评价包括污染预防、削减排放、企业营销全过程环境友好三个二级指标（见表4-14）。

表4-14　压力（P）评价主要指标

一级指标	二级指标
资源消耗	资源消耗强度
	废物排放强度
	废物回用率
	污染物处置率

---

① 2013年我国循环经济发展指数为137.6（中华人民共和国国家统计局，2015-03-19）。

表4-14（续）

一级指标	二级指标
	污染预防
环境友好	削减排放
	企业营销全过程环境友好

状态（status）是指当前营销系统在潜在因素叠加的压力作用下所呈现的现实状况和可能的发展趋势，或者说是企业营销生态化开始之前的状态和完成之后的状况。企业营销系统主要涉及营销理念、营销战略、营销策略、营销管理四个方面。营销理念包含绿色营销、清洁生产、资源节约等。营销战略包括宏观战略（多元化发展、一体化发展，领导者、追随者、补缺者等）、中观战略（竞争战略）、微观战略（市场细分、选择目标市场和市场定位）。营销策略则是指 4P 组合［产品（products）、价格（prices）、渠道（channels）和促销（promotions）］。营销管理是指营销计划制订与执行、营销组织机构设计与调整、销售业务管理、营销资源分配等（见表4-15）[①]。

表 4-15　状态（ S ）评价主要指标

一级指标	二级指标
	绿色营销
营销理念	资源节约
	清洁生产
	宏观战略
营销战略	中观战略
	微观战略

---

① 祝海波，聂绍芳，郑贵军，等. 营销战略与管理：观点与结构［M］. 北京：经济科学出版社，2016：127-149.

表4-15(续)

一级指标	二级指标
营销策略	产品
	价格
	渠道
	促销
营销管理	营销计划制订与执行
	营销组织机构设计与调整
	销售业务管理
	营销资源分配

影响（impact）表示企业营销生态化对经济、社会和环境产生的作用。影响主要表现在市场地位、营销效果方面。市场地位体现在市场份额（包括绝对市场占有率和相对市场占有率）、产品竞争力、行业话语权、市场活力、新产品开发速度与水平五个方面。营销效果集中体现在顾客价值、品牌或产品美誉度、顾客忠诚度、顾客满意度四个方面（见表4-16）。

表 4-16　影响（I）评价主要指标

一级指标	二级指标
市场地位	市场份额
	产品竞争力
	行业话语权
	市场活力
	新产品开发速度与水平
营销效果	顾客价值
	品牌或产品美誉度
	顾客忠诚度
	顾客满意度

响应（response）是指以企业营销生态化绩效评价的方式指导企业营销实践，尤其是实施路径的应用。反映在新时代背景下，在应对当前内外环境变化（压力）时，企业采取反馈措施以应对变化。响应主要体现在路径方面，主要有营销持续改善、营销生态位重建。前者包括战略改善、目标管理科学化、组织变革、营销策略优化，后者包括产品、市场、竞争者（见表4-17）。关于路径，本书在第7章进行了较为详细的阐述。

表4-17　响应（R）评价主要指标

一级指标	二级指标
营销持续改善	战略改善
	目标管理科学化
	组织变革
	营销策略优化
营销生态位重建	产品
	市场
	竞争者

管理（management）是指企业积极主动实施营销生态化管理以实现环境保护、资源节约等保障环境质量以及环境友好的具体手段，是实现环境、企业与消费者三者协同的最为关键的环节。

4.4.2　健康性评价体系构建

企业营销生态化必须是在健康稳定的基础上实现的。正因为企业营销有着自身的规律，所以其内部系统和外部系统是按照一定的生态结构组织在一起且发挥营销功能的。从生态学的角度看，企业营销生态化功能评价尺度大、维度多，如果仅就某个评价指标进行评价是难以看出其对企业营销的贡献度的。因此，企业营销生态化绩效评价贡献度既要考虑单个指标的贡献，也要把单个指标置于整个系统中，看其贡献度。

企业营销生态化健康性评价可以由以下三个方面的指标来描述：

（1）结构方面的指标，即描述企业营销生态化营销系统本身能够健康运行的指标，包括产品族及结构、市场规模、营销核心竞争力、营销质量。

（2）协调性方面的指标，即描述企业营销生态系统与外界环境发生变化时，能否让营销生态系统保证稳定、协调与均衡的指标，包括环境动态适应性、营销系统稳定性、市场扩张速度与潜力、可持续发展等。

（3）和谐度方面的指标，即描述高效的营销生产力与顾客满意度以及社会、自然环境等方面的均衡状态的指标，包括营销战略状态、企业持续盈利能力、顾客满意度、环境绩效等（见图4-10）。

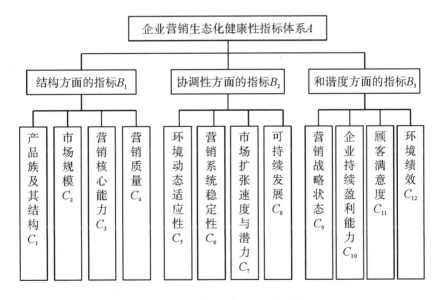

图4-10　企业营销生态化健康性指标体系

4.4.3　评价指标描述

我们在进行评价时，需要对企业营销生态化绩效评价贡献度指标分别进行测定。这个过程我们采取德尔菲调查法，经过多轮反复得出12个指标。其具体描述如下：

（1）结构方面的指标描述。

①产品族及结构。产品族模式被广泛采用，产品族模式更加强调企业资源与产品特性的整体协调和优化[①]。拥有忠诚度的顾客群体是保持产品族生命力的关键。产品族是指通过在原有产品平台上添加不同的功能模块来达到满足顾客个性化需求的系列相关产品。选择价值与相容性配置是制造商迎合顾客偏好的主要手段，也是产品族架构的重点。在产品族成为企业产品开发基本单元的背景下，顾客满意、顾客信任的提升对培育顾客忠诚度具有积极作用。在选择价值的实现过程中，产品族的复杂性的增加容易引发信息过量，进而形成选择困惑，制约顾客忠诚度的提高。根据刘伟等（2000）的研究，以产品族利润最大化为目标的产品族规模优化模型如下[②]：

$$\text{Max}\Big[\sum_{j=1}^{n} (p_j - c_j) \sum_{i=1}^{m} x_i \omega t_{ij} d_i - s(\lambda) - \sum_{j=1}^{n} q_j s_j(\lambda) \Big] \quad (4\text{-}40)$$

$$\sum_{j=1}^{m} x_{ij} \ll mq_j, \ i \in N \ \sum_{j=1}^{n+n'} x_{ij} = 1, \ i \in M \quad (4\text{-}41)$$

$$\sum_{j=1}^{m} x_{ij} \ll mq_j, \ i \in N \quad (4\text{-}42)$$

$$\sum_{j=1}^{n+n'} u_{ie} x_{ie} \gg u_{ij} q_j, \ i \in M, \ j \in N \quad (4\text{-}43)$$

$$x_{ij} \in \{0, 1\}, \ q_j \in \{0, 1\}, \ i \in M, \ j \in N \quad (4\text{-}44)$$

$$0 \ll wt_{ij} \ll 1, \ 0 \ll \lambda \ll 1, \ u_{ij} \gg u_0 \quad (4\text{-}45)$$

式（4-41）表明某特定市场的消费者群体仅消费一种产品，式（4-42）表明该消费者群体只选择可供产品，式（4-43）说明消费者只选择可选产品中效用最大的产品，式（4-44）、式（4-45）则是相关参数的约束条件。

① 支华炜，夏一，刘金培. 产品族选择价值、相容性配置与顾客忠诚 [J]. 中国管理科学，2013，21（11）：397-401.

② 刘伟，罗纯军，张子健. 基于消费者选择和成本作用的产品族规模优化 [J]. 系统工程学报，2012，27（5）：601-605.

上述优化模型实则是 0~1 整数规划问题。当产品项目或产品线足够多时，实际上变成了 NP 问题，难以得到解析解。唯有产品项目或产品线数量有限时，运用启发式算法和穷尽算法可以得到正确解[①]。

②市场规模。市场规模是描述营销状态的重要指标，市场规模的大小决定着企业营销的最终绩效好坏。市场规模是由产品覆盖范围、产量、营销成员数量等指标加以衡量的。按照营销学的观点，市场是由人口、购买力和购买欲望构成的，市场规模大小主要取决于这三个因素。对于实施营销生态化行为的企业而言，人口对应更为准确的是目标市场群，衡量购买力最主要的指标是可自由支配收入（生态消费往往比普通消费更具弹性），购买欲望则是一种心理衡量标准。

如果用 G 表示企业市场规模，A 表示居民每千户产品平均使用量，K 表示目标群数量，N 表示用户数量。我们可以使 G 与 K 为线性关系，G 与 A、N 为幂函数关系，构造回归模型如下：

$$\text{Ln}G_t = \beta_0 + \beta_1 \ln A + \beta_2 \ln K + \beta_3 \ln N + \mu_t \qquad (4\text{-}46)$$

根据式（4-46），我们可以通过最小二乘法回归得出需要的结果。

③营销核心能力。企业营销核心能力是企业持续参与市场竞争的源泉和基础[②]。营销核心能力是指企业用产品或服务来满足消费者，并能够获得长期竞争优势的能力[③]。从资源学派对核心资源的几个判断标准来看，我们认为营销核心能力应该具备以下几个特征：第一，价值增值。就生态学视角而言，营销核心能力必须在能通过产品或服务来满足顾客需求的同时给企业、自然环境（社会）和顾客增加价值。第二，稀缺性。营销核心能力一定是其他企业不可拥有的营销资源或技能（比如品牌、渠道、产品专利等）。第三，不可模仿性。营销核心能力必须是竞争企业难以模仿的，

---

① DU XUEHONG, JIAO JIANXIN, TSENG M M. Architecture of product family: fundamentals and methodologyt [J]. Concurrent Engineering. 2001, 9 (4): 309-325.

② 罗剑宏，高阳. 企业间核心营销能力的共享 [J]. 政策与管理，2001 (12): 56-59.

③ 周三多，邹统钎. 战略管理思想史 [M]. 上海：复旦大学出版社，2003: 54-81.

否则就会没有竞争优势。第四，不可替代性。营销核心能力必须没有等同物，不但本企业其他营销资源和技能不可替代，其他企业也无法替代，比如具有市场垄断性和消费者忠诚度极高的产品。

④营销质量。著名的营销大师菲利普·科特勒在《营销管理》一书中指出，营销经理必须要注重营销质量，努力让每项营销活动得以高标准执行，以达到企业营销目标。科特勒强调了营销质量在营销过程中的重要性，并提出了一系列提高营销质量的手段，比如"正确识别顾客需求""正确传递顾客需求给产品设计者""帮助顾客熟练使用产品""提供良好的售后服务"等①。但颇为遗憾的是，科特勒忽视了营销质量内核的研究，缺乏对营销质量内涵、特征等的探究②。营销质量的本质就是顾客"适用性"，这里的"顾客"不仅包括外部顾客，还包括内部顾客，即员工。营销质量有内营销质量和外营销质量之分，评估内营销质量主要是包括"营销全员"和"全员营销"两个变量；评价外营销质量主要是"品牌""渠道""顾客满意度""顾客期望"等。

营销质量的计算公式表示如下：

$$Mq(x) = f(I_X, O_X) \tag{4-47}$$

$$I_X = f(M_e, E_m) \tag{4-48}$$

$$O_X = f(b, s, p, c) \tag{4-49}$$

其中，$Mq(x)$ 表示营销质量，I_x 表示内部营销质量，M_e 表示营销全员，E_m 表示全员营销，O_x 表示外部营销质量，b 表示品牌，s 表示顾客满意度，P 表示渠道，c 表示顾客期望。

上述三个计算公式表明：第一，企业营销质量主要由内部营销质量和外部营销质量构成，彼此相互影响、缺一不可。第二，营销质量是一个动态变化的过程，需要企业根据情况变化进行适时调整。第三，营销质量不

---

① 张建. 营销质量：来源与形成过程分析 [J]. 江苏商论，2005（2）：49-50.

② 张建，刘玲利. 营销质量：内涵与特征分析 [J]. 商业研究，2005（2）：157-159.

单纯是企业营销部门的事情，所有的企业员工都是营销质量的影响者。

（2）协调性方面的指标描述。

①环境动态适应性。在生态学上，任何可遗传的特征，无论是行为的、形态的、生理的，只要它能借助环境存活或生殖，那么它就是对环境的一种适应。由于生物面临的环境总处于一种变化当中，这种适应性自然成为非稳定的、动态的适应。在企业营销过程中，企业营销要素与营销系统之间以及要素与要素之间最终需要形成处于协调与和谐的状态。企业对动态环境的应变能力会对企业的生存与发展产生重要影响。美国密歇根大学的哈兰德·约翰（Holland John）于1994年提出了复杂适应系统（CAS）理论，引入积木、内部模型、涌现等概念，采用隐喻、计算机模拟、遗传算法等方法，为研究环境动态适应性提供了新的视角①。CAS理论提出的"IF-THEN"或"刺激-反应"的思想契合了企业动态适应性的基本原理。企业在感知到外界环境变化后，依据适应性调整规则做出反应，建立适应性机制，解决了企业营销生态化的难题，以科学的方法指导运营实践，促进企业可持续发展。

②营销系统稳定性。按照生物学的观点，生物体在变动的环境中维持一个相对稳定的内部环境，称为稳态（homeostasis），即稳定性。所有的生物体都会采取一定程度的稳态控制。从企业运营实践来说，稳态的含义就是指企业长期获利性、长期成长性以及抗环境干扰能力，最终表现为企业营销生态系统的稳定性。企业营销生态化的一种重要的基准就是要求企业营销系统能不断适应外界环境的变化，实现三维绩效的均衡和协调，从而最终达到和谐稳定的状态。企业营销生态化使得企业将拥有很强的抗干扰能力从而实现系统稳定。

③市场扩张速度与潜力。企业实施营销生态化将对同行或其他企业产

---

① 朱江，伍聪. 基于Agent的计算机建模平台的比较研究 [J]. 系统工程学报，2005（4）：160-166.

生强烈的吸引力，从而使其抛弃原有的营销模式加入这个行列或系统中来，因此表现出较高的市场扩张速度和市场潜力。市场扩张速度是衡量协调性的一个重要指标。这是因为，市场扩张速度必须是"适度的"，不宜过快或过慢，过快将提早攫取消费者剩余价值，不利于品牌的塑造和营销系统的稳定；过慢则往往会错失市场先机，让竞争对手捷足先登。市场扩张速度主要指产品销售增长率、市场占有率、市场覆盖扩张速度和营销伙伴的数量增加速度。市场潜力是指在特定时期内，企业可以从某个特定市场获得的最大产品销售数量。它包括市场上所有企业能获得的所有销售机会。市场潜力是所有企业在一般产品、分类产品和差异产品市场上所能获得的销售收入的上限①。市场潜力主要包含市场容量、市场饱和度以及竞争激烈程度。

④可持续发展。企业营销可持续发展至少应包含三个层面的含义：一是企业营销系统的持续、稳定和有效运行。企业营销系统在面临竞争和充满变数的市场环境中保持其持续、稳定、有效运行。二是企业营销对于客户、投资者、员工、政府、社会以及其他利益相关者而言是满意的或基本满意的。三是企业营销对社会、环境、资源等的影响能实现人与环境、社会、自然的和谐统一和良性循环。因此，考察和评价企业营销可持续发展可以从营销系统稳定、营销绩效、相关利益群体满意度、环境、社会满意五个方面进行评价。

（3）和谐度指标描述。营销战略包含宏观、中观和微观三个层次（见图4-11）。

在宏观层面，企业从未来若干年的远景角度出发确定企业希望的业务组合。在这个层面上，营销战略连同财务策略、产业策略以及人力资源策略对所谓的企业"综合策略"做出了根本性的贡献。在中观层面，营销战略主要是指企业的竞争战略，即企业是采取合作策略还是竞争策略。微观

---

① 唐玉生. 基于资源与能力的营销战略 [J]. 改革与战略，2005 (3)：85-91.

层面的营销战略就是狭义上的营销战略，主要是指 STP 战略〔（细分市场 segmenting）、选择目标市场（targeting）和市场定位（positioning）〕。

企业持续盈利能力、顾客满意度以及环境绩效三项指标的具体内涵前已述及，此不赘述。

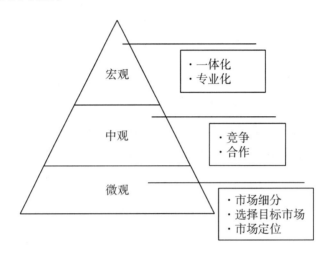

图 4-11　营销战略层次

4.4.3　评价方式及过程

（1）评价方式一：模糊评价法。

①确定判断矩阵。我们按照两两比较的标度和判断原理，结合 AHP 方法提出如表 4-18 所示的比例标度。

表 4-18　比例标度

标度值	含义	内容说明
1	同样重要	两元素的重要性相同
3	稍显重要	某元素的重要性稍高于另一元素
5	明显重要	某元素的重要性明显高于另一元素
7	极为重要	某元素的重要性强烈高于另一元素
9	绝对重要	某元素的重要性绝对高于另一元素

判断矩阵 $A = (a_{ij})_{n \times n}$ 有如下性质：

$$a_{ij} = 1$$

$$a_{ij} = \frac{1}{a_{ij}}(i, j = 1, 2, 3, \cdots, n) \tag{4-50}$$

为了研究方便，我们设判断矩阵：

$$A = (a_{ij})_{n \times n} \left[a_{ij} = 1; \ a_{ij} > 0; \ a_{ij} = 1/a_{ij}(i, j = 1, 2, 3, \cdots, n) \right]$$

$$\tag{4-51}$$

我们根据矩阵最大特征根 λ_{max}，求解特征方程 $AW = \lambda_{max}W$，得到对应的特征向量 W；再将特征向量 W 归一化（其计算方法一般有幂法、积法和根法，根法最为普遍）；之后可得各指标的权重。

我们对判断矩阵进行一致性检验，其指标为 $CI = (\lambda_{max} - n)/(n - 1)$。其中，$n$ 为判断矩阵阶数。我们求平均随机一致性指标 RI（RI 是至少 500 次重复随机判断矩阵特征值计算平均值得到的）（表 4-19 是本书研究过程中的一种结论），计算一致性比例 CR。

$$CR = CI/CR \tag{4-52}$$

表 4-19　RI 取值

阶数	1	2	3	4	5	6	7	8	9	10	11	12
RI	0	0	0.45	0.68	1.01	1.24	1.25	1.32	1.35	1.39	1.45	1.48

当 $CR < 0.1$ 时，我们认为判断矩阵 A 的一致性是可接受的。

②确定模糊矩阵。确定模糊矩阵首先要设计隶属度函数。目前，构建隶属度函数的方法有很多，但主流的方法主要是基于距离的隶属度函数，即采用样本到类中心之间的距离来度量隶属度。

假设企业营销生态化绩效需要对 m 个指标进行评价，设 r_{ij} 为绩效评价的第 i 个指标的值，则

$$s = \begin{bmatrix} s_{11} & s_{12} & \cdots & s_{1k} \\ s_{21} & s_{22} & \cdots & s_{2k} \\ \vdots & & & \vdots \\ s_{m1} & s_{m2} & \cdots & s_{mk} \end{bmatrix} \qquad (4-53)$$

假设 f_i 为第 i 个指标在绩效评价中的最优值，$F = (f_1, f_2, \cdots, f_m)$ 为最优指标值向量。假设 $r = \max_j |s_{ij} - f_i|(j = 1, 2, 3, \cdots, 11)$，则其隶属度为：

$$r_{ij} = \begin{cases} 1 - \dfrac{s_{ij} - f_i}{r} + \delta, & s_{ij} > f_i \\ 1 - \dfrac{f_i - s_{ij}}{r} + \delta, & s_{ij} \leqslant f \end{cases} \qquad (4-54)$$

其中，$r_{ij}(i = 1, 2, 3, \cdots, 11; j = 1, 2, 3, 4, 5)$ 表示第 j 个二级标志中第 i 个指标的隶属度，δ 为调节常数。

隶属度矩阵为：

$$R = \begin{bmatrix} r_{11} & r_{12} & \cdots & r_{1k} \\ r_{21} & r_{22} & \cdots & r_{2k} \\ \vdots & & & \vdots \\ r_{m1} & r_{m2} & \cdots & r_{mk} \end{bmatrix} \qquad (4-55)$$

我们采用查德算子，即最小最大算子（$\wedge$，$\vee$）法进行合成运算，有 $a \wedge b = \min(a, b)$，$a \vee b = \max(a, b)$。我们由隶属度矩阵 R 建立标准优选方案，设优选方程为 G，则

$$G = (r_{11} \vee r_{12} \vee \cdots \vee r_{1k}, r_{21} \vee r_{22} \vee \cdots \vee r_{2k}, \cdots\cdots, r_{m1} \vee r_{m2} \vee \cdots \vee r_{mk})^T$$
$$= (g_1, g_2, \cdots, g_m)^T \qquad (4-56)$$

我们根据隶属度矩阵 R，将第 i 个指标用向量表示如下：

$$R_j = (r_{1j}, r_{2j}, \cdots, r_{mj})^T, j = 1, 2, \cdots, k \qquad (4-57)$$

我们将 R_j 与 G 的带权贴近程度按大小排序，可得 R_j 的优排序，其海明

贴近度计算公式为：

$$N_H(R_j, G) = 1 - \left[\sum_{i=1}^{m} W_i(g_j - r_{ij}) \right] \qquad (4-58)$$

贴近度最大者对应的系统 j 为绩效最优。

（2）评价方式二：HF-EDAS 方法。企业营销生态化过程不仅涉及企业内部各部门和员工，而且需要消费者、渠道成员、广告商等外部人员的参与，必然存在异质性的知识结构、价值诉求和目标愿景。托拉（Torra，2010）[①] 提出的犹豫模糊集（hesitant fuzzy sets，HFS）无须构造隶属度函数，而是由一组不定且无序的隶属度汇集，不仅可以全面自由地表征和兼顾专家组的不同意见，还节省了为迫使意见达成一致所耗费的时间成本（比如笔者在采用德尔菲法进行专家意见调查时最多的一次达到 11 轮）。据此，本书给出 HFS 的定义及运算法则。

定义 1：设 X 为固定的集合，集合 X 的 HFS 为

$$H = \{[x, h_H(x) \mid x \in X]\} \qquad (4-59)$$

其中，$h_H(x)$（简写为 h_H）是由区间 $[0, 1]$ 中一些数值构成的集合，表示 $x \in X$ 到集合 H 的若干种可能隶属度。

定义 2：设 h、h_1 和 h_2 为三个 HFE。其运算法则如下：

$$\gamma h = \bigcup_{\gamma \in h} \{1 - (1 - \gamma)^{\lambda}\} \,°$$

$$h^c = \bigcup_{\gamma \in h} \{1 - \gamma\} \,°$$

$$h_1 \oplus h_2 = \bigcup_{\gamma_1 \in h_1, \, \gamma_2 \in h_2} \{\gamma_1 + \gamma_2 - \gamma_1 \gamma_2\}$$

EDAS 方法，即具有约束与激励的评价方法，以均值参照解为优劣势度划分点，与各评价指标的优劣势相匹配，因此在解决企业营销生态化评价中具有独到的优势，尤其是配合灰度评价理论。该方法已在创新管理、

① TORRA V. Hesitant fuzzy sets [J]. International Journal of Intelligent Systems, 2010, 25 (6): 529-539.

生态评价等领域得到成功应用[①]（彭定洪和张文华，2021）。比照创新生态系统健康性特征，营销生态化平衡点的营销生态系统有许多共通之处：第一，生态系统各准则值大小和性质各异，传统 HF-EDAS 方法不能消除原始指标单位带来的影响，致使值域不固定。第二，对优劣势度矩阵平均解的处理在精确值条件下并无大碍，但拓展到 HFS 环境后，均值的直接计算导致集结量与维度增大，造成效率低、时间成本高。第三，在健康性评价过程中，整体优势与薄弱环节并非简单对立的线性叠加，其本质是通过跨越组织边界的无障碍流动与创新要素的有机整合释放系统整体涌现性，往往存在"整体大于部分之和"的协同放大效应或"整体小于部分之和"的干扰抑制效应。我们有必要对不同优劣指标施加正向激励与负向约束。

针对上述情况，本书对 HF-EDAS 方法进行调整以弥补其固有缺陷，使之更贴合企业营销生态系统特征。具体步骤如下：

① 构造评价矩阵 H。我们假设 m 个生态系统 $A_i = \{A_1, A_2, A_3, \cdots, A_m\}$，依据 n 项评价指标 $C_i = \{C_1, C_2, C_3, \cdots, C_m\}$，进行企业营销系统健康性评价。$h_{ij} = \underset{\gamma_{ij} = h_{ij}}{U} \{\gamma_{ij}\}$ 表示专家组对企业营销生态化的相应指标 C_i 的评价值（HFE）。评价矩阵如下：

$$H = \begin{array}{c} \\ A_1 \\ A_2 \\ \vdots \\ A_m \end{array} \overset{\begin{array}{cccc} C_1 & C_2 & & C_n \end{array}}{\begin{bmatrix} h_{11} & h_{12} & \cdots & h_{1n} \\ h_{21} & h_{22} & \cdots & h_{2n} \\ \vdots & \vdots & \cdots & \vdots \\ h_{m1} & h_{m2} & \cdots & h_{mn} \end{bmatrix}} \qquad (4\text{-}60)$$

② 确定平均解、最高点（ideal point）和最低点（nadir point）。由于最

① 彭定洪，张文华. 智慧无废城市评选的序贯式群决策 EDAS 法 [J]. 系统科学与数学，2021，41（3）：688-704.

高点、最低点有助于反映企业营销生态化水平及在同行业中的位置，本书以平均解为参考点，引入最高点、最低点作为期望与保留水平，从而更全面、多角度满足评估专家组的实际需求与价值判断。

$$h_j^{av} = \frac{1}{n} \sum_{i=1}^{n} h_{ij} = \bigcup_{\gamma_{ij} \in h_{ij}} \left\{ \frac{1}{n} \sum_{i=1}^{n} \gamma_{ij} \right\}, \; j = 1, \; 2, \cdots, n$$

$$h_j^{up} = \bigcup_{\gamma_j \in h_j} \{\gamma_j^{up}\} = \bigcup_{\gamma_j \in h_j, \; i=1, \; 2, \cdots, \; n} \left\{ \max_{1 \leq i \leq n} \gamma_{ij} \right\}, \; j = 1, \; 2, \; \cdots, \; n$$

$$h_j^{lo} = \bigcup_{\gamma_j \in h_j} \{\gamma_j^{lo}\} = \bigcup_{\gamma_j \in h_j, \; i=1, \; 2, \cdots, \; n} \left\{ \min_{1 \leq i \leq n} \gamma_{ij} \right\}, \; j = 1, \; 2, \; \cdots, \; n$$

③计算备选方案与参考点的优势度矩阵（PD）和劣势度矩阵（ND）。首先，我们为修正传统 HF-EDAS 方法值域不固定问题，我们利用最高点、最低点对其进行处理。其次，针对 HF-EDAS 方法固有的平均解计算隶属值数目庞大的问题，我们将均值直接代入优劣势度矩阵进行处理，在保留均值依赖的前提下有效降低计算复杂度。最后，我们将三角嫡的非线性思想拓展到 HF 环境中，以便配置约束与激励手段。根据上述分析，我们得出关于优势度在固定区间、计算简便且具有约束与激励的优劣势度新的矩阵。

若 h_{ij} 为利润型指标，则有：

$$PD\widetilde{A} = [PD\widetilde{A}_{ij}]_{mn}$$

$$ND\widetilde{A} = [ND\widetilde{A}_{ij}]_{mn}$$

$$PD\widetilde{A}_{ij} = \max \left\{ 0, \frac{1}{\# h_{ij}} \sum_{\gamma_{ij} \in h_{ij}} \sqrt[\#h_j^{up}]{\arcsin \prod_{\gamma_j^{up} \in h_j^{up}, \; r=1}^{n} \frac{\gamma_{ij} - \gamma_{rj}}{\gamma_j^{up} - \gamma_{rj}}} \right\}$$

$$PD\widetilde{A}_{ij} = \max \left\{ 0, \frac{1}{\# h_{ij}} \sum_{\gamma_{ij} \in h_{ij}} \sqrt[\#h_j^{lo}]{\arccos \prod_{\gamma_j^{up} \in h_j^{lo}, \; r=1}^{n} \frac{\gamma_{rj} - \gamma_{ij}}{\gamma_{rj} - \gamma_j^{lo}} - \frac{\pi}{2}} \right\}$$

$$ND\widetilde{A}_{ij} = \max \left\{ 0, \frac{1}{\# h_{ij}} \sum_{\gamma_{ij} \in h_{ij}} \sqrt[\#h_j^{lo}]{\arccos \prod_{\gamma_j^{up} \in h_j^{lo}, \; r=1}^{n} \frac{\gamma_{rj} - \gamma_{ij}}{\gamma_{rj} - \gamma_j^{lo}} - \frac{\pi}{2}} \right\}$$

若 h_{ij} 为成本型指标，则有：

$$\mathrm{ND}\widetilde{A}_{ij} = \max\left\{0, \frac{1}{\# h_{ij}}\sum_{\gamma_{ij}\in h_{ij}}^{\# h_j^{up}}\sqrt{\arcsin\prod_{\gamma_j^{up}\in h_j^{up},\ r=1}^{n}\frac{\gamma_{ij}-\gamma_{rj}}{\gamma_j^{up}-\gamma_{rj}}}\right\}$$

其中，$\# h_{ij}$、$\# h_j^{up}$ 和 $\#\# h_j^{lo}$ 分别表示 h_{ij}、h_j^{up} 和 h_j^{lo} 的隶属度个数。

三角熵 $T=\arcsin x$（$-1\leqslant x\leqslant 1$）与 $T^*=\arccos x$（$-1\leqslant x\leqslant 1$）分别为单调递增、单调递减函数（见图4-12）。我们将 arccos 的图像下移 1/2 以确保优劣势度矩阵值域相同，由两者导数的绝对值均大于或等于 1 可知，反正弦和反余弦三角熵只对 x 有放大作用而无缩小作用。事实上，三角熵是一种加权函数，它能为每个数据点分配不同权重，比如为离群值赋予较大权重，为在参考点附近比较集中的数据点分配较小权重。这样处理不仅可以防止某些分值左右整个综合评价的取值产生误判，而且可以让规范值随准则值的改善呈先缓后强趋势（廖志高等，2015）[①]。显然，上述性质和企业营销系统在初期要素积累与价值获取后实现"从 1 至 N"相对较快的突破性飞跃相契合，进而起到惩罚落后、激励先进的效果，从而有利于保证评价结果的准确性和公平性。

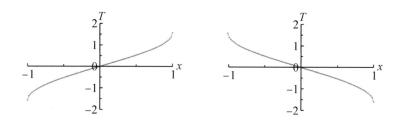

图 4-12　三角熵图像

④计算创新生态系统健康性的综合优势度 SP 和综合劣势度 SN。

$$\mathrm{SP}_i = \sum_{i=1}^{n}\omega_j \mathrm{PD}\widetilde{A}_{ij}$$

---

① 廖志高，詹敏，徐玖平. 非线性无量纲化插值分类的一种新方法［J］. 统计与决策，2015（19）：72-76.

$$SN_i = \sum_{i=1}^{n} \omega_j ND\widetilde{A}_{ij}$$

⑤计算所有城市群创新生态系统健康性评估分数 AS。该值越大，表示第 a 个评价对象越优，反之越差。我们根据计算所得的评估分数 AS 对创新生态系统方案进行排序。

$$AS_i = \frac{SP_I + (1 - SN_i)}{2}$$

5 企业营销生态化绩效评价实证研究

5.1 实证企业简介及绩效评价维度分析

5.1.1 实证企业简介

A公司创建于2004年，公司注册资本5 000多万元，员工200多人，是国内环保工程领域的领头羊和环保行业较早的上市公司之一。

A公司主要业务涵盖减排和节能两大领域，立足为"双高"（高污染、高耗能）工业企业提供烟气排放综合解决方案。A公司在钢铁、电力、冶炼行业脱硫技术及设施运营上拥有全国领先优势，其技术、设备及工程总包量均居全国第一。

A公司拥众多头衔和荣誉。A公司是湖南省在环保领域唯一被列入"双百"工程的明星企业，是湖南省重点支持的环保企业。A公司拥有中国环境保护产业协会副会长单位、中国节能协会会员单位和中国电机工程学会热电专业委员会会员单位等头衔。

A公司不断开展技术创新和产业创新。A公司在工程设计、施工与服务的规范化、标准化、安全性以及可控性方面均引领行业潮流，走在了国内同行的前列。A公司拥有12项已授权专利和5项专利申请权，在行业内率先通过了ISO9001、ISO14001和OHSAS18001管理体系认证。

5.1.2 绩效评价基本维度

（1）经济实力。A公司烟气脱硫脱硝、余热发电和环保设施运营等业务均具有广阔的发展前景，业绩稳步提高，主营业务收入基本维持在 5 亿~6 亿元，年利润基本处于 5 000 万元左右。A 公司 2012—2014 年业绩报表、2010—2014 年利润趋势、2010—2014 年收入趋势、2010—2014 年盈利趋势分别如表 5-1、图 5-1、图 5-2、图 5-3 所示。

表 5-1 A 公司 2012—2014 年业绩报表

项目	2012 年	2013 年	2014 年
利润/万元	5 372	5 401	4 708
主营收入/亿元	5.68	6.40	6.41
每股收益/元	0.56	0.30	0.23

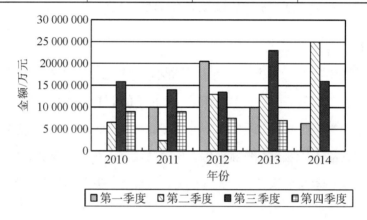

图 5-1 A 公司 2010—2014 年利润趋势

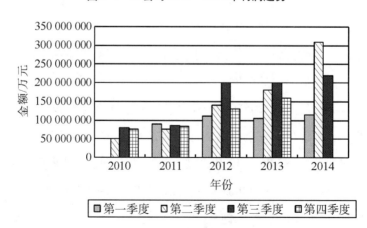

图 5-2 A 公司 2010—2014 年收入趋势

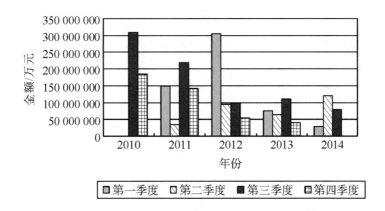

图 5-3 A 公司 2010—2014 年盈利趋势

近年来，A 公司环保成套设备出口大幅度增长，远销日本、澳大利亚、东南亚等海外市场，年出口额超过 3 000 万元。

A 公司未来持续盈利能力值得期待，将继续保持成长性。

（2）顾客反响。多年来，A 公司始终坚持"顾客创造精品"的服务理念，始终把工程质量作为公司健康发展的基础，在工程设计、施工与服务的标准化、规范化、安全性以及可控性等方面引领行业。近年来，A 公司从未因质量问题与业主发生重大纠纷。同时，A 公司固守为顾客创造精品的努力，也得到了株洲冶炼集团、中国海洋石油总公司等众多客户的肯定与赞誉，收获了大量感谢信，以表扬 A 公司在工程建设中的兢兢业业、勤勤恳恳。

A 公司先后与多个地区和大型企业签署了环境服务协议，签约数量名列全国前茅。A 公司力求工作当中的每一个指标、每一个决定，都必须对客户负责、对合作伙伴负责、对世代相伴的碧水蓝天负责。A 公司努力以一个百年环保企业应有的担当投身环保事业，引领产业发展。同时，A 公司在不断发展和壮大中努力承担企业应尽的责任，回馈社会、服务社会。

A 公司顺应国际环保产业的发展潮流，大力拓展海外市场，开展环境评价与环境规划等环境咨询业务，出口环保设备，向国际一流环保企业迈进。

（3）环境保护。作为湖南省环保行业的龙头企业，A公司承担了湖南省内60%以上的二氧化硫减排任务。A公司拥有环境工程设计甲级、电力新能源发电、火力发电设计乙级、环境污染治理设施运营甲级、环保工程专业承包三级、环境影响与评价乙级等多项资质，具备了与烟气脱硫脱硝业务、布袋除尘业务、环保热电业务、环境工程咨询业务、建设项目环境影响评价业务相关的全部资质。A公司的业务已涉及钢铁、有色、电力、石油、化工、建材六大高耗能行业众多环保项目的建设，是国内率先拥有大型钢厂脱硫设备的专业公司，也是国内少数几家具有钢铁烧结机烟气脱硫技术的企业之一。

A公司拥有由高素质的技术人才队伍组成的省级环保技术中心。多年来，A公司注重自主创新，不断加大节能减排技术研发，先后与美国乔治理工大学、德国巴克杜尔公司等国际一流高校、环保企业进行节能减排业务合作与技术交流。另外，A公司在钢铁烧结机脱硫、有色冶炼炉窑烟气脱硫、造纸厂锅炉烟气脱硫、烟气脱硝和余热发电领域取得了突破进展，自主创新多项关键技术，并成功进行科技成果转化。目前，A公司已成为国内拥有烟气脱硝技术完全自主知识产权的企业。A公司研发的节能减排技术成果已广泛应用于火电、钢铁、冶炼、化工、建材、造纸、海洋石油等行业。

5.2 贡献度评价

5.2.1 数据处理

A公司各指标灰类等级如表5-2所示。

表5-2 A公司各指标灰类等级

指标及代码		权重	弱类	中类	强类
企业盈利能力 X_1	销售利润率 X_{11}	0.167 7	0.2~1.5	1.5~10	10~20
	总资产收益率 X_{12}	0.122 7	0.05~0.2	0.2~0.5	0.5~0.8
	资本收益率 X_{13}	0.118 4	2~4	0.15~0.3	0.3~0.6

表5-2(续)

指标及代码		权重	弱类	中类	强类
财务绩效 X_2	感知价值 X_{21}	0.605 0	0~29	30~80	81~100
	感知质量 X_{22}	0.050 5	0.005~0.01	0.01~0.2	0.2~0.5
	感知预期 X_{23}	0.010 5	1~3	4~7	8~10
生态绩效 X_3	资源节约 X_{31}	0.088 3	2~3	3~6	6~9
	环境保护 X_{32}	0.067 0	2~3	3~7	7~9

根据表5-2，我们对各项的评价指标实现值进行分析获得表5-3。

表5-3 企业营销生态化各指标值

代码	X_{11}	X_{12}	X_{13}	X_{21}	X_{22}	X_{23}	X_{31}	X_{32}
实值	17.35	0.67	0.40	71	0.22	9	80	45

5.2.2 计算白化权函数值

对 X_{11}，我们将其指数延拓至 $x_{11}^0 = 0.1$，$x_{11}^5 = 40$，x_{11}^1、x_{11}^2、x_{11}^3 三个灰类的阈值取为 0.2、1.5、10，则 λ_{11}^k 为 λ_{11}^k 与 x_{11}^{k+1} 的均值，即：

$$\lambda_{11}^1 = \frac{1}{2}(x_{11}^1 + x_{11}^2) = \frac{1}{2}(0.2 + 1.5) = 0.85$$

$$\lambda_{11}^2 = \frac{1}{2}(x_{11}^2 + x_{11}^3) = \frac{1}{2}(1.5 + 10) = 5.75$$

$$\lambda_{11}^3 = \frac{1}{2}(x_{11}^3 + x_{11}^1) = \frac{1}{2}(10 + 0.2) = 5.10$$

我们将上述数据代入白化权函数 $f_j^k(x)$ 得到 x_{11} 的三角白化权函数：

$$f_{11}^1(x) = \begin{cases} 0 & x \in [0.1, 10] \\ \dfrac{x - 0.1}{0.85 - 0.1} & x \in [0.1, 0.85] \\ \dfrac{10 - x}{10 - 0.85} & x \in [0.85, 10] \end{cases}$$

$$f_{11}^2(x) = \begin{cases} 0 & x \in [0.2,\ 20] \\[2mm] \dfrac{x-0.2}{5.75-0.2} & x \in [0.2,\ 20] \\[2mm] \dfrac{20-x}{20-5.75} & x \in [5.85,\ 20] \end{cases}$$

$$f_{11}^3(x) = \begin{cases} 0 & x \in [1.5,\ 40] \\[2mm] \dfrac{x-1.5}{15-1.5} & x \in [1.5,\ 15] \\[2mm] \dfrac{40-x}{40-15} & x \in [15,\ 40] \end{cases}$$

我们将销售利润率 X_{11} 代入上述三式，可以得出销售利润率指标对"较弱""一般""较强"三个灰类的白化权函数值分别为：

$$f_{11}^1(17.35) = 0,\quad f_{11}^2(17.35) = 0.186\ 0,\quad f_{11}^3(17.35) = 0.906$$

从结果可以看出，就销售利润率 X_{11} 而言，该企业营销生态化绩效度较高。按此推算，我们可以得到三个不同灰类的白化权函数值（见表5-4）。

表5-4　各指数白化权函数值

代码	x_{11}	x_{12}	x_{13}	x_{21}	x_{22}	x_{23}	x_{31}	x_{32}
$f_{11}^1(x)$	0	0	0	0	0	0	0	0
$f_{11}^2(x)$	0.186 0	0.192 3	0.533 3	0.225 0	0.402 1	0.708 9	0	0
$f_{11}^3(x)$	0.906 0	0.825 1	0.833 3	0.892 0	0.666 7	0.617 6	0.400 0	0.500 0

5.2.3　计算综合聚类系数

我们由分指标白化权函数值和综合聚类系数 δ_i^k 计算公式可以计算出企业营销生态化关于灰类 $k(k=1,\ 2,\ 3)$ 综合贡献度聚类评价指数为：

$$\delta^1 = \sum_{j=1}^{11} f_j^1(x) \cdot \eta_j = 0$$

$$\delta^2 = \sum_{j=1}^{11} f_j^2(x) \cdot \eta_j = 0.186\ 6$$

$$\delta^3 = \sum_{j=1}^{11} f_j^3(x) \cdot \eta_j = 0.832\,0$$

因为 $\max\limits_{1<k<3}\{\delta_i^k\} = 0.832\,0 = \delta^3$，我们可以认为该企业营销生态化绩效优度已达到"强"灰类标准，企业营销生态化整体绩效处于较高水平。这一结果与企业营销生态化在销售利润率、感知质量、环境保护等方面处于较高水平的实际情况是相符合的。

5.3 协调性评价实证研究

企业营销生态化绩效评价是企业为合理配置营销资源、实现经营目标的一种管理方法。从第 3 章介绍的基本原理可以知道，绩效指标既要有贡献度的考量，又要与其他指标协调，即有协调度的评价，这样才能显示企业营销生态化最终均衡状态。

三维业绩与整体绩效的关系反映了企业营销目标和绩效指标的对应性，体现了企业营销生态化的起点和根源在于顾客的需求，即绩效评价指标是自下而上的逐级重复运动的等级结构，这也是 AHP 分析方法的基础。两者之间的关系重点体现了企业营销生态化绩效的协调性，揭示了企业营销生态化实现的过程及总体状态。

5.3.1 计算静态协调性

在研究中，我们选择了四家湖南企业 A、B、C、D 作为实证研究对象，运用上述方法对其静态协调性进行绩效评价。企业营销生态化三维绩效静态协调度计算结果如表 5-5 所示。

表 5-5 企业营销生态化三维绩效静态协调度计算结果

企业	静态协调度			动态协调度	
	Sb1.2	Sb2.3	Sb3.1	Sb	Dc
A	0.996 0	0.946 2	0.945 0	0.964 1	0.863 4
B	1.000 6	1.001 0	1.000 1	1.000 4	1.009 6

表5-5（续）

企业	静态协调度			动态协调度	
	Sb1. 2	Sb2. 3	Sb3. 1	Sb	Dc
C	0.814 2	0.548 9	0.238 4	0.562 6	0.663 7
D	0.965 3	0.518 7	0.851 4	0.781 5	1.081 0

从表5-5可以看出，企业A表现为高协调度。在这四家企业中，企业B的三维绩效基本相当，静态协调度最高。企业C的静态协调度最低；企业D表现为"协调"。企业C和企业D都属于低绩效水平上的协调。其中，企业C已"濒临"失调值。

5.3.2　计算动态协调性

从表5-5来看，企业B和企业D的动态协调度均大于1，其中企业D最好，为1.081 0。虽然企业D的静态协调度不是很好，但企业D的动态协调度却表现良好，说明其绩效水平与静态协调度总体上趋于改善。

在表5-5中，企业A和企业C的动态协调度均要小于1，这说明A、B两个企业的绩效水平及静态协调度总体上在退步，尤其是企业A的静态协调度较高，但动态协调度退步明显，说明该企业三维绩效在应对动态环境变化方面存在较多的障碍或缺陷。

总之，企业A的综合绩效最好，但绩效水平及静态协调度稍有退步。这需要企业A在将来的生产经营中引起重视，否则极有可能被企业D赶超。企业B的静态绩效与平均水平相当，且动态协调度、静态协调度都很好，说明发展潜力巨大。企业C的动态协调度、静态协调度都较差，但略有进步。

上述分析表明，企业应根据绩效评价的情况来寻找差距，积极开展营销生态化，关注顾客生态需要和自然环境和谐，在经济绩效、生态绩效、顾客绩效等方面实现多赢。

5.3.3　计算综合协调性

对企业营销生态化协调度研究的结果显示，每个企业的营销绩效协调

度均有所不同。不同经济类型和不同规模的企业对三维绩效的重视程度和
协调程度都有所不同。

（1）不同经济类型的企业①。经济类型的主要划分指标是企业的国有
产权与非国有产权所占的比例，一般分为国有企业、集体企业和民营企
业。从计算结果看，在企业营销生态化三重业绩协调性得分中，国有企业
都比民营企业略显突出，在协调性上具有显著性。因此，我们可以判断国
有企业的三重业绩全面协调发展状态较民营企业略胜一筹。

（2）不同企业规模。传统分类将企业分为大型企业、中型企业和小型
企业。关于企业规模的划分标准，本书以从业人员数、销售额和资产总额
三项指标为划分依据②。本书选择湖南长沙三个对应规模的企业 A、B、C
来计算其综合协调度（见表 5-6）。从表 5-6 可以看出，企业三重业绩协
调性得分的均值与企业规模的相关性显著，企业规模越大，其协调性均值
越高；另外，在 0.05 的显著性水平上，A、B、C 三个企业的三重业绩协
调性得分均值在企业规模上也有显著差异。这说明，规模大的企业三重业
绩协调性要好一些，规模小的企业则要略逊一筹③。

表 5-6　企业综合协调度

项目		x^2	P 值
经济类型	国有	0.691	1.157
	民营	0.507	1.659
企业规模	大	0.737	1.145
	中	0.459	1.188
	小	0.155	1.237

---

① 本书是依据《国家统计局印发〈关于统计上对公有和非公有控股经济的分类办法〉的通知》（国统字〔2005〕79 号）来界定企业经济类型的。

② 本书企业规模的划分依据主要是下列文件：《国家统计局关于印发〈统计上大中小型企业划分办法（暂行）〉的通知》（国统字〔2003〕7 号）、《关于在财务统计工作中执行新的企业规模划分标准的通知》（国资厅评价函〔2003〕327 号）以及《部分非工业企业大中小型划分补充标准（草案）》和《中小企业标准暂行规定》（国经贸中小企〔2003〕143 号）。

③ 何晓群. 现代统计分析方法及应用 [M]. 北京：中国人民大学出版社，2007：378-387.

表5-6(续)

项目		x^2	P 值
行业企业	非林业、环保业	0.316	1.026
	林业、环保业	0.852	1.741

(3) 不同行业企业。这里将企业主要分为两类:一类是环境绩效本身就比较好的企业,如林业、环保业企业;另一类是环境绩效较差的企业,如制造业、化工业企业。从表5-6可以看出,由于前者本身环境绩效较好,其协调起来相对比较容易,但其整体效益却比较低。

由此,我们不难得出以下结论:

第一,从整体上比较,国有企业三维绩效综合协调度高于民营企业。绝大多数民营企业在创业之初采取的基本上是家族管理模式,企业主就是"家长",对"家"之外的国家和社会却顾及较少。此外,民营企业在一定意义上处于受歧视地位,生存环境艰难,无法在市场准入、融资和产权保护等方面比肩国有企业,这也导致部分民营企业的社会服务观念较为淡薄。因此,不少民营企业主把自然环境保护视为企业的一种成本支出,缺乏一种内在的自觉性。国有企业对环境绩效存在惯性与内驱力,这得益于其长期以来保留着服务社会利益的历史传统,我国国有企业就是为了弥补政府行使社会服务和管理职能的不足而诞生的[①]。此外,国有企业领导的任命与升迁掌握在政府手中,在考评、任用国有企业领导时,政府要关注国有企业的社会影响。保护自然环境对提升国有企业形象很有帮助,这也使得国有企业领导在企业营销行为选择方面考虑环境绩效。

第二,企业规模与协调度存在明显相关性。企业在达到一定规模之前,主要是以求生存为企业主要驱动力,经济业绩是其主要目标。迫于竞争压力,企业无力承担在短期没有回报的社会成本和环境成本,没有多余的能力去顾及环境绩效,因此三维绩效协调比较困难。企业在达到了一定

---

① 韩春伟. 基于企业可持续发展的业绩评价研究 [D]. 济南: 山东大学, 2009.

规模后，拥有更多的资源，其可持续发展能力更强，因而更有实力兼顾顾客绩效、经济绩效和环境绩效，企业领导者更能体会到企业、顾客与自然环境协调发展的重要性，更为重视三维绩效协调发展。

第三，三维绩效综合协调性与企业从事的行业具有一定的关系。环保业、林业等企业由于自然环境保护方面的先天优势，因而综合协调性较高，其协调的重点和重心是经济绩效。这在我们的调查走访中得到了很好的验证，一些环保企业不仅对企业三维绩效全面协调发展有深刻的认同，认为应当把三维绩效全面协调发展系统地纳入企业经营实践中。相比之下，一些制造业企业管理者的态度就显得较平淡，他们觉得企业经济业绩才是第一位的，环境业绩和企业经营关系不大，更谈不上采取具体改进措施。

5.4　健康性评价实证研究

5.4.1　计算指标值

我们对实证企业营销生态化绩效进行健康性评价，使用 AHP 方法和模糊理论相结合的综合评价方法。我们对 A 企业营销生态化绩效进行评价，评价指标的确定采取实地调研与专家打分相结合的方法（打分依据见表5-7）。当生态度值处在 0.1 时，表示生态度低；当生态度值处在 0.9 时，表示生态度很高。当处于表5-7 中两个相邻区间不易判断时，我们可以根据专家打分平均值计算，之后将所得生态度价值分按照大小顺序重新排列（结果见表5-8）。

表 5-7　企业营销生态化绩效评价指标生态度价值

取值	0.1	0.3	0.5	0.7	0.9	0.2、0.4、0.6、0.8
含义	生态度低	生态度较低	生态度中等	生态度较高	生态度很高	表示相邻两个判断中值

我们根据专家打分及权重构建指标模糊矩阵，并对指标进行加权计算，得到各指标值（见表5-8）。

表 5-8　企业营销生态化绩效评价指标值

指标	A	B	C	D
销售利润率 X_{11}	3	5	5	2
总资产收益率 X_{12}	2	2	5	5
资本收益率 X_{13}	8	4	3	3
感知价值 X_{21}	5	9	8	1
感知质量 X_{22}	5	5	2	2
感知预期 X_{23}	1	3	7	4
资源节约 X_{31}	3	8	6	6
环境保护 X_{32}	7	3	7	2

注：A、B、C、D 代表 A 企业的四个子品牌。

5.4.2　建立优等系统

我们根据表 5-8 建立优等系统指标向量 F。

$$F = (10, 10, 8, 8, 9, 8, 6, 10, 9, 10, 6)^T$$

我们假设 $\delta = 0.000\,1$，则 4 个系统指标的隶属度矩阵为：

$$R = \begin{bmatrix}
0.222\,1 & 0.689\,2 & 0.554\,6 & 0.000\,1 \\
0.123\,0 & 0.623\,5 & 0.521\,0 & 0.000\,1 \\
0.231\,4 & 0.714\,2 & 0.862\,1 & 0.000\,1 \\
0.000\,1 & 0.854\,2 & 0.732\,8 & 0.000\,1 \\
0.143\,0 & 0.752\,8 & 0.632\,5 & 0.121\,5 \\
0.668\,1 & 0.851\,2 & 0.901\,2 & 0.000\,1 \\
0.000\,1 & 0.910\,0 & 0.541\,3 & 0.000\,1 \\
0.210\,3 & 0.574\,1 & 0.458\,6 & 0.000\,1 \\
0.166\,2 & 0.741\,6 & 0.896\,1 & 0.000\,1 \\
0.125\,2 & 0.666\,7 & 0.375\,4 & 0.000\,1 \\
0.000\,1 & 0.321\,8 & 0.645\,0 & 0.000\,1
\end{bmatrix}$$

我们按最大隶属度原理，建立优等系统 G。

$G = (0.689\ 2,0.554\ 6,0.623\ 5,0.714\ 2,0.862\ 1,0.854\ 2,0.732\ 8,$

$\qquad 0.752\ 8,0.632\ 5,0.668\ 1,0.851\ 2,0.901\ 2,0.910\ 0,0.541\ 3,$

$\qquad 0.574\ 1,0.741\ 6,0.896\ 1,0.666\ 7,0.645\ 0)^{T}$

5.4.3　计算贴近度

我们计算优等系统和各系统的贴近度，得到：

$N_H(G,\ R_A) = 0.435\ 9$

$N_H(G,\ R_B) = 0.981\ 3$

$N_H(G,\ R_C) = 0.837\ 2$

$N_H(G,\ R_D) = 0.216\ 1$

于是，企业营销生态化排序的结果是 B>C>A>D，即 B、C 为营销生态化绩效较好的产品系列。

5.5　生态化滞涨影响实证研究

企业营销生态化实践存在着众多的阻碍因素，既有外界的阻碍因素，如顾客缺乏生态消费需求，也有营销系统本身的阻碍因素，这些都将影响企业营销生态化绩效。因此，本书选择渠道成员的破坏性行为来验证其对营销生态化绩效的影响，试图找到消除影响的一些途径和方法。

5.5.1　概念模型构建

渠道更像一个生态系统，渠道成员就是该系统中的物种，它们组成种群或群落，彼此之间进行着物质、能量的交流，它们当中有一些关键物种（渠道成员）对渠道系统可持续发展产生非常重要的影响。当他们撤离、背叛渠道以及产生恶意窜货等渠道行为时，会严重影响企业营销生态化的安全，而这些行为容易被其他成员视为是在破坏渠道关系（Montgomery，1988）①。这些行为不仅会产生消极后果，甚至威胁到其他渠道成员们的利

---

① MONTGOMERY, B M. Quality communication in personal relationships ［M］ // Handbook of personal relationships ［M］. London：John Wiley & Sons, 1988：343-59.

益，因此对营销生态化，尤其是企业营销生态化会产生不良的后果。对这些渠道成员的破坏性行为，其他渠道成员会产生不同的反应，从而影响到企业营销生态化的绩效。

罗伯特·平（Ping，1993；1995；1997）对渠道破坏性行为的研究成果被广泛接受。他认为，其他渠道成员对渠道成员破坏性行为的反应主要有退出渠道、积极应对和保持忠诚度①三种主要方式以及消极或被动接受。本书借鉴其研究成果，认为渠道成员对破坏性行为的反应有退出渠道、消极接受、积极应对和保持忠诚度四种行为②（见图5-4）。

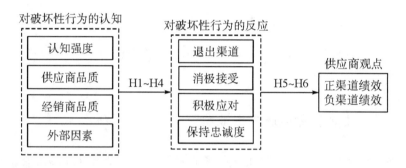

图 5-4　概念模型

5.5.2　研究假设

（1）认知维度对经销商反应方式的影响。

经销商对供应商破坏性行为的认知强度会直接对该行为产生影响，即态度-强度关系被激活的可能性很大（Bagozzi，1992)③。心理学原理表明，某种行为被惩罚得越严重，那么对该行为实施者的影响也越大，反之亦反。因此，我们提出假设1。

---

① PING ROBERT A. The effects of satisfaction and structural constraints on retailer exiting, voice, loyalty, opportunism, and neglect [J]. Journal of Retailing, 1993, 69 (3)：320-352.

② 由于渠道成员可能既是某种渠道破坏性行为的发起者，也可能是受害者，因此为了研究方便，本书假设产品供应商是发起者，而经销商是破坏性行为的受害者。

③ BAGOZZI RICHARD P. The self-regulation of Attitudes, intentions, and behavior [J]. Social Psychology Quarter, 1992, 55 (4)：178-204.

假设1：其他情况不变，若经销商对供应商的破坏性行为认知度越高，那么他们采取消极接受（c）和保持忠诚度（d）反应方式的可能性越小，而采取退出渠道（a）和积极应对（b）反应方式的可能性越大。

（2）渠道成员本性（品质）维度对反应方式的影响。

渠道成员采取破坏性行为通常会考虑其他渠道成员是否产生反应、可能采取的反应行为如何、对方的反应行为对己方而言意味着什么。如果经销商认为供应商的破坏性行为是由供应商的品质（本性，比如经销商认定供应商自私、唯利是图、不诚信）引起的，并且"江山易改，本性难移"，此时经销商就会对供应商的破坏性行为进行预判或保持警惕和谨慎态度（Scheer Lisa K & Louis W Stern，1992）①。经销商容易愤怒并期望消除这种威胁，他们将采取积极应对或退出渠道的方式来应对。因此，我们提出假设2。

假设2：其他情况不变，当供应商的破坏性行为是因供应商的本性（品质）导致时，经销商采取消极接受（c）和保持忠诚度（d）反应方式的可能性越小，而采取退出渠道（a）和积极应对（b）反应方式的可能性越大。

当经销商认为供应商破坏性行为是因为经销商自身的原因引起时（比如经销商擅自提高产品批发价，供应商因此停止对其供货），经销商可能对供应商的破坏性行为采取消极接受的方式。因此，我们提出假设3。

假设3：其他情况不变，当供应商的破坏性行为是由于经销商的品质引起时，那么经销商采取消极接受（c）和保持忠诚度（d）反应方式的可能性大，而采取退出渠道（a）和积极应对（b）反应方式的可能性小。

（3）外部环境维度对反应方式的影响。

当经销商认为供应商采取的破坏性行为是由于外部因素引起时（比如

① SCHEER LISA K，LOUIS W STERN. The effect of influence type and performance outcomes on attitude toward the influencer［J］. Journal of Marketing Research，1992，29（2）：128-142.

由于国家政策变化，供应商改变产品供应策略），经销商采取的态度或行为就会有所差别（Verette，Rusbult & Schmidt，1992)①。当外部因素是良性的或对改善渠道关系具有帮助时，经销商通常会采取消极接受的反应方式。因此，我们提出假设4。

假设4：其他情况不变，当供应商的破坏性行为因外部因素引起时，经销商采取保持忠诚度（d）反应方式的可能性大，而采取出渠道（a）、积极应对（b）和消极接受（c）反应方式的可能性小。

（4）经销商反应行为对绩效的影响。

由上述可知，经销商如果采取积极应对或保持忠诚度的反应方式应对供应商的渠道破坏性行为，那么说明经销商仍愿意提升或维持与供应商的关系质量。经销商如果采取退出渠道和消极接受的反应方式，则可能会使供应商的利益受损，从而降低渠道绩效。因此，经销商对供应商的破坏性行为采取强硬的态度将对渠道绩效产生消极影响；相反，如果经销商采取积极应对或保持忠诚度的反应方式则可能维持经销商和供应商的关系，甚至是促进双方关系。总而言之，供应商的破坏性行为和与之对应的经销商反应行为，都可能对渠道绩效具有提高、降低的作用。因此，我们提出假设5、假设6。

假设5：经销商对供应商的破坏性行为采取积极应对和保持忠诚度反应方式会对渠道绩效具有正效应。

假设6：经销商对供应商的破坏性行为采取退出渠道和消极接受反应方式会对渠道绩效产生负效应。

5.5.3 测量程序与假设检验

（1）测量的有效程序。

在假设检验之前，我们采用安德森和格伯林（Anderson & Gerbing，

---

① VERETTE，JULIE CARYL E RUSBULT，GREGORY W SCHMIDT. Emotions and attributional interpretations as proximal mediators of willingness to accommodate in close relationships [Z]. Department of Psychology，University of North Carolina-Chapel Hill，1992：321-330.

1988）的两阶段方法来分析数据，得到三个测量模型对从经销商和供应商搜集来的数据进行质量评估[①]（见表5-9）。

表 5-9 测量模型

测量模型	项目数	可靠性	拟合指数
模型 1：事前 破坏性行为认知强度	1	*	
品质			
——供应商品质	3	0.73	
——经销商品质	3	0.63	
外部环境品质	3	0.79	
依赖性			
——经销商依赖性	3	0.71	
——供应商依赖性	2	0.70	
模型 2：绩效评价（供应商视角）			$X^2_{(168)} = 611.73$
对销售的贡献	3	0.92	
对利润的贡献	3	0.61	GFI = 0.92
经销商胜任度	3	0.73	
经销商服从度	3	0.78	CFI = 0.95
经销商适应程度	3	0.85	
对企业成长的贡献	3	0.87	RMSR = 0.044
顾客满意度	3	0.84	
模型 3：（焦点）反应			$X^2_{(82)} = 425.85$
退出渠道	6	0.89	
积极应对	3	0.71	GFI = 0.92
消极接受	3	0.67	CFI = 0.90
保持忠诚度	3	0.74	RMSR = 0.076

注：＊表示 LISREL 综合可靠性不可能是用单一的项目可以测试出来的。

---

① ANDERSON JAMES C，DAVID W GERBING，JAMES A. IVARUS. A model of distributor firm manufacturer firm working partnerships［J］. Journal of Marketing, 1990, 54（1）：42-58.

模型 1：退出渠道、积极应对、消极接受和保持忠诚度的前提条件测量。其测量变量包括破坏性行为的强度、三种破坏性行为的属性、经销商依赖性和供应商依赖性等。除了对破坏性行为的反应强度和供应商依赖性之外，每个测量变量通过三个子项目来测量。

模型 2：经销商的绩效测量。供应商的销售采用克玛尔、斯特恩和阿格尔（Kumar，Stern & Achrol，1992）的 21 项目评价模型来描述①。由于每个供应商需要完成 3~5 份问卷，因此本书采用 LISREL 独立测量假设，并对其结果进行归因。

模型 3：退出渠道、积极应对、消极接受和保持忠诚度四种反应行为的测量。本书采取退出渠道、积极应对、消极接受和保持忠诚度四个变量来测定，而每个变量又由三个子项目来验证。

这些结果总结在表 5-9 中，表明四种测量模型是可接受的。尽管拟合指数 X^2 是有效的，这并不一定适合大样本。更重要的是，每个模型的相对适合指数（CFI）均大于 0.90，因此样本大小并不重要。

表 5-9 表明模型具有足够的可靠性、收敛性和拟合辨别的正确性。所有的检验结果都大于 0.60，在大多数情况下扩大到 0.70，说明合成可靠性极大。所有的项目测试都表明模型有足够的收敛性。其载荷是有效的（p<0.01），参数估计是标准误差的 10~20 倍。所有假设中的辨别正确性是从 PHI 矩阵中观察到的，即任何两个假设加或减标准差的两倍。

（2）假设检验。

由于本书的研究中的关系检验和假设变量较多，为了能够更好地对所有的关系和变量进行检验，本书采用结构方程模型来进行假设检验。单个项目的破坏性强度的误差可以设为 0.10。本书在验证模型中使用假设水平的相关矩阵见表 5-10。

---

① ALWIN DUANE F, ROBERT M HAUSER. The decomposilion of effects in path analysis [J]. American Sociological Review, 1975, 40 (1): 37-47.

表 5-10 均值、标准离差、修正[3]

项目	1	2	3	4	5	6	7	8	9	10
均值	5.47	1.65	5.57	3.25	5.48	9.11	-0.969	3.66	4.52	5.30
标准离差	1.55	0.91	1.26	1.50	1.22	2.15	1.83	1.42	1.23	1.31
1. 破坏性行为认知强度	1.00									
2. 经销商品质	-0.19	1.00								
3. 供应商品质	0.19	-0.25	1.00							
4. 外部环境品质	-0.24	0.27	-0.27	1.00						
5. 退出渠道	0.17	-0.01	0.36	-0.19	1.00					
6. 积极应对	0.13	-0.03	0.11	-0.18	0.15	1.00				
7. 消极接受	0.30	-0.27	0.39	-0.27	0.01	-0.05	1.00			
8. 保持忠诚度	-0.31	0.22	-0.26	0.33	0.07	-0.01	0.17	1.00		
9. 绩效(供应商调研)[1]	-0.02	0.00	-0.17	0.13	0.20	0.53	-0.37	-0.24	1.00	
10. 绩效(存档)[2]	-0.08	0.04	-0.16	0.13	0.10	0.22	-0.09	-0.18	-0.34	1.00

注：①修正绩效评价（档案）基于 671 个观察值，修正绩效（供应商调研）基于 628 个观察值。两者共同修正基于 605 个观察值。

②表示企业保密的数据。

③所有的修正值基于 699 个观察值，除了 a 或 b 修正均≥0.07，<0.10，系数 $p<0.05$。修正≥0.10，系数 $p<0.01$。

从图 5-4 中我们虽然可以观测到所有检验过的主变量之间的关系，但无法精确描述每组变量之间的关系及变化规律。因此，我们采用路径分析模型，总结出 24 种路径进行分析，并且来评估所有变量。其中，经销商退出渠道、积极应对、消极接受和保持忠诚度四种反应总共有 16 条路径以及从经销商的四种反应到采取行为的经销商渠道绩效的 8 种路径。这当中涉及破坏性行为反应认知强度、供应商品质、经销商品质和外部环境四个结构变量。

5.5.4　研究结果

路径模型显示良好的拟合优度 $[x^2_{(21)} = 227.12$，拟合优度指数 = 0.96，相对合适度指数 = 0.91，均方差的根 = 0.035]，尤其是对如此大样本的假设。R^2 系数表明路径模型能够通过焦点项目对变量做到 38% 的解释。

（1）与经销商反应相关的认知强度。

当经销商对供应商的破坏性行为的认知强度增加时，经销商采取消极接受（$r = 0.10$）或保持忠诚度（$r = 0.22$）反应方式的可能性增强，而采取积极应对反应方式（$r = -0.21$）的可能性会极大降低。这说明假设 1 成立。

当经销商对"供应商的破坏性行为是因为供应商的品质导致的"的认识增强时，经销商采取退出渠道（$r = 0.43$）或保持忠诚度（$r = 0.54$）反应方式的可能性更大，而采取主动应对（$r = -0.29$）反应方式的可能性很小。这与先前的假设相反，因此假设 2 不成立。

当经销商对"供应商的破坏性行为是因经销商的品质所引起的"的认识增强时，经销商采取积极应对（$r = 0.14$）反应方式的可能性更大，而采取保持忠诚度（$r = -0.14$）反应方式的可能性更小。这与先前的假设相反，说明假设 3 不成立。也就是说，当一个经销商将供应商的破坏性行为归因于经销商自身的品质的时候，经销商采取退出（$r = 0.23$）反应方式的可能性更大。

当经销商对"供应商破坏性行为是外部环境导致的"的认知增加时，经销商采取保持忠诚度反应方式（$r = 0.29$）的可能性更大，而采取退出渠道（$r = -0.12$）、积极应对（$r = -0.26$）或消极接受（$r = -0.13$）反应方式的可能性更小。这说明，假设 4 成立。

（2）经销商对关系质量的认知结果。

对假设 5，当经销商采取积极应对方式的可能性增加时，经销商的绩效（经销商调研）随着供应商的绩效的增加而增加（$\beta = 0.07$）。积极应对与渠道绩效（档案）（$\beta=-0.07$）没有明显关联，与先前的假设相反。也就是说，当经销商采取积极应对反应方式的可能性增加时，采取经销商调研（$\beta=-0.08$）和档案调研（$\beta=-0.14$）两种评估方式得出经销商的绩效会下降的结论。

对假设6，当经销商采取退出渠道反应方式的可能性增加时，从经销商调研（$\beta=-0.22$）和档案调研（$\beta=-0.16$）两种方式对经销商的绩效评价得到的结果显示绩效都会减弱，因此假设6成立。另外，当经销商采取消极接受反应方式的可能性增加时，根据档案评估经销商的绩效（$\beta=-0.13$）显示绩效会下降，而采取供应商调研（$\beta=0.04$）评估方式可以发现保持忠诚度反应方式与绩效没有明显的关系。

结构方程模型测算显示，退出渠道、积极应对、消极接受和保持忠诚度在应对供应商破坏性行为的反应中担当重要角色，并起着调节作用。关于破坏性行为四种方式——退出渠道、积极应对、消极接受和保持忠诚度对经销商绩效、认识强度和归因效果影响问题研究中，四种应对方式解释是值得信任的〔在研究中，我们运用阿尔文和豪泽（Alwin & Hauser，1975）的公式测试，49%的模型效果得到信任解释〕。

6 企业营销生态化实现路径

营销生态化已成为现代企业参与市场竞争的重要手段和方法，众多的企业纷纷投入大量人力、物力和财力开展营销生态化实践。但由于营销生态化涉及环节众多、控制难度大，因此寻找企业营销生态化实现路径和方法变得非常重要。营销生态化绩效实现机制的研究为寻找企业营销生态化实现路径和方法提供了极为重要的参考。

6.1 实现路径基本范式

虽然不同的企业实现营销生态化的路径可能不同，但其范式和方向是基本一致的。归纳起来，基本范式主要有两种（见图 6-1）：一是改善和提高，即对企业原有的营销方法和手段按照营销生态化的思想和理念进行修正和改变，是一种在原有基础上的完善和改进；二是重构，即按照营销生态化的理念和方法对企业营销体系进行全新的构建，属于营销再造。

研究企业营销生态化的实现路径，实际上是研究企业整个营销过程、活动和程序。企业营销生态化首先要进行企业价值观、战略思维和营销理念"生态化"，这是营销生态化实践的根本指导思想，企业的所有营销活动都必须紧紧围绕"生态化"理念和目标来开展。企业营销生态化不仅需要依靠科学的营销策略与营销手段，更重要的是必须依赖企业营销内外部系统的互动，而这种物质、信息、资金的互动关系必须通过企业营销管理活动和功能来实现。

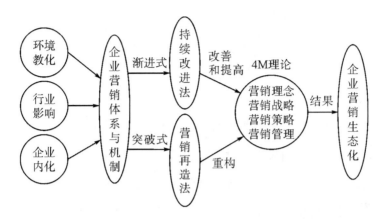

图 6-1　营销生态化实现路径基本范式

6.2　影响机制

在企业营销生态化过程中，企业不断受到来自环境的压力，其中主要压力来自环保先锋消费者（具有强生态意识的消费者）和社会公众（尤其是环保组织），他们一方面对企业形成压力，另一方面对政府的环境保护、资源节约政策和行为产生重大影响。

6.2.1　环境教化机制

环境、社会和人类的生态和谐成为当代社会的主要诉求，这种诉求迫使企业不得不在营销实践中考虑环境保护和资源节约的问题。企业在营销实践过程中感受到了前所未有的来自环境的压力。为此，企业不断修正自身营销理念以应对这种变化趋势，环境教化的功能呼之欲出。

环境教化的本质就是对全社会（包括企业、消费者等）开展环境保护和资源节约方面的教育。对于企业营销而言，环境教化一方面要求企业不断深化其营销生态化实践，转变其营销观念以符合生态消费需要；另一方面，政府、环保组织、媒体和公众等发挥引导与舆论监督功能，借助电视、网络、手机短信群发平台等新老传播媒介，树立营销生态化企业榜样，揭露有悖于营销生态化理念的企业及行为，形成强大的社会舆论压力，从思想、行为上深刻影响企业营销生态化实施主体，尤其是影响企业股东和员工的道德判断与行为选择，从而影响企业整体营销行为，迫使企业走上遵循生态原则和生态规范的营销发展之路。

随着科学技术，特别是互联网技术的快速发展，传统媒体和新媒体构成了一个立体传播网，对企业的影响力可谓达到空前状态。如果企业被媒体披露只顾自身牟利而破坏生态环境，那么这将对企业的社会形象产生巨大的负面影响，直接影响到消费者对企业产品或服务的购买和偏爱，进一步影响到企业的经济效益。因此，在环境感化机制中，舆论宣传起着举足轻重的作用，媒体对企业营销生态化的评价是敦促企业主动采取营销生态化的重要手段，媒体的传播是形成长效机制的必要途径。

在环境教化功能中，具有生态消费意识和环保意识的消费者与社会公众（包括环保组织）起到主导作用。它不但决定了企业产品的市场接受程度，而且是政府有关生态环境保护政策出台和采取行动的重要影响者、支持者、捍卫者。当然，政府作为政策的制定者和执行者，其具有的强制力是其他组织和个人无法比拟与超越的。

6.2.2 行业影响机制

行业是指由众多从事同一产品或服务销售的企业组成的集群，即同行的汇集体。行业对企业有着潜移默化的影响，行业规范既为企业树立了规则和标杆，同时也对企业产生约束作用。因此，行业影响机制也是营销生态化绩效实现主要影响机制之一。

行业影响机制主要是在行业内营造营销生态化的良好氛围，使同行企业既成为营销生态化的实践者和教育者，又成为营销生态化的受教育者和传播者，大家相互教育、互相激励、相互学习，从而共同发展。行业可以通过建立常态化和非常态化的营销生态化战略联盟、学习型行业组织、生态营销协会等形式使这种行业影响机制真正落到实处。行业也就成为营销生态化实践的"大学堂",达到"润物无声"的效果。行业成员通过不懈努力,可以逐步培育企业积极主动地适应和实施营销生态化的习惯[①],并形成机制。

营销生态化理念通过行业成功典范可以产生更好的影响,因为榜样具有最感性直观和令人信服的吸引力与感召力。因此,行业影响机制要通过树立营销生态化典型企业,以榜样的力量来影响、感化同行其他企业,使其产生共鸣,此后再逐步扩大影响,努力构建顾客、企业和自然环境多方和谐共赢的局面。

6.2.3 内化机制

内化机制是企业实现营销生态化最重要的机制,是指企业按照营销生态化基本原则和"环境选择"需要,主动适应和选择生态化营销行为的机制。在企业营销生态化内化机制中,培养企业具备生态化理念的基本价值观和信仰是内化机制的必要环节,也是最高境界。企业营销的核心是"将产品销售出去",但是"暂时销售出去"还是"长久销售出去"则取决于企业营销遵循什么样的理念。企业通过营销理念和战略思维的"生态化"内化,使所有的企业员工都能自觉自愿遵守这些基本规范和价值准则,从内而外转化为企业整体营销生态化行为。这种内化机制是真正构建企业营销生态化机制的归宿和最高形态。

企业营销生态化内化机制可以体现在营销体系的构建,遵循保护环境、自然和谐的基本法则,对消费者的财产、健康和生命安全负责,为社会提供货真价实、质量过硬的产品或服务上。企业营销生态化内化机制使企业在产品开发、销售以及分销物流过程中不但注重环境保护,还特别注意资源节约。

---

① ALWIN DUANE F, ROBERT M HAUSER. The decomposilion of effects in path analysis [J]. American Sociological Review, 1975, 40 (1): 37-47.

6.3 实现主体

在企业营销生态化活动中，参与主体既可以是营销生态化行为的组织者、领导者，还可以是营销生态化行为的监督者、执行者。营销生态化参与主体之间既有明确的分工又有深度的合作，形成一个高度组织化、具有自我设计和自我修复功能的生态系统群落。参与主体分内部主体和外部主体。内部主体主要包括股东（投资者）、员工、企业等，是对企业营销生态化行为具有直接影响的、属于产品或服务价值链中的核心成员；外部主体包括消费者、政府、公众、媒体、广告中介等，主要是指对企业营销生态化有间接影响的个人或组织。

6.3.1 外部主体

（1）核心与桥梁：顾客。顾客是产品的最终使用者和消费者。顾客的数量和质量决定企业的持续竞争力。顾客的利益与产品的价值链是息息相关的，企业与顾客的关系如何是企业实现营销生态化的必要条件。营销实践证明，顾客满意度和忠诚度是企业获得长期、丰厚利润的关键[①]。因此，顾客是企业营销生态化的起点，更是核心与桥梁。

（2）倡导者：政府。在我国现行的法律框架中，企业依法经营的权利是政府给予的，政府也为企业营销活动提供众多便利性（诸如电视台、广播塔、高速公路广告牌等公共设施）。更为重要的是政府特别关注企业在环境保护和资源节约方面所承担的责任，这给企业形成了巨大的压力。民众对环境和生态保护的呼声也更为强烈，这也使得政府在这方面的诉求"水涨船高"。企业营销生态化的结果与政府的诉求恰好吻合，政府理所当然成为企业营销生态化的倡导者。

（3）培育者：社会公众。社会公众的含义较为广泛，既可以是宣传媒

---

① OLIVER RICHARD L. A cognitive model of the antecedents and consequences of satisfaction decisions [J]. Journal of Marketing Research, 1980, 17 (4): 460-469.

体，也可以是企业所在地的社区居民，还可以是行业协会等一些社会组织。社会公众的角色具有多面性。以社区为例，一方面，社区给企业提供了重要的劳动力或人才；另一方面，社区居民又可能是企业直接、重要的客户。社区的良好环境和支持能为企业的健康发展提供合适的"土壤"；反过来，企业的发展带给了社区经济繁荣。以媒体为例，在现代信息社会，媒体的作用越来越大，媒体既可以起到引导和促进顾客消费的作用，又可以起到监督企业营销行为的作用。

（4）关键影响者：环保组织。近年来，随着经济的发展，社会的需求呈现多样化，再加上人类生活环境的不断恶化，民间环保组织得到蓬勃发展。民间环保组织即将迎来一个突破性的成长时期。数据显示，我国民间环保组织人员具有年轻化、高学历、公益性等特征，30 岁以下的青年人占80%左右，50%以上拥有大学本科及以上学历①，91.7%参与环保活动的志愿者不计任何酬劳。80%的民间环保组织平均每年至少组织一次规模较大的环保公益活动。环保组织通过媒体、环保项目、社会活动（尤其是社区活动）向公众传输环保意识，让公众切身感受到保护环境的益处，培养了大批生态消费者和环保消费者。

6.3.2　内部主体

（1）掌控者：股东与管理层。股东是企业的出资人或投资者，管理层是企业具体营销决策的制定者和执行者，管理层掌控着企业的投资和经营方向。正如前文分析的那样，从短期看，企业营销生态化需要投入更多的人力、物力和财力，且往往是亏损的（企业利润短期内难以弥补其成本的亏损），这必然会影响到股东的投资回报期望。从长远看，企业营销生态化能让企业走上可持续发展的道路，但并非每一位投资者和出资人都具备这样的眼光与视角。因此，作为企业获得持续发展的支撑力量与可持续发

---

① 刘逢，王锐兰，楚俊. 中国民间环保组织的生存现状及发展 [J]. 云南社会科学，2006（1）：50-54.

展最大受益者的股东和管理者对企业营销活动的影响力是毋庸置疑的。

（2）执行者：员工与渠道伙伴。员工与渠道伙伴是企业营销生态化具体的践行者。企业员工是营销活动的执行者，企业营销所有的计划和策略以及方案最终都要依靠员工来具体执行和实施，员工又是和顾客接触最多的，其行为直接影响到顾客对产品和企业的判断。因此，在营销学上有一句话，就是"要让顾客满意，首先要让企业员工满意"。渠道伙伴包括供应商、销售商和其他营销中介等，能否处理好渠道伙伴之间的关系决定了企业产品价值能否实现、企业营销生态化绩效高低（渠道决定了产品的分销效率和效果）。如果处理好了这种关系，企业能缩短响应顾客的时间，进而提高分销效率，降低分销成本。因此，妥善处理好渠道伙伴之间的关系直接影响到企业营销生态化的实现。

6.4　4M 理论模型

企业营销活动包含理念建立、战略规划、策略执行与营销管理等方面的内容，简称 4M 理论。其具体内容前文已有阐述，此不赘述。

6.4.1　生态营销理念

营销理念是企业如何看待自身和看待其利益相关者的核心价值观念，是关乎企业生存和发展壮大的指导哲学，也是企业员工为人处世的最高行为准则。市场营销学经历近一个世纪的发展，焕发出越来越强大的生命力，其营销思想不断创新和自我超越，普及商业组织并渗透到公益事业组织、城市甚至国家营销之中，而经济和社会发展是其最重要的驱动力。

我们通过梳理营销理念发展脉络，可以归纳营销核心理念经历了四次大的变革：第一，企业导向，即企业生产经营活动的出发点和重心在企业内部；第二，顾客导向，即企业营销的视角和重点在顾客方面；第三，竞争导向，即强调企业在竞争中获得的竞争优势；第四，可持续发展导向，即强调社会、消费者、企业三者协调（见表 6-1）。

表 6-1   营销理念的演进

营销理念	企业导向	顾客导向	竞争导向	可持续发展导向
营销目标	满足企业利润最大化要求	满足顾客需求	争夺市场份额,取得竞争优势	实现企业、社会可持续发展并满足顾客需求
理论假设	顾客会接受企业产品	企业能满足顾客需求	同行是竞争者、假想敌	寻找企业、社会和顾客的利益均衡点
营销模式	企业单向推动	顾客拉动	竞争	协调
营销观念	生产观念、产品观念、推销观念	市场营销观念	关系营销、整合营销	社会市场营销观念、绿色营销、环境营销、生态营销
核心驱动力	企业	顾客	竞争	环保组织、政府为主要压力集团

我们可以清楚地看到,营销理念的演进与人类文明的进步以及企业面临的资源与环境变化息息相关。企业在相对静态、有限的环境下可以轻松通过"内部选择"来确定"最优"方案。在动态、无限竞争的环境中,信息传输更快、更容易,成本也更低,再加上市场中竞争者数量急剧增多,给消费者的选择也就更多了,这时候消费者的偏好也因此会动态地改变[①]。这个时候,企业营销生态化则是通过成员之间的竞合来促进发展,并试图通过开放的环境对成员实现"优胜劣汰",在以自适应和自组织的方式增加资源和能量,并以此来避免恶意竞争和恶性发展。

无论是企业选择多元化,还是专业化,其最佳选择都是按照生态关系来进行选择,或者竞争,或者合作,或者合作竞争,或者共生,最终形成一种相互依赖、彼此兼顾、着眼未来、协调共存、在追求整体价值最大化的情况下实现自身绩效的发展模式。这就要求企业用一种新的营销理论来指导其营销实践。仔细探究这种协调和整合的理论内涵或内在逻辑,就必

---

① 范保群,王毅. 战略管理新趋势:基于商业生态系统的竞争战略 [J]. 商业经济与管理,2006 (3):3-10.

然推导出生态营销理念。

生态营销理念是企业营销生态化实现的前提和基础，生态营销理念也是可持续发展理念，它包括社会责任意识与可持续发展观念。企业应该成为社会责任的承担者。在很大程度上，企业的市场营销活动应遵循节约资源、保护环境等原则以及消费者、企业和社会三利兼得原则。可持续发展理念是企业营销生态化的理论基础，它要求企业营销战略必须体现产品的再消费、客户需求的再引导、营销组合的重新确定和企业再组织等方面的要求，以保证企业营销生态化战略对促进社会经济可持续发展战略实现的作用。

6.4.2　生态营销战略

随着公众的环保意识大大增强，绿色消费者数量急剧上升。环境保护主义俨然成为被公众广为接受和大力传播的一种社会思潮，生态消费成为公众的主要消费行为模式。生态营销理念是政府、企业、消费者共同推动的结果。在各方的努力下，生态营销理念成为一种全新的营销战略形式——环保促进型营销（environment promotrial marketing）。环保促进型营销战略是企业执行有利于环境保护的营销活动，同时满足企业经济、顾客和自然环境目标的商业活动，最终实现三者利益均衡的一种战略手段。

这种营销战略与以往的营销战略有很大的不同，具体表现在以下三个方面：

（1）根本变革营销战略哲学。环保促进型营销战略把解决环境问题摆在企业的首位，鼓励企业主动将环境保护、资源节约作为培养企业核心竞争力的首选战略，并不断探索技术创新和营销变革，以此来促进环境、企业和客户的良性循环。

（2）理性思考企业营销行为。环保促进型营销战略既重视自然环境需求对企业营销产生的压力，把环境视为一种约束和威胁，又将这种限制视为一种全新的市场机会，鼓励企业将环境威胁转化为环境机会。

（3）全面整合营销战略目标。环保促进型营销战略吸纳了绿色营销、可持续发展营销、营销生态化以及企业社会责任理论的思想，将企业经济利润、顾客满意度、自然利益三者有机结合，寻求三者之间绩效的均衡，把三者"和谐、均衡"视为企业真正的营销目标。

6.4.3 生态营销（组合）策略

在市场营销理论中，营销组合一直是实施营销战略的一套非常实用、有效的工具。生态营销如果需要从理念引导走向实际操作，必须有实用、有效的分析工具。根据对生态、生态产品的定义以及生态营销的描述，本书认为生态营销组合应包含四大基本要素：生态产品、生态价格、生态分销和生态沟通。我们称其为"PPDC 组合策略"。

（1）生态产品（ecological product）。生态产品是生态营销组合中最基本的要素，它描述了产品给顾客带来什么样的价值，这些价值是否具有生态性。从营销学来讲，生态产品除了必须具备产品生态质量外，还必须具有市场生态质量。市场生态质量应包含以下几个方面的含义：第一，产品具有自然、健康和安全等特点，能满足消费者的生态需求；第二，产品配送过程具有生态性，即产品配送具有环保、节约、低成本等特点；第三，产品消费结果是生态的，具有可再生和节约的特点，产品消费后不会产生过量的垃圾、噪声、污水、废气等对环境产生破坏的残存物。

除此之外，生态产品的产品生态质量与市场生态质量还必须保持一种平衡。也就是说，具有产品生态质量的产品不是为了保证其产品生态质量而降低市场生态质量，也并非以保持产品的市场生态质量为代价，降低其产品生态质量，而是在两者之间寻求一种均衡。比方说，生态产品其在生产、销售、使用和回收等方面具有竞争优势，但是往往让消费者付出购买的成本更高，这就影响了产品的普及程度，会对销售产生消极影响，这也是为什么很多企业对生态营销不够重视的主要原因。

综上所述，本书认为生态产品是指能够满足市场生态需求的，在研发、生产、配送和销售等各个环节均能体现生态服务功能或可以实现生态化利用，并且能实现节约资源和保护环境目标的产品。

（2）生态价格（ecological price）。根据环境经济学理论，商品成本主要由三部分组成：一是生产成本；二是使用成本，即现在利用环境而放弃未来环境效益的价值；三是外部成本，即因商品生产造成环境污染和生态破坏而导致的损失。

但现实情况是，作为公共物品的土地、空气、水等自然资源常被视为"免费品"，不但没有受到保护和充分利用，而且常常遭受耗费和损害。最令人遗憾的是，无论是在理论上，还是在实践中，商品的成本计算方法中都只计算了生产成本，而资源使用成本和外部成本基本被忽略。显然，这不是真实产品成本的反映。

我们如果无法将资源使用成本计算在产品成本中，不但容易造成浪费资源，而且长此以往更会导致环境污染和生态破坏，更别谈实现企业可持续发展了。因此，我们应把生态成本纳入产品定价体系中，构建基于生态成本的产品价格形成机制，使生态成本内化。这实际上是将具有稀缺性的生态资源视为生产要素，正确评价其价值，尤其是生产的产品和提供的服务所耗费的资源及产生的生态影响，并通过市场价格机制反映出来[①]。当然，生态成本内在化仅依靠市场机制或企业自律来调节是难以行得通的，还必须依靠公共政策的外部调节才得以实现。例如，政府主导制定相关的政策、制度来确定生态资产价值与价格、保护其所有权。

（3）生态分销（ecological distribution）。传统营销组合4P理论中的渠道（place）指的是将商品送至消费者（顾客）手中的所有环节和过程。在企业的生态营销中，能否找出和选择正确合理的分销渠道是整个生态营销是否顺利进行的一个关键环节。其主要体现在两个环节：产品运输环

---

① 袁庆明. 资源枯竭型公地悲剧的原因及对策研究 [J]. 中南财经政法大学学报，2007（5）：9-13.

节、中间商和配送商的选择。

生态分销不是普通分销，它需要具备两个基本条件：一是能够将生态产品配送到最终消费者手中，这和一般营销意义上的分销是一致的；二是在整个分销过程中具备生态性。生态性包含两个方面的意义：一方面是环境保护方面的内涵，即产品运输、储存过程中能够节约能源、减少消耗、无污染、无公害；另一方面是资源节约方面的内涵——降低分销过程中的浪费，如简化供应环节以节省资源消耗。此外，生态分销使所有营销价值链上的企业对参与生态分销都获得满意。

（4）生态沟通（ecological communication）。营销沟通是指企业通过与市场（顾客）进行双向的信息交流建立共识从而实现价值交换的过程。生态沟通则是通过媒体传播、产品色彩与包装、设计、语言、音乐以及行为来传递生态产品及企业的信息，从而引起消费者对该产品的需求，并产生购买行为。

生态沟通的主要方式有生态促销、生态广告、生态公关等。生态沟通可以通过有效的沟通搭建起企业与消费者之间相互信任的桥梁。传统的营销沟通往往是单一的、线性的，缺乏整合传播的效果。生态沟通强调"因人而异"和"因物（产品）而异"，沟通的方法和手段必须根据目标消费者群体的信息接收和反馈习惯来设计，而且还必须符合产品特色和特点。因此，生态沟通是全方位、协同整合的沟通方式。

6.4.4　生态营销管理

菲利普·科特勒教授的营销管理思想代表的是当代营销管理主流观点。其营销管理思想出现了两个主体思想高峰，即基于流程的营销管理和基于价值的营销管理[①]。基于流程的营销管理把营销按照分析、战略、战术执行和控制等主要阶段作为营销管理研究对象；基于价值的营销管理分

[①] 于洪彦. 21世纪营销职责与新营销管理框架探析 [J]. 外国经济与管理，2011，33（8）：50-56.

为选择价值、提供价值、传递价值和实现长期价值四个过程。菲利普·科特勒等以及美国营销学会（AMA）等确立了基于价值的营销管理这一新的主体思想。生态营销管理的框架需要融入共创价值观念，构建了以洞察生态需求、配置营销资源、实现生态价值和动态学习四个阶段为主体的理论框架（简称"DRVL理论框架"）①。

（1）洞察生态需求（insight ecological demand）。洞察生态需求的方式主要有两种：一是通过深入的市场调研，了解消费者的生态需求；二是通过持续与顾客、员工、供应商等利益相关者开展互动沟通，以此增强顾客体验和消费者生态需求的意愿，引导消费者产生生态消费的欲望。

企业、顾客和外部环境发生着物质、能量与信息的交流，时刻处于变化之中。企业管理者要用新的洞察技术实时了解与掌握这些变化，并对导致变化的本质和来源有清醒的认识。因此，企业通过网络获得源于利益相关者的信息反馈，确认顾客的生态需求。

生态需求是消费者源于对环境保护和资源节约的消费理念产生的一种自觉或自愿的消费行为②。生态需求直接反映在人们的日常消费行为中，即生态消费——人们在决定购买商品时，会越来越多地考虑环境和利益。

（2）配置营销资源（distributing marketing resources）。根据格兰特（Glant）的观点，生产过程的投入要素就是资源，能力则是指完成一定任务或活动的一组资源具有的能量③。由此，我们将营销资源定义为企业所控制和利用的以实现营销目标的一切经营性要素的总和。企业将这些营销资源有效配置后转化为营销能力，从而为顾客创造价值。

营销资源具有无形性和外生性的两大基本特征。无形性指的是营销核心能力是由品牌、技能、信息、声望、经验、专利、商标等无形要素组成

---

① 卢泰宏. 营销管理演进综述 [J]. 外国经济与管理, 2008, 30 (3)：39-42.
② 张金泉. 生态需求管理与科学发展观 [J]. 四川大学学报（哲学社会科学版），2004 (5)：5-10.
③ 韩明华. 基于客户价值细分的营销资源配置研究 [J]. 科技与管理, 2009 (1)：79-83.

的一种知识性资源。外生性指的是企业的营销资源来自外部环境，它是可以被共享或分割的资源。外生性资源又具有公共性，即企业与竞争者都可以争夺和共享的资源。

营销资源存在不同的分类方法：按分配层次划分，营销资源可以分为战略性资源、战术性资源和基础资源三个层次；按存在形式划分，营销资源可以分为价值形态资源和实物形态资源；按投入方式划分，营销资源可以分为人力资源、物力资源和财力资源；按变动情况划分，营销资源可以分为固定资源和可变资源①。为研究方便，本书采用按价值进行分类的方法。

基于战略营销管理的营销资源分配，一般的分配方法是：营销资源总量分配→层级（新市场、原有市场）分配→区域市场（顾客和区域）分配（如图 6-2 所示）。这里体现了营销资源分配以顾客为中心，以给不同类型顾客创造价值为目标，充分考虑到开发新顾客、维持和稳定老顾客。另外，上述方法考虑了实际操作。新老市场的资源分配量、区域或顾客的营销资源分配按顾客边际价值或顾客综合评价值进行分解。

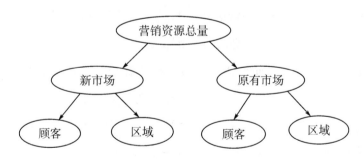

图 6-2　营销资源分配

（3）实现生态价值（realize ecological value）。生态价值是指生态系统及其要素的价值，也可以说是与生态环境有关的价值。生态价值泛指涉及

---

①　韩明华. 基于客户价值细分的营销资源配置研究 [J]. 科技与管理, 2009 (1): 79-83.

生态的一切价值现象及本质①。生态价值是由生态系统的服务功能产生的。在自然界中，生态系统内和生态系统之间发生着物质、能量和信息的交换以实现生态服务功能，但这并不能反映任何"主体意识"。因此，在自然范畴内没有所谓的"生态价值"，讨论生态价值没有任何实际意义②。

生态价值只有置于社会经济系统中进行研究才有意义和价值。生态价值通常反映了人类和自然生态系统之间的关系，具有明显人类"主体意识"特征③。因此，识别生态价值实际上是识别生态价值的生态服务功能及利用的。如果这两者具备其一，那就说明该产品具有一定的生态价值。

企业采取营销生态化行为可以实现企业、顾客和自然环境三者价值的均衡，从而实现生态价值。因此，生态视角下的营销过程就是生态价值的实现过程。这个过程强调相互协作，即不同物种（成员、角色）相互协调，每个物种都可以从其他物种（成员）那里获得所需的经验与知识，当团队（群落）将这些经验与知识付诸实践时，生态价值便得以实现。企业如果能洞察顾客生态需求和科学配置营销资源，生态价值就能实现得更好。因此，就企业营销生态化而言，无论是售前、售中，还是售后，任何一个营销环节如果缺乏生态价值和生态意义都不能算作营销生态化范畴，这就是营销生态化识别生态价值的主要途径和方法。

（4）动态学习（dynamic learning）。在传统营销管理中，控制是必不可少的环节。营销生态化控制的过程是企业为了获取信息并使用受控对象的功能，将获取的信息反作用于该对象的过程。为了顺畅地让信息在外部环境和内部系统之间进行传递，并达到一个稳定的（预设）平衡状态，我们就需要通过某种方法或途径来校正行为偏离，使企业营销生态系统可以随着环境变化进行自适应调节。

---

① 程宝良. 论生态价值的实质 [J]. 生态经济, 2006 (9): 124-125.
② 胡安水. 生态价值的含义及其分类 [J]. 东岳论丛, 2006, 27 (2): 32-36.
③ A. 麦肯其, A. S. 鲍尔, S. R. 弗迪. 生态学（中译本）[M]. 孙儒泳, 译. 北京: 科学出版社, 2004: 109-120.

企业营销能力的提高基于动态学习能力的提升。其学习过程是包括探索性学习（exploratory learning）、转化性学习（transformative learning）和应用性学习（exploitative learning）在内的连续活动的组合①。企业通过这三种学习能力来提升企业动态学习能力（见图6-3）。

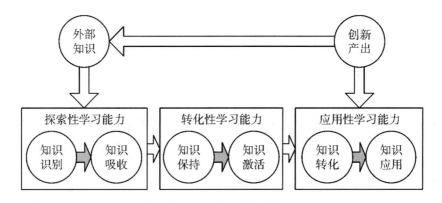

图6-3 动态学习能力概念框架

在营销生态化过程中，企业通过不断学习，更新和补充新知识，让企业获得无限的成长资源。在传统营销管理框架中，控制成为计划的检验者，而检验的手段通常更注重量而非质。这样就忽视了营销的动态性。在控制阶段，企业通过运用新知识管理与控制企业营销生态化行为来实现企业目标，"控制"成为价值网络复杂适应过程的学习平台。

---

① ULRICH LICHTENTHALER. Absorptive capacity, environmental turbulence, and the complementarity of organizational learning process [J]. Academy of Management Journal, 2009, 52 (d): 816-822.

7　企业营销生态化绩效实现路径

企业营销生态化要求企业在营销过程中不但能实现主体协调，还对实现过程进行协调，最终才能达到企业营销生态化的最终结果——顾客、企业和自然环境的三者满意。本书第6章对企业营销生态化实现路径进行分析，本章则从营销生态化绩效实现路径的角度进行分析，希望能对企业营销生态化的实现提供切实的参考。

7.1　主导路径1：营销绩效持续改善

在传统意义上，企业营销绩效改善可以用以下公式来表达：

$$\prod = P \times Q - C$$

其中，$\prod$表示利润，P表示价格，Q表示总销量，C表示总成本。

按照该公式，在一定时期内，企业通过某种手段或方法使$\prod$越高，则绩效改善的效果越好。对于企业营销生态化而言，$\prod$只代表财务绩效，环境绩效、顾客绩效均未能在上述公式中得到反映。

7.1.1　构建PIMM模型

我们从第6章知道，企业营销生态化绩效的实现有两条基本路径：营销持续改善与营销生态化再造。

对于很多企业而言，企业营销生态化是对其原有营销体系的改善和提高，这是一个持续性过程。国际劳工组织项目专家罗伯特·艾布拉姆森和瓦尔特·霍塞特曾经共同提出了绩效改善计划（performance improvement planning，PIP），该计划旨在提高企业整体绩效和活力，是一种有计划的和系统性的组织变革方法，强调组织系统的整体行为①。PIP 的实现是借助公司战略、目标管理、过程咨询以及现代行为科学中领导、激励和组织变革等有关观念，通过对组织结构与过程进行有计划的干预，以达到实现组织目标和意图的目的。

绩效改善计划为我们提供了很好的思路和方法，本书在 PIP 基础上提出基于持续改善理论的企业营销生态化改善法（marketing ecological continuous improvement method，MECIM），简称"持续改善法"。根据 MECIM 的基本原理，我们可以建立企业营销生态化绩效改善模型（the performance improvement model of enterprise marketing，PIMM）。

企业营销生态化绩效评价是一个系统工程。企业在改善企业营销生态化绩效时，需要注意企业营销生态化绩效系统及改善的制衡机制。这种制衡机制主要是指组成营销生态化绩效系统的各要素（指标）之间，尤其是顾客、企业、自然环境三大系统之间存在的一种相互依赖、相互制约的关系，这种关系形成了一种强大的力量，使得营销生态化绩效系统处于动态运动中，但又蕴含内在的逻辑性和联系度，从而呈现出一定的稳态。

环境系统是企业必须遵循和适应的。因此，环境系统通常在企业营销生态化实现过程中处于控制与引导地位，企业的所有营销生态化行为或活动都必须与环境系统相匹配。通常情况下，企业营销遵循生态化理念是绩效评价的基础和前提，而营销生态化绩效评价反过来会影响企业营销行为进而对环境系统产生影响。也就是说，环境系统不断改善企业的营销活动以适应生态化的要求，而环境系统作用于企业营销系统又会适时修正企业营销行为。

营销生态化理念是企业营销生态化实现的指导哲学，对企业营销生态

---

① 司林胜. 基于 PIP 的企业绿色营销绩效系统构建 [J]. 商业经济与管理，2003（6）：23-25.

化绩效评价起"统御"作用。它疏导各种营销行为，成为企业系统内部的基本准则，对营销生态化战略、策略和管理起指导作用。企业营销战略、策略是企业在营销生态化理念的指导下所采取的具体营销行动，其执行的结果又进一步强化和固化企业的营销生态化理念。

企业营销生态化的营销管理绩效主要取决于执行系统和控制系统以及两个系统之间的协同效果。执行系统指的是企业营销生态化实施主体、措施和行为。控制系统指的是企业营销生态化过程中的反馈和纠正。执行系统的效果将影响到控制系统的绩效，执行系统的效果越好，企业在控制系统中的投入就越少。控制系统是对执行系统的一种反馈，企业通过控制系统可以发现执行系统执行效果的好坏，可以采取措施在下一个周期予以改善。如此反复循环，企业营销生态化绩效改善良性系统得以形成，并不断提高企业营销生态化绩效。

企业营销生态化绩效改善模型（PIMM 模型）能为改善企业营销生态化绩效提供切实指导。从图 7-1 可知，企业营销生态化绩效改善工作由预先诊断、组织准备、导入并形成绩效改善计划、实施计划、计划评价与控制五个阶段组成。PIMM 模型说明，企业营销生态化绩效改善活动是一种具备可循环、计划性和持续性等特点的组织变革活动，它需要企业从上（董事会成员等企业高层管理人员）到下（普通员工）的积极参与和共同努力来达到目标，尤其是营销专职人员的努力。在 PIMM 模型中，最重要的两项基本工作就是建立企业营销生态化绩效系统和构建企业营销生态化绩效评价指标体系。前者为企业改善营销生态化绩效指明了方向并为其实现提供了保证，后者则能科学反映企业营销生态化绩效的全貌，并为企业营销生态化实现路径的选择提供切实参考。

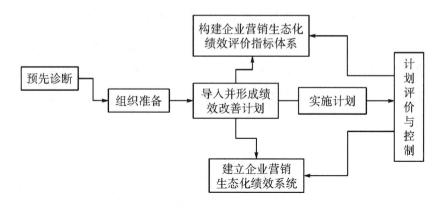

图 7-1　PIMM 模型

7.1.2　绩效改善流程

按照企业营销生态化绩效改善模型，企业营销生态化绩效改善模型基本流程如表 7-1 所示。

表 7-1　企业营销生态化绩效改善模型基本流程

主要流程	依　据	主要内容	方　法
预先诊断	企业营销生态化绩效评价系统	比较系统出现的问题、特征，如顾客不满意、企业经济绩效下降等	采用定性分析的方法，如判断问题的性质、成因以及发生环节等
组织准备	先前诊断的结果	理论准备和组织准备，尤其是高层领导熟悉 PIMM 模型	PIMM 模型和 4M 理论
导入并形成绩效改善计划	企业营销生态化运行及其绩效状况	PIMM 模型与企业营销行为有效耦合	PIMM 模型和 4M 理论
实施计划	PIMM 模型	形成了企业营销改善计划	在企业范围内导入 PIMM 模型和 4M 理论
计划评价与控制	PIMM 模型实施前后效果对比	对 PIMM 模型计划实施后的营销绩效进行有效控制	系统、定期的评价与控制、反馈

7.1.3　绩效改善路径

企业营销生态化需要调动不同营销主体参与的积极性，共同构建良好的企业营销环境。各营销参与主体充分发挥其能力和作用，承担企业营销生态化过程中应负的责任和应尽的义务成为最为关键的因素。更为值得注意的是，企业营销生态化的实现涉及除企业外的政府、社区以及环保组织等利益相关者，而它们构成的企业外部环境往往是企业难以改变而必须适应的。

（1）实施主体转换。传统的企业营销绩效评价主体是股东或出资人，因此能够综合反映企业在经济回报、资产增值与周转方面的指标就成为主要评价目标。企业的经营行为也围绕这些目标来进行，最终实现股东与出资人利益最大化。在传统的营销绩效评价体系中，评价主体单一。这种单一化的评价主体容易忽略了其他利益主体的利益，尤其是自然利益。虽然从严格意义上讲自然环境不能算是主体，因为它没有"主体意识"，但是其代表着包含环保组织、社区、企业等在内所有主体的长远利益。这也是为什么会有越来越多的环保组织、普通民众对环境保护的热情度高涨，"生态文明""绿色文明"等概念见诸各级政府工作报告中。企业营销绩效评价，尤其是营销生态化评价的评价主体从单一化到多元化的转换已成为必然①。

企业在实施营销生态化过程中，受到政府、消费者、环保组织等众多参与主体的影响，使得营销主体间以及内部营销系统间相互作用。与传统营销相比，营销生态化的内涵和外延更加丰富，内部系统（企业营销）与外部系统（政府、媒介、社区等）及营销内部主体（企业、顾客、销售商）之间的相互作用也更加复杂。不同主体在营销生态化的过程中扮演的角色也各不相同。

因此，对于企业营销生态化而言，其绩效评价主体应该体现在三个方面：一是企业本身；二是代表自然环境和资源利益的主体，这主要是由环

---

① 陈永丽，谷丰，邹航. 环境价值角度下企业绩效评价模式的重构 [J]. 财会研究，2011（2）：61-64.

保组织、社会公众等构成的压力集团；三是作为消费主体的顾客。

由于需要对市场做出及时反应，因此企业营销生态化对营销组织机构设置的要求很高。企业营销生态化过程中营销组织机构中每个成员都处于一种动态团体协作状态中。团队的构建需要根据营销功能组建成若干个核心团队，并调配企业内外部资源以保证充足的资源应对市场或环境的变化。

营销组织结构不受传统企业中的组织架构约束和限制，呈现出柔性团队的特点，即以任务团队的形式，充分利用每个成员的能力，共同协作完成任务。营销组织机构设置的唯一标准就是市场需求，不是根据产品设置机构，而是根据市场需求设置组织机构。传统营销的起点往往是企业或产品，而很少真正从市场需求的角度开始研发和生产产品。洞察顾客生态需求才真正是企业营销生态化的起点。

（2）营销理念改变。消费者是产品的消费主体，代表着市场需求。然而，在很多企业营销实践中以及营销学成为一门相对独立的学科之前，指导企业营销实践的营销理论的营销出发点并非消费者，而是企业及产品。即使是正统的营销权威教科书所阐述的观点和方法也是站在企业的立场上而非真正站在顾客的立场上。

营销生态化做的是颠覆性的工作。它既从企业出发，又不完全局限于企业，它以和谐、均衡作为基本核心和出发点，是企业内外营销系统健康运行的结果，能达到让所有利益相关者，尤其是顾客、企业和自然环境能够实现共赢，是营销的最高境界。

因此，企业必须转变营销思维，考虑企业在环境保护、节约资源、社会责任、公共关系等方面所承担的责任和义务，树立生态系统的观念，将企业的所有活动和社会整个大系统联系起来，寻求和谐共赢与均衡的格局。在实践中，企业应当大力开展市场教育工作，让消费者认识到环境保护、资源节约问题的重要性，普及绿色、生态、环保方面的知识，增强消费者生态意识，使消费者逐步养成生态消费观念。这样消费者既可以起到监督企业生产经营活动的作用，又可以监督政府在引导和约束企业营销生态化方面是否合理、有效，是否对企业营销违反生态化的行为进行惩治。

（3）营销战略改善。实施生态管理、采用环境标志、积极申请环境认证是企业实现营销生态化战略的三种基本方式。执行国际环境公约、采用ISO14000国际环境管理体系认证标准和制定生态标志制度是企业冲破国际"生态壁垒"和"绿色壁垒"，保持国际市场竞争力的必要手段。因此，企业必须围绕营销生态化开展营销工作，在董事会专门设立生态管理委员会或办公室，起到组织保证的作用。该机构的主要职责是制定生态营销战略及执行计划与措施、监督与控制企业生态营销绩效。

生态技术体系是实现企业营销生态化最重要的一环。构建生态技术体系对企业产品生产以及培育企业核心竞争力都具有举足轻重的作用。生态技术实际上也是一种"经济"行为，因为它能大幅度降低企业生产成本（沃伊诺夫，2014）①。因此，企业能否充分利用技术资源是企业寻求创新和引导消费的关键，也是决定企业能否占据行业领导地位、获得竞争优势的决定因素。然而，生态技术是一个复杂系统，不仅需要技术层面的创新，更需要企业组织、管理、营销等方面的创新。

战略理念贯穿着整个企业营销生态化过程，因此企业采用什么的战略理念决定着企业营销生态化的方向和绩效。研究表明，协同进化（co-evolution，也称协同演化）是企业营销生态化战略的主要表现形式，它与竞争、共生、捕食三种组织生态存在形式有所不同。

协同演化是生态系统复杂性的一种特征与表现，常常被用来描述生物间争夺资源、捕食、互惠共生的关系②。一般的关系可以用下面的模型来描述：

---

① 沃伊诺夫. 生态经济学中的系统分析与模拟 [M]. 张力小，译. 北京：高等教育出版社，2014.

② 程宝良. 论生态价值的实质 [J]. 生态经济，2006 (9)：124-125.

$$dx_i/dt = a_i x_i \left[e_i - \sum_1^n c_i^j x_j / (K_i + \sum f_i^j x_j) \right] - x_i \sum h_i x_j \qquad (7-1)$$

其中，$i \neq j$，$i = 1, 2, 3, \cdots, n$；$j = 1, 2, 3, \cdots, m$。

当 c_i^j 大于 0 时，x_j 是 x_i 争夺生存资源的竞争者。

当 f_i^j 大于 0 时，x_j 是 x_i 的互惠共生者。

当 h_i 大于 0 时，x_j 是 x_i 的捕食者。

这个式子表示了生态系统所存在的复杂协调演化关系，这种协调演化不仅体现在互惠互利上，同时体现在争夺生存资源和捕食与被捕食关系上。生物界和非生物界也是协同演化的，生物的进化既为自己也为别人的生物进化创造了生存条件和资源。一个物种的消亡往往是为另一个物种的生存"腾出空间"。

企业实施营销生态化战略寻求的是协同竞争，其采取的必然是互惠共生的竞争战略。

（4）营销策略改善。

①开发和生产生态型产品。拥有节约资源、满足消费者需求并能让企业盈利的产品是企业营销生态化的前提与基础。消费者购买产品的目的是满足自己的特定需求。因此，无论如何，生态产品的核心还是满足消费者的消费心理与行为需求。生态产品一般包含三个层次：核心产品。满足消费者的生态需求；形式产品——符合环境保护和资源节约要求的包装、产品质量、款式、特色等；附加产品——能给消费者和企业带来额外价值。总之，对于消费者而言，生态产品能满足其环境保护的需求；对于企业而言，生态产品能让企业获得盈利。传统营销重点关注的是企业内部营销系统，比如企业与顾客、供应商和其他利益相关者共同生产、共创价值。营销生态化需要企业将产品的价值链扩大到企业的宏观关键要素，比如自然环境、社会公众。尤其是企业产品需要按照企业盈利、顾客满意和自然满意经过动态协调后的结果来设计和生产。其产品的标准是基于三方利益协调后的结果。企业营销生态化的产品标准如表 7-2 所示。

表 7-2　企业营销生态化的产品标准

序号	产品层次	标准来源	标准要求
1	核心产品	基本利益与效用	基本利益与效用
2		品牌	生态品牌
3		质量	高性价比
4	形式产品	包装	可回收、节约资源
5		式样与规格	便于携带、运输
6		特色与特征	精美
7		安装	简单、方便、快捷
8		送货	快捷、方便
9	附加产品	保证	保险
10		提供信贷	方便
11		售后服务	放心
12	期望产品	演变趋势	符合心理期待

②采取无污染、无公害以及低成本化的分销渠道。由于产销之间存在时间、地点、数量、花色品种和所有权的矛盾，因此企业要满足消费者需求就必须在适当的时间和适当的地点把产品转移到消费者手中，这就要依靠渠道的力量。根据企业营销生态化绩效的要求，渠道也是重要的一环，因此分销渠道也必须生态化。渠道生态化的具体含义包含两方面：一方面是产品的分销过程是生态的、环保的，即在整个产品的物流配送以及分装等环节都必须做到环境保护与节约资源；另一方面是产品在分销过程中应尽量降低成本以保证获取更多的利润。因此，分销必须做到无污染、无公害以及低成本。企业营销生态化不仅需要产品是生态产品、营销组织结构实现柔性化，而且需要企业间资源、能量和信息开放、共享、集成。企业营销生态化需要及时响应市场需求，也就意味着企业需要在很短的时间里提供低成本、高质量的产品与服务以满足多变的需求，具有对市场需求的变化做出快速响应的能力，简单来讲就是具有敏捷响应能力。敏捷响应能

力涵盖了四大市场要素，即成本、质量、可靠性和多样化（灵活性)①。

③适应动态的市场变化。企业不再是静态营销，而是在不断竞争的、动态的环境中调整其营销组织机构、营销管理方式、产品与服务、业务流程以及市场策略，以适应动态的市场变化。企业可以通过各种方法和手段获得来自潜在顾客的相关信息，企业所有部门和人员都要参与其中，加强与顾客的沟通，了解顾客的需求，核算成本，考虑资源节约和环境保护，以便完善各种营销活动。

④根据企业盈亏平衡点调整产品价格。根据经济学理论，企业总收入取决于产量和价格，而利润则取决于收入和成本。在企业营销生态化绩效评价体系中，定价因素最为关键。在传统营销中，产品定价最先考虑的就是成本因素，其次才是销量。营销生态化先考虑的是销量，之后才是成本。销量是基于市场研究基础上得出的预估量。营销生态化要求定价时考虑自然资源和生态环境两个重要因素，因此会改变企业投入要素的价格，这实际上是改变了生产函数。生产函数的改变对成本的影响是双重的，从短期看，投入会增加，生产和技术效率可能降低，从而成本也会增加。但是，从长期看，生态产品将不断占领市场，其"垄断性"更加明显，其需求量也将不断增大，从而给企业带来规模效益。另外，由于减少废弃物和节约使用原料，生产要素的利用效率大大提高。因此，从长期看，成本将大幅度降低。

⑤以实现顾客满意、环境保护与资源节约为目标。生态促销体现了一种新的促销理念。生态促销是指在所有促销活动和促销环节中实现生态化，即促销活动中保持环保、低碳，做到环境友好和资源节约。生态促销能很好地反映出企业的经营理念、价值观、社会责任感等。衡量生态促销的标准主要有三点：一是企业的促销活动在消费者心目中是否会产生好的

---

① 计维斌. 论企业再造中的一种新模式：敏捷企业与虚拟企业［J］经济体制改革，1998（4)：44-49.

印象（积极、健康、良好的产品或企业形象）；二是消费者在企业促销活动中是否获得了心理或生理满足；三是整个促销过程是否不会破坏生态环境、是否节约了资源。促销和渠道的计划、执行与控制过程要符合下面三个标准：第一，满足顾客需求；第二，实现企业盈利目标；第三，整个营销过程符合生态要求（环境保护与资源节约）。因此，营销生态化不主张"过度促销"而讲究"适度促销"，即以消费者愿意、乐意接受的方式来开展促销工作，促销过程讲究环境保护（包括不产生噪声），促销物品能节约资源，尽量少用促销宣传物品，促销方式也倾向无纸化（比如通过电子方式促销）。生态营销在渠道选择上尽量选择效率高的渠道，能够在配送和售后服务上满足顾客的需求，渠道成员的选择也基于生态要求，能做到环境保护与资源节约。

（5）营销管理改善。要改善营销生态化绩效，需要切实做到以下几点：

首先，企业要通过建立以生态化模式为基本营销管理模式的组织架构，改变以往重经济效益、轻生态建设的营销手段和方法，不断探索企业营销生态化实现的路径。

其次，企业要改善与客户的关系。传统企业一般是通过产品或服务的提供形成企业与顾客的关系，但这种关系比较脆弱，难以形成持久、牢固的顾客关系。企业营销生态化要求企业必须成为顾客经营和生活中的一部分，企业营销生态化是一个系统，是由企业员工、顾客、供应商、分销商甚至竞争对手等物种组成的开放系统，它们为实现共同的目标形成群落。企业营销生态化系统是产品价值链成员之间的战略联盟，其生存之道在于以合作求发展、以共生求发展。传统营销使得企业与顾客之间的关系是一种时有时无的接触关系，不能让企业与顾客一起盈利。正如前文所述，企业营销生态化是一种非零和合作博弈，参与各方都要先把利益"蛋糕"做大。企业要实现营销生态化就必须超越"顾客仅仅是顾客"的范畴，应主动帮助顾客与顾客的顾客取得联系，淡化和模糊企业边界的概念，使企业营销生态系统成为一个柔性、信任、开放的系统。

再次，企业应建立新的协调机制。根据企业营销生态化绩效评价的三维模型，顾客、企业和自然环境三者必须协调发展，携手共进。该协调机制要在企业内部环境和外部环境之间或企业内部建立紧密的、有效的关系，为所有参与者互利创造新机遇。传统企业营销绩效的改善主要来自企业内部，较少将注意力集中在企业外部。企业营销生态化更强调企业外部资源整合，追求共生共赢的利益共享机制。

最后，企业应采取新的控制办法。传统营销绩效评价体系框架的重点在于将实际财务结果与计划相比较来执行控制计划。这样，绩效评价结果可能会低于计划水平。在营销生态化视角下，企业需要运用知识管理和价值网络来管理与控制企业，这种控制是基于复杂适应性的动态学习。社会主体（代表自然环境）、经济主体（代表企业）和顾客都是该动态学习系统的重要组成部分。企业资金流、现金流要能表现企业与社会公众、顾客等利益相关者的关系，而且需要体现企业在营销生态化过程中通过动态学习保证资源节约与环境保护的绩效。

7.2 主导路径 2：营销过程生态化

企业营销生态化的一种实现路径是重构，即实现突破性的创新重构营销体系和机制。这是基于重构理论的实现方法（implementation method based on reconstruction theory，RIM），我们可称之为营销生态化再造法。这种方法对一个全新企业及易于转型的中小企业尤其合适。

对于很多企业而言，企业营销生态化的过程是一个全程性的转变过程。企业不仅在营销环节需要改变，还在市场研究、生产、研发等领域需要改变，包括售后服务也需要改变。因此，对传统营销绩效评价体系的改造不能是局部的、零星的，而应该是系统的、整体的和全过程的。这样改造过的绩效评价体系才能指导现有的营销变革和改造，否则无法实现真正意义上的营销生态化，这就是传统营销再造。

根据著名的管理学家麦克尔·哈默（Michael Hammer）和詹姆斯·钱皮（James Champy）在1993年出版的《公司重组——企业革命宣言》一书中提出了影响深远的企业再造理论，随后包括美国在内的许多西方国家开始流行企业流程改造（business process reengineering，BPR）。我国在20世纪末期21世纪初开始引进和研究该理论。

企业再造是指为了极大改善企业成本、质量、服务和速度等关键因素，从根本上重新思考，并完全重新安排企业的生存作业过程①。营销生态化再造是企业用生态化理念从根本上对整个营销体系、过程、环节以及营销组合等进行重构。

企业营销生态化是各个利益集团相互博弈的结果，使得企业营销能从不均衡向均衡演化。企业营销生态化的实质和最终演化结果就是企业、顾客与压力集团之间最终达到博弈均衡。其结果是资源节约、环境友好、企业可持续发展，并且顾客需求同时得到满足，实现生物量、物理量和关系量的均衡。

7.2.1 适应外部环境的路径选择

（1）基于价值认同进行生态营销管理制度安排。获得价值认同的一个重要根源，或者说制度设置的目的在于社会生产、生活的优化，避免个体的机会主义（孙晓伟，2010）②。企业是经济利益的追求者，存在着机会主义行为。环境资源作为一种公共品，其产权难以界定，这就为机会主义行为提供了极大的空间，即以牺牲公共利益为代价来满足私人利益的机会。在企业生态化的问题上，科学合理的制度结构可以约束企业的行为，降低社会成本，减少交易费用。由于资源的稀缺性，为了使资源更好地发挥效

---

① 李世宗. 绿色营销绩效改善方法探析 [J]. 湖北财经高等专科学校学报，2008，20（3）：3-5.

② 孙晓伟. 论企业生态化的制度安排与路径选择 [J]. 企业经济，2010（6）：53-56.

率，有关企业生态化的制度安排被设置，以约束企业的行为。正如新制度经济学家们所说的，制度是一系列被制定出来的规则、守法程序和行为的道德伦理规范，它旨在约束追求集体福利或效应最大化的个人行为。企业营销生态化的制度安排有助于实现生态化企业的集体理性。由于环境管理活动面对的是难以分割的公共资源，管理活动产生的结果也是具有正的外部性的公共物品。这决定了管理活动必然是一种集体行动。在集体行动中，由于参与其中的个体之间往往存在着利益冲突，加之个体的机会主义倾向和"搭便车"行为，集体行动的结果并不如意，甚至出现"囚徒困境"的现象（洪开荣，2014)[1]。奥尔森从个人利益与理性出发，对这一现象的解释如下：个体从自己的私利出发，常常不是致力于实现集体的公共利益，个人的理性不会促进实现集体的公共利益。从这个意义上看，制度安排既是为了个体而提供一种强有力的激励，又同时消除集体中某些个体的"超额"利益，是获取集体行动收益的手段。市场作为度量和界定正当利益的驱动机制尚不健全。经济增长的一个重要原因是生产性努力增长的结果。为了鼓励更多的生产性努力，抑制分配性努力，制度安排就要寻求一种度量技术来度量和界定正当的利益。随着制度的变迁，市场作为度量和界定正当利益的制度安排就应运而生了。市场机制的作用就在于通过价格机制与竞争机制来实现资源的有效配置。环境污染的外部性问题产生的重要原因在于市场失灵，市场不能有效调节社会成本内部化，造成企业污染而公众"买单"的结果。

（2）构建渠道生态系统。产品进入市场后会面临市场推广问题。企业营销渠道的构建需要投入大量时间和成本，再加上产品销量和盈利可能很少，成长率较低，企业需要在消费者心目中广泛建立第一认同感。因此，企业构建渠道生态系统，启动优化设计、精细管理，逐步把握产品共生成长的关键路径，沿着既定路线，稳扎稳打，深入推进，从而决定资源、价

---

① 洪开荣. 经济博弈论［M］. 北京：经济科学出版社，2014：2-21.

格体系以及销售物流、信息流、资金流等处于均衡状态（祝海波等，2018）①。此后，经过震荡，企业产品在功能、构成要素等方面都逐渐成熟，也有了知名度。此时，渠道逐步规范、稳定，销量和盈利增长，使得渠道系统处于合理的渠道生态位，形成了稳定的生态市场渠道。

（3）借势成长，适度扩大生产规模。企业创业之初大多采用粗放型、劳动密集型生产模式，处于产业价值链的低端。加之行业内竞争激烈、消费者认识不足、生产与销售成本高、销量较少、利润较少，品牌难以形成。因此，企业要依托共生资源，走"借势成长"的路径——借助共生支点撬动产品调整与升级，带动企业产品向集约化、规模化、高附加值方向发展。

（4）营造和谐的社会生态环境。企业离不开生存发展的社会环境。企业既要受市场约束，又要处理与其他利益相关群体的关系。这就要求企业若要实现营销生态化，不仅要与顾客建立关系，还要与各利益相关者、自然环境、社会环境等建立全方位协同成长的和谐关系，厘清各类关系相互作用、相生相克的机理并及时做出协调以保持其生态平衡，从而能够适时做出最优的路径选择。正如前文所述，企业在营销生态化过程中除了满足目标消费者需求和企业利益之外，必须遵循社会的基本规则和需要。因此，企业营销必须杜绝发生与社会道德相抵触、危害公众利益而引起社会动荡不安、触犯法规、污染环境、破坏生态平衡等现象，否则就会导致生态系统失衡，表现为企业绩效受损。

7.2.2 优化内部环境的路径选择

（1）专注生态产品质量，定位核心竞争力的比较优势。企业要确立生态产品质量是企业可持续发展的基本前提，并将其贯穿企业成长的始终，落实到每一名员工、每一个营销环节中，确保产品、定价、分销和促销都

---

① 祝海波，郑贵军，陈德良，等. 渠道生态系统结构、演化与运行机制研究［M］. 北京：经济科学出版社，2018：211-263.

既能符合消费者的期望，又能实现资源节约和环境保护。企业应该结合自身特色优势，重点打造管理、品牌产品质量、环境应变三大比较优势，并将这三大比较优势再转化为企业的竞争优势。企业在成长过程中，随着环境的变化，其竞争力的强弱不是绝对的、持久的，而是可变的、暂时的。企业只有在竞争对手中和共生行业内保持对市场的快速反应、价格处于均衡状态、服务到位等比较优势，才能赢得消费者的认同并促进产品销量和盈利提升。

（2）创新产品生态价值的路径选择。研发能力较弱的企业可以发挥其经营灵活、管理层级少、稀缺资源富有或独占等比较优势，专注于创新产品和品牌的文化特色，从而弥补自身研发缺陷。企业应寻找与自己优势互补、定位一致的合作伙伴，共同开发市场并传播品牌，最大限度地避免与共生体系中的强势品牌争夺资源。企业应给营销注入文化内涵，增加视觉文化识别符号，提炼品牌的生态卖点。真正有效率的宣传是变消费客体的被动接受为愿意接受，实现传播的自发再传播。企业应提升品牌知名度和顾客忠诚度，使品牌实现溢价，激发消费者的购买欲望，助推企业持续成长。

（3）整合市场生态管理的路径选择。企业生态平衡仅有竞争关系是不够的，还要有共生体系之间动态变化的依存关系，并根据这些依存关系来管理企业群落之间相生相克的共生共赢关系。共生就是把处于同一市场体系内的企业都依赖的物资、能量、信息等资源用于构建适合自身发展的消费终端，并按成本最优方略来建立共用共赢的市场资源渠道，从中获取的相关资源都能支撑企业成长。共赢是对处于同一共生体系中的企业都建立契约式合作共赢的利益分配机制，即在签约之初就设定好，以避免执行纠纷，让收益分配有章可循。这样不但使得企业收益有保障，而且让同一共生体系中的其他企业也能获得一定比例的收益。整合市场生态管理是将所有市场生态因子有序地组合在一起，针对企业资源环境的变化实况，运用定位、传播、营销管理手段和方法来推进企业的成长，从企业适应内外环境的竞争合作、成本边际、盈利模式、社会经济效益来实施市场生态管理，将游离于市场中的生态因子进行分类融合，寻找到企业共生共赢、可持续成长的生态路径。

7.3 实证研究

7.3.1 文献回顾与研究假设

（1）营销生态化与企业经济绩效。依据自然资源基础观理论，对组织绩效有正向作用的竞争优势考虑了生态环境约束的、有价值的、不可模仿和替代的异质性资源（Hart & Dowell，2011）[①]。蒂斯等（Teece et al.，1997)[②] 指出，企业通过动态能力，即整合、构建和重新配置内外部资源以应对快速变化的环境的能力，将异质性资源转化为竞争优势。企业营销生态化实质上是一种营销生态化方式，它伴随着营销支持、企业营销行为、营销组织结构、产品生产生态技术等企业资源的发展而逐步演化为企业的核心竞争力，从而实现企业可持续发展，并极大提高企业的竞争优势。然而，经验研究未能如理论预期那样提供营销生态化和企业绩效关系的一致结论（马玎等，2018)[③]。企业营销生态化主要体现在两个方面：生态产品营销和营销过程生态化。生态产品营销最主要的验证标准为是否减少产品开发、生产和销售过程中的有害物质，提高了能源的使用效率，延长使用时间及循环利用废弃产品来降低环境影响。营销过程生态化主要是在营销的全链条中减少污染和提高资源使用效率。其对企业经济绩效的正

---

① HART S L，DOWELL G. A natural-resource-based view of the firm：fifteen years after ［J］. Journal of Management，2011，37（5）：1464-1479.

② TEECE D，PISANO G，SHUEN A. Dynamic capabilities and strategic management ［J］. Strategic Management Journal，1997，18（7）：509-533.

③ 马玎，刘介明，刘思施. 企业生态创新与经济绩效的因果、路径和调节 ［J］. 企业经济，2018（6）：11-18.

相关影响已得到现有研究证实。例如，布拉西尔等（Brasil et al., 2016）[1]通过对巴西纺织业的实证研究发现，生态产品创新会对经济绩效产生正向影响，而企业营销生态化对经济绩效的影响则以生态产品创新为中介。总之，无论是生态产品开发与销售，还是整个营销过程生态化，都会不同程度带来资源使用效率提高、环境保护、能源节约以及企业环保声誉的增强。

此外，学者们也指出营销生态化对经济收益的实现一般存在延迟。哈特（Hart, 1996）[2]指出，企业环境绩效的提高通常需要相当长的内外部整合、重建过程，这延长了企业投资的回收期。因此，本书提出假设 1a、假设 1b。

假设 1a：生态产品销售通过一定的滞后期正向影响企业的经济绩效。

假设 1b：企业营销生态化通过一定的滞后期正向影响企业的经济绩效。

（2）政府市场导向的调节效应。市场需求反映生态消费容量，即决定了企业能否从营销生态化中获得足够的收益。然而，市场需求与经济收益的获取并无绝对的联系。一方面，这是由于企业迫于市场生态消费的意愿，而仅对环境创新进行最少的投资来提高社会认可度和打造"绿色形象"；另一方面，环境信息的不对称性也抑制了企业营销生态化的价值获取（Bigliardi et al., 2012）[3]。中国政府对消费者的导向作用非常明显，一

① BRASIL M V D O, ABREU M C S D, LEOCáDIO A L. Relationship between eco-innovations and the impact on business performance: an empirical survey research on the Brazilian textile industry [J]. Revista De Administracao, 2016, 51 (3): 276-287.

② HART S L. Beyond greening: strategies for a sustainable world [J]. Harvard Business Review, 1997, 75: 66-76.

③ BIGLIARDI B, BERTOLINI M, DORAN J., Regulation and firm perception, eco-innovation and firm performance [J]. European Journal of Innovation Management, 2012, 15 (4): 421-441.

方面，政府管控规模巨大的国有企业①；另一方面，政府采购量巨大，即政府是最大的消费群。因此，政府能对市场起到引导和示范作用。例如，政府采取绿色生态采购方式，即政府购买向对环境影响较小的产品予以倾斜（如设定采购生态标准、优先采购生态性产品等），这能够对其他竞标政府采购的企业起到良好的示范作用，这意味着生态友好型技术和产品潜在收益被倡导，从而推动更多企业采取营销生态化方式，也增加了可持续性中间品和最终产品的需求空间。另外，国有企业采取营销生态化方式，无疑向市场和消费者传递着明显的信号，即营销生态化是被鼓励和信任的，更多的民营企业必将追随。这样，信息传播和信号作用强化了区别化效应，为企业营销生态化提供了有力的互补性资源，从而有利于提高企业的"绿色声誉"和经济回报。

政府对企业营销生态化会产生不同程度的调节效应。生态产品营销能降低消费者使用阶段的能耗，提高废弃和循环再利用阶段的价值。企业营销过程生态化强调生产过程中的资源节约和污染降低，而未能给消费者带来明显感知的优势（Chen et al., 2006）②。因此，本书提出假设2a、假设2b。

假设2a：政府绿色生态采购导向正向调节企业营销生态化与经济绩效的关系。

假设2b：政府营销生态化导向正向调节营销生态化与经济绩效的关系。

（3）环境政策的调节效应。企业营销生态化受到环境规制、生产成本等内外部因素的影响，尤其是受到环境政策的影响。企业营销生态化的决

---

① 截至2022年年底，中国有国有企业为16.7万家，资产总额为140.7万亿元，企业营业收入为44.9万亿元，利润总额达到2.5万亿元。进入世界500强的企业共有110家，居世界第二位，其中国有企业达83家。

② CHEN Y S, LAI S B, WEN C T. The influence of green innovation performance on corporate advantage in Taiwan [J]. Journal of Business Ethics, 2006, 67 (4): 331-339.

定因素也会作用于创新所产生的经济结果。这说明，除市场需求外，环境政策也会对企业的经济绩效产生重要影响。哈特和阿胡贾（Hart & Ahuja，1996）① 证明，污染排放程度最高的企业也是从污染预防和排放降低的环境举措中获益最多的企业，这将环境规制程度与企业从环境绩效改善中获得的经济绩效联系了起来。其原因在于，高污染企业在最大强度的规制约束下，更容易从主动环境战略中获得诸如责任成本、罚款和诉讼等规制成本降低的收益。另一项激励企业营销生态化的环境政策规制工具是补贴，它通常的形式为固定资产的加速折旧、进口或环保设备的税收减免、经济激励、技术援助②。补贴是发展中国家支持可持续战略最为主要的一种政策工具（Shen & Luo，2015）③。因此，本书提出假设 2c、假设 2d。

假设 2c：规制强度正向调节企业营销生态化与经济绩效的关系。

假设 2d：补贴正向调节企业营销生态化与经济绩效的关系。

（4）价值获取机制。哈特（Hart，1995）④ 提出的自然资源基础观理论认为，企业通过污染预防和产品环境管理积累了诸如效率提高、利益相关者资源整合的关键能力，从而带来了成本领先和资源先占的竞争优势。这说明，企业主要是通过提高生产率和市场扩张两种机制来获取经济利益。关于生产率机制，波特和范德·林登（Porter & Vande Linder，1995）⑤认为，污染是一种经济浪费，即资源的不完全利用，而对其控制也意味着

① HART S L, AHUJA G. Does it pay to be green? an empirical examination of the relationship between emission reduction and firm performance [J]. Business Strategy and the Environment, 1996, 5 (1)：30-37.

② DONG Y, WANG X, JIN J. Research on effects of eco-innovation types and regulations on firms' ecological performance：empirical evidence from China [J]. Journal of Engineering and Technology Management, 2014, 34 (SI)：78-98.

③ SHEN J, LUO C. Overall review of renewable energy subsidy policies in China-contradictions of intentions and effects [J]. Renewable and Sustainable Energy Reviews, 2015, 41：1478-1488.

④ HART S L. A natural-resource-based view of the firm [J]. Academy of Management Review, 1995, 20 (4)：986-1014.

⑤ PORTE M E, VAN DER LINDE C. Green and competitive：ending the stalemate [J]. Harvard Business Review, 1995, 73 (5)：115-134.

提高生产率。企业营销生态化在产品生产、价格制定、渠道分销和促销等营销策略中可以产生差别化效应，从而细分市场并提高企业形象。基于生态产品和企业营销生态化不同的侧重点，生产率提高和市场扩张两种利益获取机制的重要性也有所区别。同时，分析市场与规制的调节因素和机制的交互作用也十分必要，因为其揭示了来自政府和企业自身的作用力是否有效地促进了企业从营销生态化中获得生产率和市场的真正增长①。依据市场因素和规制因素对生态产品与企业营销生态化的相对重要性，本书提出假设3a、假设3b、假设3c。

假设3a：生产率提高和市场扩张是企业营销生态化的主要经济价值获取机制。

假设3b：绿色采购和营销强度越高，市场扩张的机制就越显著。

假设3c：规制强度和补贴程度越高，生产率提高的机制就越显著。

7.3.2　实证分析

（1）倾向得分匹配。为衡量营销生态化带来的净效应，本书选择的方法为倾向得分匹配法（PSM）。由于企业营销生态化实践与一系列因素相关，仅比较企业营销生态化实施和未实施企业的经济绩效会产生选择偏误，因此我们需要运用PSM甄别出与实施企业匹配的控制样本来模拟随机试验。PSM通过Logit回归将反映实施企业与控制样本共同特征的多维度特征向量浓缩为一个从事企业营销生态化的倾向得分，这与依据行业和年度匹配的同类研究相比，避免了函数形式和误差项分布的设定，同时扩展了匹配维度。由于倾向得分为连续变量，因此我们难以找到完全匹配的控制样本，需要设定特定匹配规则。常用的匹配方法包括最近邻匹配法、半径匹配法和核匹配法。本书采用半径匹配法。半径匹配法作为最近邻匹配法的变体，可以减少远距离匹配的偏差，避免核匹配法中生成虚拟单位的问题。

---

① CHENG C C J, YANG C, SHEU C. The link between eco-innovation and business performance [J]. Journal of Cleaner Production, 2014, 64 (1): 81-90.

（2）样本选择。因为企业的很多数据属于机密，再加上新冠病毒感染疫情影响了到相关企业开展调研，因此本书选取的样本均来自深沪主板市场中的上市企业。在营销生态化具体企业样本确定上，我们选择了在生态环境部及生态环境部清洁生产中心官方网站中的环境标志认证与清洁生产认证数据库中的企业。这主要是考虑环境标志认证意味着该企业产品质量合格，同时在生产、使用和处理处置过程中符合特定的环保要求，与同类产品相比具有低毒少害、节约资源等优势。清洁生产认证以企业污染排放预防与控制、节能技术和可再生能源开发为考核重点。这两类企业的标志性特征与营销生态化内涵相吻合。

本书根据上述数据来源，从上市公司总样本中识别出 2012—2013 年的 104 家环境标志认证企业和 160 家清洁生产企业。为保留足够年份数据考察企业绩效以及对财务报表的考虑，我们删掉 2011 年以后上市的企业，删掉财务状况异常的特别处理（ST/＊ST）企业。最终，处理组样本为 2012 年和 2013 年开展企业营销生态化的 139 家企业，控制组为 625 家企业。

（3）变量描述。在 Logit 回归中，本书选取 2009—2013 年的企业规模（enterprise scale，ES）、终极控制类型（ultimate control type，UCT）、盈利能力（capacity of making profit，CMP）、生态营销能力（eco-marketing capability，EMC）代表企业特有的因素，选取行业竞争（IC）、政府绿色生态采购（green government procurement，GGP）来代表市场拉动，选取研发哑变量（RD）代表技术推动，选取规制强度（regulatory intensity，RI）和补贴（government subsidies，GS）代表规制政策。在对经济绩效的考察方面，本书选取 2012—2015 年净资产收益率（ROE）作为指代变量。此外，为了识别企业营销生态化对企业绩效的影响路径，本书采用销售增长（SG）和全要素生产率（TFP）代表市场扩张和生产率提高两种机制。调节变量包括环境规制强度（RI）、补贴（GS）、政府绿色采购（GGP）、生态营销能力（EMS）。上述变量的描述及数据来源如表7-3所示。

表7-3 变量描述及数据来源

变量	衡量方法	来源
ES	总销售额的自然对数	a
UCT	国有控制哑变量	a
CMP	营业利润率	a
EMC	ISO14001认证哑变量	b
IC	产品市场竞争赫芬达尔指数 $$\sum\left(\frac{MS_t}{\sum MS_t}\right)^2，MS_t为企业i的主营业收入$$	a
GGP	政府绿色采购哑变量	c
RD	研发投入哑变量	d
RI	产出加权的行业三废达标率 $\sum\left(\dfrac{E_{ij}}{\sum E_{ij}}\Big/\dfrac{O_i}{\sum O_i}\right)\times TH_{ij}$ E_{ij}和$\sum E_{ij}$为行业i和全国污染物j的排放量，O_i和$\sum O_i$为行业i和全国总产值，TH_{ij}别代表行业i的废水排放达标率、二氧化硫去除率、固体废物综合利用率	e
GS	政府补贴的自然对数	d
ADVER	营销强度（销售费用/营业收入）	a
ROE	净资产收益率	a
SG	营业收入增长率	a
TFP	全要素生产率（半参数LP估计）	a

注：a为CSMAR数据库；b为中国国家认证认可管理委员会官网；c为绿色采购网产品数据库；d为年报附注；e由《中国环境统计年鉴》和《中国统计年鉴》相关数据计算而得。

7.3.3 实证结果与讨论

（1）样本匹配首先要估计两类企业营销生态化决定因素的逻辑回归，结果如表7-4所示。

表 7-4 企业营销生态化决定因素的逻辑回归结果①

变量	生态产品销售			营销过程生态化		
	$M1$	$M2$	$M3$	$M4$	$M5$	$M6$
RD		0.206 (0.80)	0.221 (0.85)	0.317 (1.32)	0.394 (1.62)	0.388 (1.60)
EMC	1.504*** (6.65)	1.510*** (6.67)	1.494*** (6.57)	2.494*** (11.32)	2.514*** (11.40)	2.506*** (11.35)
RI	0.112*** (2.83)	0.104*** (2.63)	0.107*** (2.72)	0.056* (1.85)	0.054* (1.74)	0.073** (2.46)
GS	0.226** (1.99)			0.285*** (2.36)	0.321*** (2.96)	0.323*** (2.97)
GGP	0.743*** (3.01)	0.818*** (3.32)	0.701*** (2.84)		−0.770* (−3.03)	−0.787*** (−3.09)
IC	4.989*** (7.86)	4.785*** (7.79)	4.751*** (7.64)		−0.462 (−0.46)	
CMP	2.146** (2.17)	1.749* (1.82)	1.720* (1.70)	−1.196 (−1.14)	−1.164 (−1.13)	−1.214 (−1.17)
ES	0.552*** (6.92)	0.572*** (7.21)	0.633*** (7.71)	0.351*** (4.47)	0.328*** (4.28)	0.342*** (4.34)
UCT			0.755*** (−3.12)	−0.152 (−0.70)		−0.195 (−0.90)
INDUS_D	Yes	Yes	Yes	Yes	Yes	Yes
_CoNS	−17.62*** (−9.76)	−17.60*** (−9.72)	−18.62*** (−9.99)	−12.11*** (−7.13)	−11.63*** (−6.93)	−11.90*** (−6.95)
Pseudo-R^2	0.216	0.212	0.223	0.234	0.244	0.244
AUC	0.844	0.847	0.859	0.854	0.857	0.858
N	3 450	3 450	3 450	3 671	3 671	3 671

为了控制行业效应，模型均加入行业哑变量。与之前文献一致，企业营销生态化与生态营销能力（EMC）、规制强度（RI）、补贴（GS）、企业

---

① 注：*、**、***分别代表在 0.1、0.05、0.01 水平上显著，括号内为 t 值，AUC 值为 AUC 曲线下面积比。

规模（ES）正相关（Hart & Ahuja，1996）[①]。研发哑变量（RD）系数为正数，与预测相同。盈利能力（CMP）与生态产品销售（eco-product innovation，EPI）正相关，但是对企业营销生态化的影响并不显著。这证明资本充足的企业更有能力将资金投入企业营销生态化中。国有企业进行企业营销生态化的倾向低于其他所有制企业，说明国有制在给上市企业带来信用贷款、税收减免、财政补助和监管弹性的同时，也抑制了企业积极解决环境问题的动机。政府绿色生态采购（GGP）、行业竞争（IC）的影响恰恰相反。政府绿色生态采购与企业营销生态化正相关；行业竞争说明生态产品销售取决于在高度集中的产业（如垄断市场）中挖掘盈利性潜力的机会（Ghisetti & Rennings，2014）[②]。这些发现证实了生态产品销售主要取决于战略性市场行为，而企业营销过程生态化更取决于规制政策。

从拟合优度来看，通常采用的二分变量模型的诊断指标为伪 R^2 和 AUC。前者为对数似然函数的实际增量值与最大增量值的比率，后者度量了以正确辨别率为 Y 轴，以误判率为 X 轴的 ROC 曲线下方的面积占比。模型 M1 至 M6 的伪 R^2 值在 0.216~0.244，这与同类研究相当（Kesidou & Demirel，2012）[③]。AUC 值均高于 0.8，表明模型的辨别力良好。综合两个指标，本书选取模型 M3 和模型 M6 分别作为生态产品销售和企业营销过程生态化的基准模型来计算倾向得分。为保证匹配的有效性，模型必须满足两个先决条件：第一个条件是共同支持假设，即处理组和控制组的倾向得分分布总体上重叠。第二个先决条件，即平衡假设。t 值检验表明所有的变

① HART S L, AHUJA G. Does it pay to be green? an empirical examination of the relationship between emission reduction and firm performance [J]. Business Strategy and the Environment, 1996, 5 (1)：30-37.

② GHISETTI C, RENNINGS K. Environmental innovations and profitability：how does it pay to be green? an empirical analysis on the German innovation survey [J]. Journal of Cleaner Production, 2014, 75：106-117.

③ KESIDOU E, DEMIREL P. On the drivers of eco-innovations：empirical evidence from the UK [J]. Research Policy, 2012, 41 (5)：862-870.

量均值没有显著差异，即协变量都是平衡的。倾向得分的估计为控制样本的选择奠定了基础，保证了参加企业营销生态化是处理组和控制组的唯一事前差别。由此，我们可以获取反事实绩效。

（2）企业营销生态化效应分析。为验证假设 1a 和假设 1b，我们计算了认证后逐年的匹配前后创新实施组与控制组的平均净资产收益率（ROE）以及两组之间的差别，而企业营销生态化是否对经济绩效有正向作用，则由组间差（ATT）反映。其中，企业生态产品销售与企业营销过程生态化的结果见表 7-5。

表 7-5　经济绩效的 ATT 值

表 7-5A：生态产品销售与控制组的 ATT 值					
项目	2013	2014	2015	2016	总体
ROE					
生态产品销售	0.156	0.108	0.104	0.136	0.131
控制组	0.122	0.098	0.095	0.093	0.107
未匹配差异	0.036***	0.030***	0.012	0.046***	0.029***
	(2.72)	(2.32)	(0.91)	(3.51)	(4.47)
ATT	0.034	0.009	0.010	0.043**	0.024**
	(1.62)	(0.46)	(0.40)	(1.99)	(2.37)
表 7-5B：营销过程生态化与控制组的 ATT 值					
项目	2013	2014	2015	2016	总体
ROE					
营销过程生态化	0.111	0.086	0.06	0.068	0.069
控制组	0.091	0.081	0.055	0.022 5	0.070
未匹配差异	0.008	−0.01	−0.034***	−0.006	−0.018***
	(0.59)	(−1.12)	(−3.47)	(−0.66)	(−3.58)
ATT	0.196	0.006	0.005	0.025**	−0.000
	(1.14)	(0.48)	(0.39)	(1.99)	(−0.08)

注：***、**、* 分别代表 1%、5% 和 10% 的显著水平，括号内为 t 值。

从表 7-5A 来看，生态产品与控制组相比，ATT 值直到 2015 年才显著为正，而其余年份处理组和控制组的 ROE 并无显著差异。在未匹配情况下，ROE 均值差异在各年份（除 2014 年外）均显著为正，说明如果不合理控制选择偏误，生态产品销售的经济后果就将被高估。从表 7-5B 来看，企业营销过程生态化的 ATT 值与生态产品销售相似，而差异水平下降。总体来看，生态产品销售与 ROE 显著正相关，而企业营销生态化未能带来整体 ROE 的提高。这可能是由于企业的相关数据未能提供有效区分，生态产品销售和企业营销过程生态化两者对经济结果有相反作用。一个细微的差异表现在 ROE 的非匹配差异与企业营销生态化恰恰相反，说明如果不控制选择偏误，企业营销生态化的经济绩效就将被低估。总体而言，假设 1a 和假设 1b 得到证实。

在验证了企业营销生态化对经济绩效滞后的正效应后，一个重要的问题是企业或政府层面的因素是否促进了生态化收益的获取，这就需要对市场导向和环境规制的权变量进行调节效应分析。本书采用政府绿色生态采购（GGP）、补贴（GS）、营销生态化水平（MER）和环境规制强度（RI）对企业样本进行分类。其中，后两个变量为连续变量，用 75 和 25 百分位数将其转化为分类哑变量。样本划分后的 ATT 见表 7-6。关于生态产品销售，ATT 在所有调节变量的高水平组都显著为正且高于 0.043，而低水平组的 ATT 均不显著，说明市场导向和环境规制因素会强化企业营销生态化和企业盈利性的相关性。

表 7-6　市场和规制权变量的调节效应

分类变量	生态产品销售		营销过程生态化	
	ATT	t 值	ATT	t 值
市场权变量				
GGP = 1	0.041***	2.66	0.014	0.69
GGP = 0	0.008	0.56	−0.014	−0.81

表7-6(续)

分类变量	生态产品销售		营销过程生态化	
	ATT	t 值	ATT	t 值
$RI_{ABOVE\ Q4} = 1$	0.016	0.70	0.000	0.03
$RI_{Q3\sim Q4} = 1$	0.077*	1.70	0.027	0.64
$RI_{Q2\sim Q3} = 1$	0.032	1.31	−0.032	−1.64
$RI_{Q1\sim Q2} = 1$	0.034	0.95	−0.063	−0.056
规制权变量				
$RI_{ABOVE\ Q4} = 1$	−0.011	−0.55	0.008	0.30
$RI_{Q3\sim Q4} = 1$	0.061***	2.67	−0.031	−1.05
$RI_{Q2\sim Q3} = 1$	0.015	0.78	0.009	0.93
$RI_{Q1\sim Q2} = 1$	0.013	0.65	0.022	0.72
$GS = 1$	0.035***	2.82	0.042***	3.13
$GS = 0$	0.016	0.49	0.011	0.52

注:*、**、*** 分别代表在 0.1、0.05、0.01 的水平上显著。

值得注意的是,中上水平而不是最高水平的企业营销生态化强度(ecological strength of enterprise marketing,$ESEM_{Q3\sim Q4}$)和环境规制力度($RI_{Q3\sim Q4}$)充当了调节因子,揭示了恰当的企业营销生态化强度和环境规制对企业营销生态化经济效益的作用更大。企业营销过程生态化唯一识别的正向调节变量为政府补助(GS),这与已有研究(Ghisetti & Rennings,2014)[①] 发现财政资助与营销生态化交互效应对盈利性的影响作用反向的结论恰恰相反。

考虑到政府对上市公司具有重要影响,研究得到的结论可能说明政府能够选取最有前景的企业支持其企业营销生态化活动,或者补贴本身给企业带来了盈利。环境规制强度并没有强化企业营销化和盈利性之间的关

---

① GHISETTI C, RENNINGS K. Environmental innovations and profitability:how does it pay to be green? an empirical analysis on the German innovation survey [J]. Journal of Cleaner Production, 2014, 75:106–117.

系，其原因可能在于缺少提高资源使用效率和减少外部性两种类型的具体划分。此外，市场导向因子调节效应的缺失，说明企业营销生态化的潜在经济绩效独立于市场的扩张。因此，研究结果支持假设 2a 和假设 2b，而不支持假设 2c 和假设 2d。

针对上述结果，波特和范德·林登（Porter & Vander Linde，1995）[1]提出市场、生产力的提升机制能否解释这种双赢的结果的问题。本书将匹配过程中得到的处理效应作为因变量，采用面板数据回归检验市场扩张和效率提升机制的存在性。具体而言，我们将企业 ATTit 对一系列控制变量和机制变量进行回归。为了探索调节权变量对机制的附加作用，我们在模型中引入了交互变量。估计模型如下：

$$ATTit = \alpha + \beta MECHANISMit + \phi MODERATORit + \gamma INTERACTIONit +$$
$$\eta CONTROLit + eit$$

其中，MECHANISMit 表示生产力提升和市场扩张机制，分别由全要素生产率（TFP）和销售增长（SG）衡量；MODERATORit 表示调节变量；INTERACTIONit 表示 TFP、SG 与市场调节因子和规制调节因子交互变量；CONTROLit 包括规模（ES）和行业哑变量；eit 为误差项。

由表 7-7 可知，仅保留自变量相关系数低于 0.5 的模型，以避免多重共线性的干扰。根据 Hausman 检验，我们分别采用随机效应模型和固定效应模型。模型 M1 表明控制行业和规模，处理效应 ATT 与销售增长、TFP 均正相关；模型 M2 和模型 M3 分别在模型 M1 中引入企业营销生态化程度哑变量、政府绿色生态购买和销售增长的交乘项，来推断 GGP 和 $ESEM_{Q3 \sim Q4}$ 的调节作用是否有助于市场扩张；模型 M1 到模型 M3 的结果表明，生态产品生产企业的附加经济绩效源于生产力水平提高和销售增长，后一种机制在政府绿色生态购买和高营销投入的企业中尤为显著。在企业

---

① LONG X, ZHAO X, CHENG F. The comparison analysis of total factor productivity and eco-efficiency in China's cement manufactures [J]. Energy Policy, 2015, 81: 61-66.

营销生态化过程中，尽管两种机制同样有效，但重要性有所不同。具体而言，对企业营销生态化的经济绩效，TFP 机制占优势；而销售增长对生态产品销售占优势。补贴（GS）和 TFP 交互项缺乏显著性，说明补贴不能有效刺激 TFP 提高；企业规模与处理效应显著负相关，意味着企业规模越大，改变目前的传统营销模式而采取营销生态化的成本就越高，从而负向影响企业营销生态化的经济绩效。因此，假设 3a、假设 3b 得到证实，假设 3c 未得到证实。

表 7-7　企业 ATT 的面板回归

分类变量	生态产品销售		营销过程生态化	
	ATT	t 值	ATT	t 值
市场权变量				
GGP = 1	0.041***	2.66	0.014	0.69
GGP = 0	0.008	0.56	−0.014	−0.81
$RI_{ABOVE\ Q4} = 1$	0.016	0.70	0.000	0.03
$RI_{Q3\sim Q4} = 1$	0.077*	1.70	0.027	0.64
$RI_{Q2\sim Q3} = 1$	0.032	1.31	−0.032	−1.64
$RI_{Q1\sim Q2} = 1$	0.034	0.95	−0.063	−0.056
规制权变量				
$RI_{ABOVE\ Q4} = 1$	−0.011	−0.55	0.008	0.30
$RI_{Q3\sim Q4} = 1$	0.061***	2.67	−0.031	−1.05
$RI_{Q2\sim Q3} = 1$	0.015	0.78	0.009	0.93
$RI_{Q1\sim Q2} = 1$	0.013	0.65	0.022	0.72
GS = 1	0.035***	2.82	0.042***	3.13
GS = 0	0.016	0.49	0.011	0.52

注：*、**、***分别代表在 0.1、0.05、0.01 的水平上显著，括号内为 t 值。

7.3.4　主要结论

上述实证研究结论显示，生态产品销售与企业营销过程生态化都会对企业的经济绩效产生滞后两年的正向影响，其中生态产品销售的收益更加显著，说明其在解决环境影响问题的同时，改进了产品和相关生产工艺及过程，因此会带来更多收益。从市场导向的调节因素来看，政府绿色生态采购和较高的企业营销强度，不仅正向调节了生态产品销售与经济绩效的关系，还改进了销售收入增长的机制。从环境规制调节因素来看，较高的环境规制强度和补贴虽然强化了企业营销生态化与效益的关系，但是不能与生产率或销售增长产生交互影响来解释企业营销生态化的处理效应，说明这两类规制工具未能有效提高企业经济绩效。

7.4 案例研究

A 公司属于茶油生产销售企业，从 2009 年开始启动企业营销生态化战略，经过 5 年的努力成功进入稳定发展期。A 公司的茶油知名品牌也成为中国驰名商标、湖南省内外知名品牌、油茶行业领军品牌。A 公司的茶油知名品牌总部和生产基地位于湖南省湘西土家族苗族自治州，位置比较偏远，在营销、品牌传播方面处于劣势地位。但是，A 公司采用营销生态化战略以后，取得了骄人的成绩。

7.4.1 茶油知名品牌营销生态化实施过程

A 公司茶油知名品牌从 2009 年起实施营销生态化战略，并聘请了相关专家参与设计和指导。整个实施过程分为设计规划、组织实施、绩效检测与调整、巩固成果四个阶段。

首先，A 公司对面临的宏观环境、微观环境进行了深入分析，确定了营销生态化战略实现目标以及实现步骤与路径，按照营销生态化的理念和思路，从产品系统设计与规划开始，进行了整个营销系统的重构与再造。

其次，A 公司按营销生态化战略规划的部署和要求，制定了各个部门工作职责和营销生态化实施职能以及相应的绩效考核指标，并进行部署和落实，尤其是对各个部门之间的协调、公司与经销商之间的协调以及公司与政府、社区、媒体等的协调进行了严格的规定。

最后，A公司委托专业咨询公司和中南林业科技大学商学院生态营销研究中心等研究机构和绿色研究院等为企业营销生态化开展卓有成效的设计和指导工作。

7.4.2 茶油知名品牌营销生态化绩效实现路径

A公司茶油知名品牌营销生态化实施主要是围绕"六大工程"来展开，这"六大工程"包含营销生态化理念、营销生态化战略、营销生态化策略、营销生态化管理四个方面。

（1）营销生态化理念——企业文化工程。A公司用核心理念"诚信做人，勤恳做事"统一全体员工的思想；通过开展丰富多彩的文体活动，培养员工的集体荣誉感，增强企业凝聚力；大力传播"健康是金，浩行天下"企业形象标语，融合"百年金浩、产业兴农"的企业愿景，倡导"致力于改善人们的油脂营养结构，提高人们健康水平"，形成积极健康的企业文化。

（2）营销生态化战略——"生态"品牌策划与传播工程。A公司用2年时间导入企业形象设计系统（CIS），确立原生态、健康、放心茶油的基本理念（MI），对行为识别系统（BI）和视觉识别系统（VI）进行重新设计，形成统一、鲜明、富有冲击力的形象识别系统。经过3年多的推广实施，"生态"品牌基本得到内外部的认可。

（3）营销生态化策略——产品生态化工程与生态化推广工程。A公司茶油知名品牌在实施营销生态化战略以来，对其产品结构进行优化，加强生产工艺流程管控，斥资上百万元增加质检设备，以保证消费者100%安全食用。A公司重新确立产品定位，尤其在原料种植、采购环节注重原生态、环保、健康、无污染等，除了自有的油茶基地外，还创新性实施"公司+农户"模式，对农户的产品品质制定了严格的检验流程和制度。此外，A公司在工业设计环节也注重健康、绿色的生态化理念。A公司围绕"健康油""安全油"主题制订整体市场推广计划，改变过去只依靠经销商进行市场流通的做法，形成稳打稳扎、步步推进、畅通有序的营销状态。A公司利用电视、广播、报纸、路牌、传单、公交车广告等多种媒体组合形成强大的广告攻势，同时倡导社会公益理念，主办和赞助多种形式的社会公益活动，逐步形成有社会责任感的茶油品牌新形象。

（4）营销生态化管理——ISO环境认证工程与营销环境优化工程。A公司将理念转化为行动，导入ISO14000国际环境质量体系认证，建立健全管理体制和运作程序，使公司员工的素质尤其是管理人员的素质得到迅速提升。A公司开展营销环境优化工程，围绕营销生态化，对企业和主要市场实施营销环境优化工程。其重点有两个：一是获得当地政府、媒体和种植户的广泛支持，二是与所在地的社区、公众等建立良好的合作关系。这些卓有成效的活动获得了社会的广泛支持，也增强了经销商和营销人员的信心。

7.4.3 茶油知名品牌营销生态化绩效

A公司打破营销惯有思维，在营销过程中始终贯彻生态、环保、多赢的原则，兼顾企业、消费者和社会三者利益，将企业营销的起点——原材料的获取与终点——消费者需求的满足良好地结合，实现企业经济与市场的可持续发展，为当地经济发展和资源节约与利用做出了示范。

A公司通过2010—2014年开展营销生态化实践使得茶油的品牌知名度、美誉度得到提升，茶油产量和销售量以及市场占有率居全国第一。A公司茶油知名品牌成为食用油（油茶）行业领军品牌，受到广大消费者的喜爱，成为"最受消费者欢迎的茶油品牌"，先后获得中国驰名商标、绿色食品、有机食品、放心粮油、全国油茶籽油知名品牌、农业产业化国家重点龙头企业、湖南名牌产品、湖南省著名商标等荣誉，经济效益得到飞速提升，产品深受大中城市及沿海发达地区消费者的青睐，茶油产销量稳居全国第一，企业营销生态化绩效明显。

8 研究结论与展望

8.1 研究结论

本书综合运用生态学与现代营销学的前沿理论，采用文献数据分析、市场调查、德尔菲专家意见法等定性研究方法与灰色关联法、模糊数学、回归分析等定量研究方法相结合，再加上理论研究与实证研究相结合的方法，对企业营销生态化绩效评价维度及实现机理进行了较为系统的研究，并剖析了企业营销生态化绩效评价模型、指标体系以及评价方法。在此基础上，本书得出以下结论：

第一，企业营销生态化能提高企业营销绩效。企业营销生态化能较好地解决企业营销效率、长期盈利以及保持顾客忠诚度等问题，企业营销采取生态化行为可能在短期内会增加企业成本，但终将收获顾客忠诚和促进环境可持续发展，为企业发展提供了更好的内部环境和外部环境，从长远来看必然提高企业营销绩效，并且将弥补短期的损失。

第二，企业营销生态化基本框架包含生态营销理念（ecological marketing morality）、生态营销战略（ecological marketing mace）、生态营销策略（ecological marketing mix）以及生态营销管理（ecological marketing manage），简称4M 理论。所有企业营销活动都立足于两个基本点，即资源节约（resource saving）与环境保护（environmental protection）；而贯穿始终的则是顾客需求（customer demand）。

第三，企业营销生态化绩效是可以评价的。企业营销生态化绩效可以从顾客绩效、企业绩效和环境绩效三个方面进行评价，采取合适的绩效评价模型和方法进行评价。例如，对贡献度的评价采取的是 AHP 方法与模糊数学方法相结合。企业实现营销生态化评价的多维标准和结论是符合企业营销实践的。企业营销绩效评价主体不同，其关注的领域和方向也有所不同，因此绩效评价结果也往往不一样。

第四，企业营销生态化绩效评价具有多元化与动态化特征。企业营销涉及企业内外部资源的利用和约束。顾客、企业和自然环境三维绩效体现不同的主体要求，也体现了生态化——互动、和谐、均衡的特点。因此，企业营销生态化的评价是多元化的，并非单个指标和简单方法可以解决的。例如，评价主体多元化、评价内容多元化以及评价方法多元化等。企业营销生态化的绩效实现需要将内外两个系统结合，因此需要进行协调度评价。协调度评价包括静态协调评价和动态协调评价两个方面。静态协调主要是对企业、顾客和自然环境三者绩效的协调。动态协调则着眼于营销动态变化的现实，寻求振荡后的均衡状态。这些模型和绩效评价都是在以效率为主要目标的基础上追求生态适应和协同演化。

第五，企业营销生态化绩效评价体系的构建反映了企业、顾客与自然环境三者的利益诉求。本书在分析企业营销生态化绩效评价主体利益诉求——企业通过实现盈利来获得自身的可持续发展；企业提供顾客满意的产品来满足顾客的生态需求；企业营销活动受环境保护和资源节约的约束，需要满足社会公众、政府等压力集团的需求。因此，企业营销生态化绩效评价为实现企业、顾客和自然环境（社会公众）三者满意提供了支持工具。

第六，企业营销生态化绩效评价为企业优化了营销路径。其分为两条主导路径：持续改善和营销再造。这两种路径都是基于主体路径、机制路径和实现路径来实现的。实现路径则是按照生态营销理念、生态营销战略、生态营销策略与生态营销管理构成的 4M 理论模型来自我设计和自我修复的。

8.2 创新点

第一，本书提出并论证了营销生态化理论假设和基本框架。本书运用了生态学理论和方法，在企业营销实践和现状的基础上综合理念、战略、策略和管理四个方面的完整体系为企业营销提供参考。目前，这方面的研究成果尚少。

第二，本书较为全面、系统地研究了营销生态化绩效评价问题，提出了较为完整的营销生态化评价体系。本书认为，营销生态化绩效评价是基于顾客、企业和自然环境三者利益诉求，以财务绩效、顾客绩效、生态绩效进行表示。本书以企业营销生态化为研究重点，立足于企业营销实践，拓展了营销学的研究领域。

第三，本书对企业营销生态化实现路径进行了有益探索，既是对传统营销实现路径的传承，又是一种创新。本书提出环境路径、主体路径以及实践路径是一种包含理念、战略、策略以及管理在内的较为全面系统的理论方法，为营销实践提供了可操作的方法和技巧。

8.3 待研究方向

企业营销生态化研究涉及的问题众多，是一个巨大的系统工程。从长远来看，企业遵循营销生态化会有助于企业得更多的利润，但是很多时候遵循生态伦理却要付出不小的经济代价，寻找到约束条件并加以突破需要进一步研究。

目前，企业营销生态化绩效评价的文献较为少见，已有研究基本集中在评价指标的设计上，但指标设计缺乏关联性，与企业营销实践不是十分吻合。另外，指标之间的互动影响关系也缺乏深入说明和研究。本书以逻辑框架法为依据构建了企业营销生态化绩效评价体系，为企业营销生态化绩效评价研究提供了理论视角。

从企业营销绩效评价的研究趋势可以看出，绩效评价的价值取向及绩效治理是企业绩效评价的研究热点。企业营销生态化绩效评价中自然价值评价的研究还未见到。本书探索性地提出了企业营销生态化绩效评价的价值取向问题及绩效实现机制的设计问题。但是，由于各种条件制约，本书的研究深度还有所欠缺，这应该是今后的一个研究方向。

8.4 展望

由于企业营销生态化绩效评价维度和指标很多，指标之间的影响差异很大，因此对企业营销生态化绩效指标进行分类研究，将会使企业营销生态化绩效评价理论更加精细化。

分析不同绩效评价主体的利益诉求是确定绩效评价目标及指标的主要依据。本书仅从理论推理的角度分析了相关绩效评价主体的利益诉求，缺乏实证和数据支持，今后还需根据企业类型、行业和规模开展调查研究，积累数据资料。企业营销生态化绩效评价加上案例实证验证的绩效评价体系才能真正为企业营销绩效提高提供切实的路径参考。

参考文献

［1］AJAY MENON, ANIL MENON. Enviropreneurial marketing strategy: the emergence of corporate environmentalism as market strategy ［J］. Journal of Marketing, 1998, 61 (11): 51-67.

［2］ALWIN DUANE F, ROBERT M HAUSER. The decomposilion of effects in path analysis ［J］. American Sociological Review, 1975, 40 (1): 37-47.

［3］ANDERSON JAMES C, DAVID W GERBING, JAMES A VARUS. A model of distributor firm manufacturer firm working partnerships ［J］. Journal of Marketing, 1990, 54 (1): 42-58.

［4］ANDERSON EUGENE W, FOMELL CLAES, RUST ROLAND T. Customer satisfaction, productivity and profitability: differences between goods and services ［J］. Marketing Science, 1997, 16 (2): 129-145.

［5］ANDY N, NAJJAR A M. Management learning not management control: the true role of performance measurement? ［J］. Operations Research, 2007, 47 (2): 163-164.

［6］BAGOZZI RICHARD P. The self-regulation of attitudes, intentions, and behavior ［J］. Social Psychology Quarter, 1992, 55 (4): 178-204.

［7］BERNARDIN H J, BEATTY R W. Performance appraisal: assessing human behavior at work ［M］. Boston: Kent Publishing Company, 1984.

[8] BIGLIARDI B, BERTOLINI M, DORAN J, et al. Regulation and firm perception, eco-innovation and firm performance [J]. European Journal of Innovation Management, 2012, 15 (4): 421-441.

[9] BRASIL M V D O, ABREU M C S D, LEOCADIO A L. Relationship between eco-innovations and the impact on business performance: an empirical survey research on the Brazilian textile industry [J]. Revista De Administracao 2016, 51 (3): 276-287.

[10] CABEZAS H, PAWLOWSKI C W, MAYER A L. et al. Simulated experiments with complex sustainable system: ecology and technology [J]. Resources Conservation and Recycling, 2005, 44 (3): 279-291.

[11] CHEN Y S, LAI S B, WEN C T. The Influence of green innovation performance on corporate advantage in Taiwan [J]. Journal of Business Ethics, 2006, 67 (4): 331-339.

[12] CHENG C C J, YANG C, SHEU C. The link between eco-innovation and business performance [J]. Journal of Cleaner Production, 2014, 64 (1): 81-90.

[13] CLAES F. A national customer satisfaction barometer: the swedish experience [J]. Journal of Marketing, 1992 (6): 1-21.

[14] CLARK BRUCE H. Managerial perceptions of marketing performance: efficiency, adaptability, effectiveness and satisfaction [Z]. College of Business administraction, Northeastern University, 1999: 112-131.

[15] CLARKSON P M, LI RICHARDSON G D, et al. Revisiting the relation between environmental performance and environmental disclosure: an empirical analysis [J]. Accounting, Organizations and Society, 2008, 33 (4-5): 303-327.

[16] DIAS C, RICARDO R G, FERREIRA J J. Small agricultural businesses performance-what is the role of dynamic capabilities, entrepreneurial orientation, and environmental sustainability commitment? [J]. Business Strategy and the Environment, 2021, 30 (4): 1898-1912.

[17] DONG Y, WANG X, JIN J, et al. Research on effects of eco-innovation types and regulations on firms' ecological performance: empirical evidence from China [J]. Journal of Engineering and Technology Management, 2014, 34 (SI): 78-98.

[18] DU X, WENG J, ZENG Q, et al. Do lenders applaud corporate environmental performance? evidence from Chinese private-owned firms [J]. Journal of Business Ethics, 2017, 143 (1): 179-207.

[19] DU XUEHONG, JIAO JIANXIN, TSENG M M. Architecture of product family: fundamentals and methodology [J]. Concurrent Engineering, 2001, 9 (4): 309-325.

[20] GERARD PRENDERGAST, PIERRE BERTHON. Insights from ecology: an ecotone perspective of marketing [J]. European Management Journal, 2000, 18 (2): 223-232.

[21] GHISETTI C, RENNINGS K. Environmental innovations and profitability: how does it pay to be green? an empirical analysis on the German innovation survey [J]. Journal of Cleaner Production, 2014, 75: 106-117.

[22] HABER S, REICHEL A. Identifying, performance measures of small ventures-the case of the tourism industry [J]. Journal of Small Business Management, 2005, 43 (3): 257-286.

[23] HART S L, AHUJA G. Does it pay to be green? an empirical examination of the relationship between emission reduction and firm performance [J]. Business Strategy and the Environment, 1996, 5 (1): 30-37.

[24] HART S L, DOWELL G. A natural-resource-based view of the firm: fifteen years after [J]. Journal of Management, 2011, 37 (5): 1464-1479.

[25] HART S L. Beyond greening: strategies for a sustainable world [J]. Harvard Business Review, 1997, 75: 66-76.

[26] JAMES F MOORE. Predators and prey: a new ecology of competition [J]. Harvard Business Review, 1993, (5-6): 75-86.

[27] JAMES F MOORE. The death of competition: leadership and strategy in the age of business ecosystems [M]. New York: Harper Collins, 1996: 112-119.

[28] JIANG W, CHAI H, SHAO J, et al. Green entrepreneurial orientation for enhancing firm performance: a dynamic capability perspective [J]. Journal of Cleaner Production, 2018, 198: 1311-1323.

[29] K VERBEKE A. Proactive environmental strategies: a stakeholder management buysse perspective [J]. Strategic Management Journal, 2003, 24 (5): 453-470.

[30] KESIDOU E, DEMIREL P. On the drivers of eco-innovations: empirical evidence from the UK [J]. Research Policy, 2012, 41 (5): 862-870.

[31] KLASSEN R D, MCLAUGHLIN C P. The impact of environmental management on firm performance [J]. Management Science, 1996, 42 (8): 1199-1214.

[32] KONDRATOWICZ - POZORAKA, JOLANTA. Modern marketing tools traditional ecological farms, economic science for rural development [J]. Conrerence Proceeding, 2009, 20: 89-92.

[33] LONG X, ZHAO X, CHENG F. The comparison analysis of total factor productivity and eco-efficiency in China's cement manufactures [J]. Energy Policy, 2015, 81: 61-66.

［34］LUMPKIN G T, DES S G G. Clarifying the entrepreneurial orientation construct and linking it to performance ［J］. Academy of Management Review 1996, 21 （1）: 135-172.

［35］NIEMANN C C, DICKEL P, ECKARDT G. The interplay of corporate entrepreneurship, environmental orientation, and performance in clean - tech firms - a double - edged sword ［J］. Business Strategy and the Environment, 2020, 29: 180-196.

［36］OLIVER R L. Whence consumer loyalty? ［J］. Journal of Marketing, 1999, 63 （1）: 33-44.

［37］OLIVER RICHARD L. A cognitive model of the antecedents and consequences of satisfaction decisions ［J］. Journal of Marketing Research, 1980, 17 （4）: 460-469.

［38］PIERO MOROSINI. Industrial clusters knowledge integration and performance ［J］. World Development, 2004, 32 （2）: 305-326.

［39］PING ROBERT A. The effects of satisfaction and structural constraints on retailer exiting, voice, loyalty, opportunism, and neglect ［J］. Journal of Retailing, 1993, 69 （3）: 320-52.

［40］PING ROBERT A. Some uninvestigated antecedents of retailer exit intention ［J］. Journal of Business Research, 1995, 34 （11）: 171-80.

［41］PING ROBERT A. Voice in business - to - business relationships: cost-of-exit and demographic antecedents ［J］. Journal of Retailing, 1997, 73 （2）: 261-81.

［42］PLUMLEE M, BROWN D, HAYES R M, et al. Voluntary environmental disclosure quality and firm value: further evidence ［J］. Journal of Accounting and Public Policy, 2015, 34 （4）: 336-361.

［43］PORTE M E, VAN DER LINDE C. Green and competitive: ending the stalemate ［J］. Harvard Business Review, 1995, 73 (5): 115-134.

［44］SCHEER LISA K, LOUIS W STERN. The effect of influence type and performance out comes on attitude toward the influencer ［J］. Journal of Marketing Research, 1992, 29 (2): 128-142.

［45］SHEN J, LUO C. Overall review of renewable energy subsidy policies in China-contradictions of intentions and effects ［J］. Renewable and Sustainable Energy Reviews, 2015, 41: 1478-1488.

［46］SLATER S F, NAMAER J C. Market-oriented is more than being customer-led ［J］. Strategic Management Journal, 1999, 20 (12): 1165-1168.

［47］TANG M, WALSH G, LERNER D, et al. Green innovation, managerial concern and firm performance: an empirical study ［J］. Business Strategy and the Environment, 2018, 27 (1): 39-51.

［48］TEECE D, PISANO G, SHUEN A. Dynamic capabilities and strategic management ［J］. Strategic Management Journal, 1997, 18 (7): 509-533.

［49］TORRA V. Hesitant fuzzy sets ［J］. International Journal of Intelligent Systems, 2010, 25 (6): 529-539.

［50］TRANBERG H, HANSEN F. Patterns of brand loyalty: their determinants and their role for leading brands ［J］. European Journal of Marketing, 1986, 20 (3): 81-109.

［51］TROMBETTA M J. Environmental security and climate change: analysing the discourse ［J］. Cambridge Review of International Affairs, 2008, 21 (4): 585-602.

［52］ULRICH LICHTENTHALER. Absorptive capacity, environmental turbulence, and the complementarity of organizational learning process ［J］. Academy of Management Journal, 2009, 52 (d): 816-822.

［53］VERETTE JULIE, CARYL E RUSBULT, GREGORY W SCHMIDT. Emotions and attributional interpretations as proximal mediators of willingness to accommodate in close relationships ［Z］. Department of Psychology, University of North Carolina-Chapel Hill, 1992: 321-330.

［54］WALES W, MONSEN E, MCKELUIE A. The organizational pervasiveness of entrepreneurial orientation ［J］. Entrepreneurship Theory & Practice, 2011, 35 (5): 895-923.

［55］ZHANG J A, WALTON S. Eco-innovation and business performance: the moderating effects of environmental orientation and resource commitment in green-oriented SMEs ［J］. R&D Management, 2017, 47: 26-39.

［56］A. 麦肯其, A. S. 鲍尔, S. R. 弗迪. 生态学 (中译本) ［M］. 孙儒泳, 译. 北京: 科学出版社, 2004.

［57］沃伊诺夫. 生态经济学中的系统分析与模拟 ［M］. 张力小, 译. 北京: 高等教育出版社, 2014.

［58］菲利普·科特勒. 营销革命 3.0: 从产品到顾客, 再到人文精神 ［M］. 毕崇毅, 译. 北京: 机械工业出版社, 2011.

［59］尼杰尔·希尔, 约翰·布赖尔利, 罗布·麦克杜格尔. 怎样测评客户满意度 ［M］. 陶春水, 陶娅娜, 译. 北京: 中国社会科学出版社, 2007.

［60］李昆. 企业群落生态化的复杂动力机制研究 ［M］. 北京: 经济科学出版社, 2010: 132-140.

［61］艾里克·拉斯缪森. 博弈与信息: 博弈论概论 ［M］. 王晖, 译. 北京: 北京大学出版社, 2003.

［62］白长虹, 廖伟. 基于顾客感知价值的顾客满意研究 ［J］. 南开学报, 2001 (6): 14-20.

[63] 毕茜，顾立盟，张济建. 传统文化，环境制度与企业环境信息披露 [J]. 会计研究，2018（3）：12-19.

[64] 蔡聪裕，陈宝国. 生态需求调动的必要性及有效途径 [J]. 管理学刊，2011（12）：15-26.

[65] 蔡永海，甫玉龙. 生态文明视野中消费观的生态需求 [J]. 理论前沿，2008（13）：37-38.

[66] 曹旭. 企业生态营销效果评价的指标体系及方法 [D]. 大庆：东北石油大学，2014：19-20.

[67] 曾辉祥，李世辉，周志方，等. 水资源信息披露，媒体报道与企业风险 [J]. 会计研究，2018（4）：89-96.

[68] 常记智. 生态营销：一种营销理论创新 [J]. 外贸教学与研究（上海对外贸易学院学报），1983（3）：33-36.

[69] 陈辞. 生态产品的供给机制与制度创新研究 [J]. 生态经济，2014，30（8）：78-80.

[70] 陈国铁. 我国企业生态化建设研究 [D]. 福州：福建师范大学，2009.

[71] 陈西蕊. 基于距离协调度的区域社会经济与环境协调发展动态评价：以陕西省为例 [J]. 西安文理学院学报，2013，16（1）：99-104.

[72] 陈晓洁. 环境知觉型消费者行为与生态营销研究 [D]. 无锡：江南大学，2007.

[73] 陈衍泰，陈国宏，李美娟. 综合评价方法分类及研究进展 [J]. 管理科学学报，2004，7（2）：69-79.

[74] 陈永丽，谷丰，邹航. 环境价值角度下企业绩效评价模式的重构 [J]. 财会研究，2011（2）：61-64.

[75] 陈瑜，谢富纪. 基于 Lotka-Volterra 模型的光伏产业生态创新系统演化路径的仿生学研究 [J]. 研究与发展管理，2012（3）：74-84.

［76］陈宇峰，马延柏. 绿色投资会改善企业的环境绩效吗？来自中国能源上市公司的经验证据［J］. 经济理论与经济管理，2021，41（5）：68-84.

［77］程宝良. 论生态价值的实质［J］. 生态经济，2006（9）：124-125.

［78］扬戈逊，班道雷切. 生态模型基础［M］. 何文珊，陆健健，张修峰，译. 北京：高等教育出版社，2007.

［79］邓德胜，尉明霞. 企业营销渠道生态管理研究［J］. 中国流通经济，2011（3）：74-78.

［80］邓聚龙. 灰色系统［M］. 北京：国防工业出版社，1985.

［81］邓仁湘. 生态需求是人类的最高需求［J］. 中国林业，2009（19）：40.

［82］邓阳. 蓝色营销的"生态位"营造机制［J］. 南华大学学报（社会科学版），2007（5）：65-71.

［83］董海峰，王浩. 绿色农产品顾客感知价值研究：基于 12 个省（直辖市）调查的结构方程模型分析［J］. 科技进步与对策，2013，30（12）：18-20.

［84］范保群，王毅. 战略管理新趋势：基于商业生态系统的竞争战略［J］. 商业经济与管理，2006（3）：3-10.

［85］方丽娟，钟田丽，耿闪清. 企业环境绩效评价指标体系构建及应用［J］. 统计与决策，2013，393（21）：180-183.

［86］冯俊华，赵剑. 市场生态环境选择机制下的企业进化［J］. 工业工程，2009，12（6）：1-4.

［87］冯鹏义. 析基于顾客价值的营销资源配置［J］. 经济问题，2006，21（6）：8-9，12.

［88］傅为忠. 徐丽君. 区域工业绿色发展成熟度动态评价：基于熵值修正 G1 法和距离协调度改进模型的实证分析［J］. 工业技术经济，2018，293（3）：61-70.

[89] 傅璇. 高技术企业营销模式的生态化创新 [J]. 科技进步与对策, 1999 (6)：26-28.

[90] 甘碧群, 邬金涛. 美国企业生态营销演变历程及对我国的启示 [J]. 经济评论, 2002 (5)：126-127.

[91] 甘碧群. 关于跨国营销道德问题的探索 [J]. 外国经济与管理, 1997 (3)：19.

[92] 高前善. 生态效率：企业环境绩效审计评价的一个重要指标 [J]. 经济论坛, 2006 (7)：87-88.

[93] 国务院国资委财务监督与考核评价局. 企业绩效评价标准值2015 [M]. 北京：经济科学出版社, 2015.

[94] 韩春伟. 基于可持续发展的三重企业绩效矢量评价模型 [J]. 贵州财经学院学报, 2009 (2)：19-23.

[95] 韩春伟. 基于企业可持续发展的业绩评价研究 [D]. 济南：山东大学, 2009.

[96] 韩经纶, 韦福祥. 顾客满意与顾客忠诚互动关系研究 [J]. 南开管理评论, 2001 (6)：5-10, 29.

[97] 韩明华. 基于客户价值细分的营销资源配置研究 [J]. 科技与管理, 2009 (1)：79-83.

[98] 何国伟. 质量管理三个要素：效果、效率及可靠性 [J]. 质量与可靠性, 2007 (8)：5-8.

[99] 何晓群. 现代统计分析方法及应用 [M]. 北京：中国人民大学出版社, 2007.

[100] 何志毅, 于泳. 绿色营销发展现状及国内绿色营销的发展途径 [J]. 北京大学学报（哲学社会科学版）, 2004 (6)：85-92.

[101] 洪开荣. 经济博弈论 [M]. 北京：经济科学出版社, 2014.

［102］胡安水. 生态价值的含义及其分类［J］. 东岳论丛, 2006, 27 (2): 32-36.

［103］胡斌, 李旭芳. 企业生态系统动态演化研究［M］. 天津: 同济大学出版社, 2013.

［104］黄江泉, 邓德胜, 杨丽华. 生态伦理: 企业营销优势凸显的内在机理剖析［J］. 江苏商论, 2012 (4): 69-72.

［105］黄江泉、邓德胜. 基于企业营销生态化伦理的竞争优势构建［J］. 企业活力, 2012 (11): 16-19.

［106］计维斌. 论企业再造中的一种新模式: 敏捷企业与虚拟企业［J］经济体制改革, 1998 (4): 44-49.

［107］江旭, 沈奥. 未吸收冗余、绿色管理实践与企业绩效的关系研究［J］. 管理学报, 2018, 15 (4): 539-547.

［108］李本辉, 邓德胜, 章怀云, 等. 生态营销［M］. 北京: 中国经济出版社, 2009.

［109］李攀辉, 韩福荣. 生态质量控制、TQM 和清洁生产［J］. 北京工业大学学报 (社会科学版), 2004 (1): 27-30.

［110］李萍, 肖惠民. 企业盈利能力评价指标的改进与完善［J］. 广东金融学院学报, 2003 (5): 51-53.

［111］李世宗. 绿色营销绩效改善方法探析［J］. 湖北财经高等专科学校学报, 2008, 20 (3): 3-5.

［112］李婷婷, 杜跃平. 顾客满意度指数模型的改进研究［J］. 科技创业月刊, 2008 (12): 124-125, 129.

［113］李维安, 张耀伟, 郑敏娜, 等. 中国上市公司绿色治理及其评价研究［J］. 管理世界, 2019, 35 (5): 126-133.

［114］梁辉煌. 两型社会背景下我国绿色消费模式的构建［J］消费导刊, 2008 (18): 30-31.

［115］廖波. 生态营销理论本原探索及拓展 ［J］. 商业时代，2013（25）：36-37.

［116］廖志高，詹敏，徐玖平. 非线性无量纲化插值分类的一种新方法 ［J］. 统计与决策，2015（19）：72-76.

［117］刘澄，商燕. 21 世纪的绿色营销新理念 ［J］. 南方经济，1998（9）：73-74.

［118］刘逢，王锐兰，楚俊. 中国民间环保组织的生存现状及发展 ［J］. 云南社会科学，2006（1）：50-54.

［119］刘立忠. 环境规划与管理 ［M］. 北京：中国建材工业出版社，2015.

［120］刘啟仁，陈恬. 出口行为如何影响企业环境绩效 ［J］. 中国工业经济，2020（1）：99-117.

［121］刘维. 顾客满意度指数模型研究评述 ［J］. 经营管理者，2011（1）：53-54.

［122］刘伟，罗纯军，张子健. 基于消费者选择和成本作用的产品族规模优化 ［J］. 系统工程学报，2012，27（5）：601-605.

［123］卢泰宏. 营销管理演进综述 ［J］. 外国经济与管理，2008，30（3）：39-42.

［124］罗剑宏，高阳. 企业间核心营销能力的共享 ［J］. 政策与管理，2001（12）：56-59.

［125］吕明晗，徐光华，沈弋，等. 异质性债务治理，契约不完全性与环境信息披 ［J］. 会计研究，2018（5）：67-74.

［126］马玎，刘介明，刘思施. 企业生态创新与经济绩效的因果、路径和调节 ［J］. 企业经济，2018（6）：11-18.

［127］马瑞婧. 论知识经济与绿色营销 ［J］. 生态经济，2001（8）：61-63，67.

[128] 聂元昆，牟宇鹏. 演化营销范式：基于生物演化视角的营销理论创新 [J]. 云南财经大学学报，2011 (5)：115-118.

[129] 潘岳. 环境问题考验中国前景（上）[J]. 招商周刊，2005 (8)：30-31.

[130] 彭定洪，董婷婷. 城市群创新生态系统健康性评价方法研究：以长江经济带五大城市群为例 [J]. 华东经济管理，2022, 36 (11)：17-27.

[131] 彭定洪，张文华. 智慧无废城市评选的序贯式群决策 EDAS 法 [J]. 系统科学与数学，2021, 41 (3)：688-704.

[132] 木内多知，比尔·舍尔曼. 企业的自然课：从雨林中寻找持续盈利的商业法则 [M]. 潘海燕，李莹，译. 北京：机械工业出版社，2003.

[133] 莎娜. 企业环境战略决策及其绩效评价研究 [D]. 青岛：中国海洋大学，2012.

[134] 邵赦，蒋青云. 渠道成员间双元式知识共享对自身绩效的影响：基于"Im-Rai"模型的分析 [J]. 科学学研究，2014 (4)：585-592.

[135] 沈洪涛，冯杰. 舆论监督，政府监管与企业环境信息披露 [J]. 会计研究，2012 (2)：72-78.

[136] 盛光华，张洪平. 西方环境营销理论评介 [J]. 经济学动态，2003 (8)：71-72.

[137] 束颖. 制度压力对企业环境绩效与财务绩效融合的影响研究 [D]. 南京：南京理工大学，2021.

[138] 司林胜. 基于 PIP 的企业绿色营销绩效系统构建 [J]. 商业经济与管理，2003 (6)：23-25.

[139] 苏晓民. 企业环境绩效评价指标体系研究 [D]. 荆州：长江大学，2013.

[140] 孙晓伟. 论企业生态化的制度安排与路径选择 [J]. 企业经济, 2010 (6): 53-56.

[141] 唐玉生. 基于资源与能力的营销战略 [J]. 改革与战略, 2005 (3): 85-91.

[142] 田铭, 刘凌霄. 企业生态营销指标体系的构建及评估 [J]. 南阳理工学院学报, 2013 (5): 69-75.

[143] 万后芬. 绿色营销 [M]. 武汉: 湖北人民出版社, 2000.

[144] 王方华, 张向菁. 绿色营销 [M]. 太原: 山西经济出版社, 1998.

[145] 王建明. 公众资源节约与环境保护消费行为测度: 外部表现、内在动因和分类维度 [J]. 中国人口·资源与环境, 2010, 20 (6): 141-143.

[146] 王军武, 郭婧怡. 工程建设项目绩效评价研究 [M]. 武汉: 武汉理工大学出版社, 2015.

[147] 王兴元. 品牌生态系统分析理论与管理策略 [M]. 北京: 经济科学出版社, 2007.

[148] 王玉臣. 加入 WTO 与企业共生营销的现实选择: 博弈论中企业营销战略的演变 [J]. 中国市场, 2001 (5): 26-28.

[149] 王月辉, 王秀村, 孙淑英. 中国企业营销绩效评价操作中的有关问题 [J]. 北京理工大学学报 (社会科学版), 2003 (6): 53-54, 58.

[150] 魏明侠, 司林胜, 孙淑生. 绿色营销的基本范畴分析 [J]. 江西社会科学, 2001 (6): 88-90.

[151] 温素彬. 企业三重绩效评价模型 [J]. 数学的实践与认识, 2008 (6): 1-8.

[152] 吴金希. 创新生态体系的内涵、特征及其政策含义 [J]. 科学学研究, 2014, 32 (1): 44-51.

[153] 吴文新. 科技与人性：科技文明的人学沉思 [M]. 北京：北京师范大学出版社，2003.

[154] 武春友，王兆华. 营销决策综合效果的 DEA 评价方法 [J]. 系统工程理论方法应用，2002 (4)：335-340.

[155] 武恒光，王守海. 债券市场参与者关注公司环境信息吗？来自中国重污染上市公司的经验证据 [J]. 会计研究，2016 (9)：68-74.

[156] 徐艳梅. 组织生态变迁研究 [M]. 北京：经济科学出版社，2013.

[157] 许松涛，陈霞. 企业环境绩效指标确定与计量刍议 [J]. 财会月刊，2011 (3)：92-95.

[158] 薛梅，黄沛. 市场营销生产率问题研究与分析 [J]. 技术经济与管理研究，2004 (3)：75-76.

[159] 杨博文，马敬辉. 复杂适应系统中利益群体的非均衡博弈分析 [J]. 西南石油大学学报（社会科学版），2011 (3)：74-79.

[160] 杨博文. 论构建和谐社会中利益群体的非均衡博弈 [J]. 西南民族人学学报（人文社会科学版），2013 (4)：205-209.

[161] 佚名. 上海商业绿色营销市场环境分析 [Z]. 上海市商业经济研究中心，2002：124-131.

[162] 于洪彦. 21 世纪营销职责与新营销管理框架探析 [J]. 外国经济与管理，2011 (8)：50-56.

[163] 于永新. 浅论市场营销的发展历程 [J]. 商业经济与管理，2008 (4)：19-21.

[164] 袁庆明. 资源枯竭型公地悲剧的原因及对策研究 [J]. 中南财经政法大学学报，2007 (5)：9-13.

[165] 占鸣春. 道德与法律平衡下的营销生态化路径研究 [J]. 中国商贸，2012 (6)：52-53.

[166] 张建, 刘玲利. 营销质量: 内涵与特征分析 [J]. 商业研究, 2005 (2): 157-159.

[167] 张建. 营销质量: 来源与形成过程分析 [J]. 江苏商论, 2005 (2): 49-50.

[168] 张金泉. 生态需求管理与科学发展观 [J]. 四川大学学报 (哲学社会科学版), 2004 (5): 5-10.

[169] 张新安, 田澎. 顾客满意度指数述评 [J]. 系统工程理论方法应用, 2004, 13 (4): 290-295.

[170] 张亚连, 邓德胜. 构建反映生态成本的企业产品定价机制 [J]. 价格理论与实践, 2011 (4): 32-33.

[171] 张玉琴. 关于企业绩效评价体系的思考 [J]. 财经问题研究, 2014 (2): 107-111.

[172] 支华炜, 夏一, 刘金培. 产品族选择价值、相容性配置与顾客忠诚 [J]. 中国管理科学, 2013, 21 (11): 397-401.

[173] 中国 21 世纪议程管理中心, 环境无害化技术转移中心. 企业绩效评估、改进和融资规划指南 [M]. 北京: 化学工业出版社, 2007.

[174] 周慧蓉, 杨洲. 我国生态需求的影响因素分析 [J]. 福建农林大学学报 (哲社版), 2006 (9): 55-57.

[175] 周三多, 邹统钎. 战略管理思想史 [M]. 上海: 复旦大学出版社, 2003.

[176] 周一虹, 芦海燕, 陈润羊. 企业生态效率指标的应用与评价研究: 以宝钢、中石油和英国 BP 公司为例 [J]. 兰州财经大学学报, 2011 (1): 112-121.

[177] 朱江, 伍聪. 基于 Agent 的计算机建模平台的比较研究 [J]. 系统工程学报, 2005 (4): 160-166.

［178］祝海波，邓德胜. 企业营销生态化绩效［J］. 统计与决策，2014（12）：183-186.

［179］祝海波，邓德胜. 企业营销生态化实现路径研究［J］. 社会科学家，2014（4）：72-76.

［180］祝海波，郑贵军，陈德良，等. 渠道生态系统结构、演化与运行机制研究［M］. 经济科学出版社，2018.

［181］祝海波. 营销其实也简单［M］. 北京：经济科学出版社，2013.

［182］祝海波，聂绍芳，郑贵军，等. 营销战略与管理：观点与结构［M］. 北京：经济科学出版社，2010.

［183］祝佳伟. 企业竞争网络结构对服务业企业顾客绩效影响的实证研究［D］. 哈尔滨：哈尔滨工程大学，2017.

［184］庄贵军. 基于中国本土企业营销实践的案例分析与理论创新：以郸酒的移动互联营销为例［J］. 商业经济与管理. 2019（2）：41-50.

附录 企业绩效评价指标计算公式

一、盈利能力状况

（一）基本指标

1. 净资产收益率 $=\dfrac{\text{归属于母公司所有者的净利润}}{\text{平均归属于母公司所有者权益}}\times100\%$

$$\genfrac{}{}{0pt}{}{\text{平均归属于母公司}}{\text{的所有者权益}}=(\dfrac{\text{年初归属于母公司}}{\text{所有者权益合计}}+$$

$$\dfrac{\text{年末归属于母公司}}{\text{所有者权益合计}})\div2$$

2. 总资产报酬率 $=\dfrac{\text{利润总额+利息支出}}{\text{平均资产总额}}\times100\%$

平均资产总额 = （年初资产总额+年末资产总额）÷2

（二）修正指标

1. 销售（营业）利润率（%） $=\dfrac{\text{销售(营业)利润}}{\text{营业总收入}}\times100\%$

销售（营业）利润=营业总收入-营业成本-税金及附加

营业成本涉及利息支出、手续费及佣金支出、退保金、赔付支出净额、预提保险合同准备金净额、保单红利支出、分保费用等金融类企业专用项目，下同。

2. 盈余现金保障倍数 $= \dfrac{经营现金净流量}{净利润} \times 100\%$

3. 成本费用利润率 $= \dfrac{利润总额}{成本费用总额} \times 100\%$

成本费用总额 $= \dfrac{营业}{成本} +$ 税金及附加 $+$ 销售费用 $+$ 管理费用 $+$ 财务费用

4. 资本收益率 $= \dfrac{归属于母公司所有者的净利润}{平均资本} \times 100\%$

平均资本 $=$ [（年初实收资本+年初资本公积）+（年末实收资本+年末

资本公积）] $\div 2$

二、资产质量状况

（一）基本指标

1. 总资产周转率（次） $= \dfrac{营业总收入}{平均资产总额}$

2. 应收账款周转率（次） $= \dfrac{营业总收入}{应收账款平均余额}$

$\dfrac{应收账款}{平均余额} =$ [（年初应收账款净额+年初应收账款坏账准备）+（年末应

收账款净额+年末应收账款坏账准备）] $\div 2$

（二）修正指标

1. 不良资产比率 $= \dfrac{年末不良资产总额}{资产总额+资产减值准备余额} \times 100\%$

$\dfrac{年末}{不良资产总额} =$ 资产减值准备余额+应提未提和应摊未摊的潜亏挂账+

未处理资产损失

2. 资产现金回收率 $= \dfrac{经营现金净流量}{平均资产总额} \times 100\%$

3. 流动资产周转率（次）$= \dfrac{营业总收入}{平均流动资产总额}$

平均流动资产总额 =（年初流动资产总额+年末流动资产总额）÷2

三、债务风险状况

（一）基本指标

1. 资产负债率 $= \dfrac{负债总额}{资产总额} \times 100\%$

2. 已获利息倍数 $= \dfrac{利润总额+利息支出}{利息支出}$

（二）修正指标

1. 速动比率 $= \dfrac{速动资产}{流动负债} \times 100\%$

速动资产 = 流动资产－存货

2. 现金流动负债比率 $= \dfrac{经营现金净流量}{流动负债} \times 100\%$

3. 带息负债比率

$= \dfrac{短期借款+一年内到账的非流动负债+长期借款+应付债券+应付利息}{负债总额} \times$

100%

4. 或有负债比率 $= \dfrac{或有负债余额}{所有者权益} \times 100\%$

或有负债余额 = 已贴现承兑汇票+担保余额+贴现与担保外的被诉事金额+

其他或有负债

四、经营增长状况

（一）基本指标

1. 销售（营业）增长率 $= \dfrac{本年营业总收入增长额}{上年营业总收入} \times 100\%$

2. 资本保值增值率$=\dfrac{\text{扣除客观因素后的年末国有资本及权益}}{\text{年初国有资本及权益}}\times100\%$

（二）修正指标

1. 总资产增长率$=\dfrac{\text{年末资产总额}-\text{年初资产总额}}{\text{年初资产总额}}\times100\%$

2. 销售（营业）利润增长率$=\dfrac{\text{本年销售（营业）利润}-\text{上年销售（营业）利润}}{\text{上年销售（营业）利润}}\times$

100%

3. 技术投入比率$=\dfrac{\text{本年科技支出合计}}{\text{营业总收入}}\times100\%$

五、补充资料

1. 存货周转率（次）$=\dfrac{\text{营业成本}}{\text{存货平均余额}}$

2. "两金"占流动资产比重$=\dfrac{\text{应收账款}+\text{存货}}{\text{流动资产}}$

3. 成本费用总额占营业收入比重$=\dfrac{\text{成本费用总额}}{\text{营业总收入}}\times100\%$

4. 经济增加值率$=\dfrac{\text{经济增加值}}{\text{调整后资本}}\times100\%$

经济增加值=净利润+（利息支出+研究开发费用调整项）×

（1-25%）-调整后资本×平均资本成本率（5.5%）

调整后资本=平均资产总额-平均应付票据-平均应付账款-平均预收

款项-平均应交税费-平均应付利息-平均应付职工薪酬-

平均应付股利-平均其他应付款-平均其他流动负债（不

含其他带息流动负债）-平均专项应付款-平均特准储备

基金-平均在建工程

5. EBITDA 率 $=\dfrac{\text{净利润+所得税+利息支出+固定资产折旧+无形资产摊销}}{\text{营业总收入}}\times$

100%

6. 资本积累率 $=\dfrac{\text{年末所有者权益-年初所有者权益}}{\text{年初所有者权益}}\times100\%$